内生化企业进入、金融摩擦与宏观经济波动

雷文妮 ◎ 著

中国财经出版传媒集团

经济科学出版社
Economic Science Press

·北 京·

图书在版编目（CIP）数据

内生化企业进入、金融摩擦与宏观经济波动／雷文
妮著．-- 北京 ： 经济科学出版社，2024. 9. -- ISBN
978 - 7 - 5218 - 6337 - 6

Ⅰ. F123. 16

中国国家版本馆 CIP 数据核字第 2024ZY5362 号

责任编辑：撖晓宇
责任校对：孙　晨
责任印制：范　艳

内生化企业进入、金融摩擦与宏观经济波动

雷文妮　著

经济科学出版社出版、发行　新华书店经销
社址：北京市海淀区阜成路甲 28 号　邮编：100142
总编部电话：010 - 88191217　发行部电话：010 - 88191522
网址：www. esp. com. cn
电子邮箱：esp@ esp. com. cn
天猫网店：经济科学出版社旗舰店
网址：http：//jjkxcbs. tmall. com
北京季蜂印刷有限公司印装
710 × 1000　16 开　16 印张　330000 字
2024 年 9 月第 1 版　2024 年 9 月第 1 次印刷
ISBN 978 - 7 - 5218 - 6337 - 6　定价：66. 00 元
（图书出现印装问题，本社负责调换。电话：010 - 88191545）
（版权所有　侵权必究　打击盗版　举报热线：010 - 88191661
QQ：2242791300　营销中心电话：010 - 88191537
电子邮箱：dbts@ esp. com. cn）

目录
CONTENTS

第 1 章

绪　　论

1.1　企业特征事实

1.1.1　企业异质性

中国企业在规模上存在着显著的异质性。大型企业与中小微企业在资产规模、员工数量、市场份额等方面存在巨大差异。像中石油、中石化等一些头部企业的年营业收入可达数千亿元甚至上万亿元人民币，而大量中小微企业的年营业收入则相对较低。这种规模异质性直接影响了企业的市场地位、资源获取能力和竞争力。而且不同行业、不同企业之间的资本密集度也存在显著差异。例如，在制造业中，一些高端装备制造、航空航天等行业的企业资本密集度较高，需要大量的资金投入用于技术研发、设备购置等；而一些劳动密集型行业，如纺织、服装等，则相对资本密集度较低。此外，即使在同一行业内，不同企业的资本密集度也可能因技术路线、市场定位等因素而有所不同。技术也是企业异质性的重要来源之一。中国企业在技术创新能力、技术水平和技术应用上呈现出显著的异质性。一些高科技企业，如华为、腾讯等，在5G、人工智能、云计算等领域拥有世界领先的技术水平和创新能力；而一些传统行业的企业，则可能更多地依赖于引进和消化吸收外部技术。这种技术异质性不仅影响了企业的市场竞争力，也决定了企业在全球产业链和价值链中的位置。中国企业在市场方面也表现出显著的异质性。一方面，不同行业之间的市场需求、竞争格局和市场进入壁垒存在差异；另一方面，即使是同一行业内的企业，也可能因市场定位、营销策略等因素而拥有不同的市场份额和客户群体。例如，在家电行业中，海尔、美的等企业通过品牌建设和渠道拓展，占据了较大的市场份额；而一些新兴品牌则可能通过差异化竞争，在特定细分市场中取得优势。随着中国经济的全球化进程加快，中国企业的国际化程度也越来越高。然而，不同企业在国际化战略、国际市场布局和国际资源整合能力等方面存在显著差异。一些大型跨国企业，如华为、阿里巴巴等，已经在全球范围内建立了完善的供应链体系和营销网络；而一些中小企业则可能更多地聚焦于国内市场或特定区域市场。这种国际化程度的异质性不仅影响了企业的全球竞争力，也决定了企业未来的发展方向和战略选择。

不同企业在生产规模、企业存活年限、资本存量、吸纳就业能力以及生产效率等方面都各不相同。在以往的经济学研究中主要是将生产部门用一个代表性企业来代替，但是随着研究问题的不同，以及现在研究对于微观基础的重视，企业的异质性已经成为了一个不能回避的问题。如何刻画异质性企业并将企业异质性引入到具体的研究问题中，以及研究异质性对于经济的影响，是一个非常重要的经济学问题。

企业异质性虽然包括生产规模、资本存量等很多方面，但是在经济学模型中需要抓住主要特征来进行刻画。在目前的研究中，企业的生产效率成为了刻画企业异质性的重要因素。企业的生产效率是相对于生产规模、资本存量等因素而言更为本质的一个企业特征，生产效率的高低决定着企业的生产能力和吸纳就业数量等方面。在增长模型中，企业的生产效率增长是经济增长的重要来源。那么在中国不同企业的生产效率差别是否很大？企业的生产效率分布到底是怎样的？

许多研究者已利用不同的数据和计算方法对企业的全要素生产率（Total Factor Productivity，TFP）进行测算，并深入探讨了影响全要素生产率的各类因素。其中，几乎绝大部分研究都使用了中国工业企业数据库（以下简称"工企数据库"）进行估算。作为由中国国家统计局收集的数据源，工企数据库具有样本规模大、指标多、时间跨度长的特点，涵盖了丰富的企业财务和生产信息。即使在当下，工企数据库仍是中国最全面的企业数据库，尚无其他微观企业数据库能够替代它。因此，尽管该数据库存在数据年限的限制（国家统计局仅公布了 1998 ~ 2013 年数据，其中 2008 ~ 2013 年数据样本相关指标缺失严重），但它仍是当前企业全要素生产率研究的主流数据库（余森杰和解恩泽，2023；王海成等，2023；张玲等，2024；王守坤等，2024）。

杨汝岱（2015）利用 1998 ~ 2007 年全国国有及规模以上非国有工业企业中的制造业企业作为分析样本，采用 OP 方法（Olley and Pakes，1996）和 LP 方法（Levinsohn and Petrin，2003）计算了民营企业、国有企业和外资企业三种不同所有制的制造业企业的全要素生产率分布，发现相较于民营企业和外资企业，国有企业的全要素生产率分布更为分散，企业之间的生产率差异更大。将 2007 年的企业全要素生产率分布与 2000 年企业全要素生产率分布相比，发现国有企业的全要素生产率分布集中度有所上升。这可能是国有企业"抓大放小"改革使得一些低效率的国有企业退出市场导致。为了更好地比较三种所有制企业的全要素生产率，该文章还以工业增加值和从业人数两种权重方式进行加成得到各自类型企业的平均生产率，国有企业、民营企业和外资企业的全要素生产率随着时间增长均有所增加，民营企业和国有企业之间的生产效率差距在缩小，民营企业的全要素生产率增长更快。

聂辉华和贾瑞雪（2011）利用相同的数据库和 OP 方法计算了分年度的企业全要素生产率的离散度，主要采用了 90% 分位企业的全要素生产率与 10% 分位企业的全要素生产率之比（90/10）以及样本范围全要素生产率的标准差两个指标进行衡量，发现 1999 年 90% 分位的全要素生产率是 10% 分位的全要素生产率的 2.1 倍，这也就是说大约有 1.3 万（用当年企业数目总数乘以 10%）家企业的效率是另外 1.3 万家企业的全要素生产率的至少 2 倍以上。这说明企业之间的全要素生产率差异是非常显著的。这种企业之间的生产效率差异在随着时间推移而减小，到 2007 年 90% 分位的全要素生产率与 10% 分位的全要素生产率之比下降到了 1.55，企业的全要素生产率的标准差也从 1999 年的 0.58 下降到 0.44。同时，全要素生产率均值以平均 2% 的增长率在逐年增长，企业数目大约以 14% 的增长率增长。市场竞争的加剧有可能促使资源的优化配置从而提高整体生产率。

以上这些都是利用中国工业企业数据库进行的统计，其中主要是国有企业和规模以上非国有企业。"规模以上"的标准为企业每年的主营业务收入在 500 万元以上，2011 年这一标准被提升到 2000 万元以上。由于不包括一些规模较小的企业，中国工业企业数据库并未包含中国经济中全部工业企业样本，不能较好地反映整个经济的生产率分布。有研究学者利用中国经济普查数据库中的全样本工业企业估计了企业全要素生产率。全国经济普查数据库包括了中国境内从事第二产业和第三产业的全部法人单位、产业活动单位和个体经济户，这个数据库不仅包含了规模以上企业，同时也包括了规模以下企业。

高凌云、屈小博和贾鹏（2014）利用 2004 年和 2008 年两次经济普查数据库中的全样本工业企业数据从总体和行业两个层面，估计和比较了整个工业企业的生产率异质性。估计了企业的生产率分布满足帕累托分布时的参数，并进行了对数正态分布和指数分布两种分布拟合检验，然后判断各个行业支持的分布。发现总样本生产率分布的集中度由 2004 年的 4.24 下降到了 2008 年的 3.21，而生产效率的下界由 373.17 上升到 666.67，这说明整个工业企业的生产效率有大幅上升，同时企业之间的生产效率异质性程度在加大，高生产率的企业占比在增加。

企业异质性是非常突出的特征，是研究中不可忽视的方面。特别是由于生产效率的不同，企业对于政策的反应也会完全不同，将企业异质性的特征纳入到宏观模型中进行分析是非常有必要的。

1.1.2 企业进入与退出行为

改革开放以来中国经济飞速发展，企业数量大幅度快速增长。2023 年前三季度，全国新设经营主体 2480.8 万户，同比增长 12.7%。其中，新设企业 751.8 万户，同比增长 15.4%；新设个体工商户 1719.6 万户，同比增长 11.7%[①]。企业数目大量增加意味着大量新企业的进入，同时会有一批企业在激烈的竞争中退出市场。范剑勇、赵沫和冯猛（2013）利用中国工业企业数据库对 1998～2007 年的在位企业、进入企业和退出企业做了统计。2004 年因为是经济普查年，企业数据采集范围变大，使得新进入企业的比

---

① 截至 7 月底我国新能源产业相关企业数超 200 万家 同比增长 16.4% ［EB/OL］. 中国政府网，https：//www.gov.cn/yaowen/liebiao/202408/content_6971069.htm，2024－08－29.

例异常高，达到 45.8%。其他年份的新进入企业的比例在 13.0% ~ 22.8% 之间，退出企业数目比例在 8.2% ~ 23.8% 之间。类似地，田磊和陆雪琴（2021）通过分析 1998 ~ 2013 年的中国工业企业数据库，得出了工业企业的平均进入率和退出率，分别为 22.7% 和 15.5%。这一结果揭示了中国工业企业一个显著的特征：企业进入和退出市场的频率相对较高。

企业的进入和退出行为对于整个经济的生产效率变化和产出都有着重要的影响。范剑勇、赵沫和冯猛（2013）计算了五年内新进入企业的产出占比，发现中国从 1998 ~ 2007 年十年间新进入企业的产出占比超过 40%，远高于美国、英国、智利等国，这也说明在中国这样快速发展的国家，新企业的进入对于总产出的影响是不容忽视的。

低生产率的企业退出市场和高生产率的企业进入市场都会使得整个经济的生产率提高，资源从低生产率的企业转移到高生产率的企业，实现了资源的优化配置。田磊和陆雪琴（2021）构建了一个嵌入进入退出机制的异质性企业动态一般均衡模型，研究发现市场进入费用降低 10%，产出增加 1.16%，全要素生产率提升 5.21%。毛其淋和盛斌（2013）计算了各类型企业的生产率，发现进入企业的平均生产率比存活企业低 20.9%，退出企业的平均生产率比存活企业低 42%，进入企业的生产率比退出企业高 21.5%。这说明企业的进入和退出行为对于整个经济体的生产率变化和资源配置效率确实有重要贡献。

此外，企业的进入和退出行为不仅是企业重要的微观决策，也是联系着企业、产业和市场的重要纽带，更是经济波动的重要表象。在中国这样充满活力的经济体中，企业的进入和退出更为频繁，对于企业进入退出行为的研究也就显得更加重要。刘易斯（Lewis，2009）对美国的数据研究发现企业的净进入和 GDP 存在着很强的相关性。具体来说，产出和企业净增加数目之间的相关系数为 0.71，产出和新成立公司数目之间的相关系数为 0.35。此外，还发现企业数目的波动率远大于 GDP 的波动率，企业净增加数目的标准差和 GDP 的标准差之比为 2.19，新成立公司数目的标准差与 GDP 标准差之比为 3.13。因此，将企业进入和退出特征引入经济周期的分析是十分必要的。

1.2 政府政策改革

1.2.1 简政放权改革

党的十八大以来，以习近平同志为核心的党中央高度重视优化营商环境，各地各有关部门持续推进"放管服"改革，加快转变政府职能，助力高质量发展。各地不断深化简政放权，大幅减少行政审批等事项、大力减税降费、实施商事制度改革，改革完善市场监管体制机制，推行政务服务网络化、标准化、便利化，这一系列改革举措有力激发了各类市场主体活力。

2013 年 3 月 17 日第十二届全国人大一次会议闭幕后，李克强总理在首次中外记者发布会上，表示国务院各部门拥有的行政审批事项有 1700 多项，并承诺五年内将削减 1/3 以上。到 2014 年底，召开了 10 次国务院常务会议对取消和下放行政审批事项进行部署，发布了 6 次国务院文件，取消和下放共计 977 项行政审批等事项。在中央政府推动下，地方各级政府纷纷开展梳理政府权力清单，取消或下放大量行政审批事项，进行各类变相审批、重复审批和不必要审批等违规审批清理整治工作，削减了企业办事的烦琐环节，减轻了企业负担。

党的十八届二中全会公报上提出要"改革工商登记制度"，其后的《国务院机构改革和职能转变方案》，明确"工商登记制度改革"的相关内容。2013 年 10 月 25 日，国务院审议通过了《注册资本登记制度改革方案》，确立了商事制度改革总体设计。11 月 12 日，党的十八届三中全会要求推进工商注册制度便利化，改革市场监管体系，实行统一的市场监管。12 月 28 日，十二届全国人民代表大会六次会议审议修改了《公司法》，明确将公司注册资本实缴登记制改为认缴登记制，取消公司注册资本最低限额制度，为推进商事制度改革提供了法治保障。2014 年 2 月 19 日，国务院决定修改《公司登记管理条例》《企业法人登记管理条例》等 8 部行政法规、废止 2 部行政法规，确保改革依法推进。3 月 1 日，工商登记制度改革在全国范围启动，正式拉开了改革的序幕。

　　工商登记制度改革实行注册资本认缴登记制，放宽注册资本登记条件，简化住所（经营场所）登记手续，推行电子营业执照和全程电子化登记管理，实行市场主体年度报告公示制度，建立经营异常名录制度及严重违法市场主体名单（"黑名单"）制度，实行市场主体信用信息公示制度等。这些改革通过简化登记程序、优化流程、减少审批环节、缩短办理时间等方式，极大地降低市场主体的登记成本和时间成本。同时通过推行电子化登记、一窗通办、并联审批等措施，提高登记效率。放宽了原有对公司注册资本、出资方式、出资额、出资时间等硬性规定，由注册资本实缴登记制改为注册资本认缴登记制，极大地降低了企业注册准入门槛，鼓励更多创业者和投资者进入市场。商事制度改革一年，全国新登记企业383.23万户，增长49.83%，注册资本（金）20.66万亿元，增长1.02倍，平均每天新登记注册企业1.05万户。市场准入的大量制度性障碍清除，减少了行业准入壁垒。截至2020年底，我国企业开办时间已经由平均22.9天压缩至4个工作日内。此外，政府积极扩大"营改增"试点，取消和免征行政事业性收费等改革，极大地激发了市场和企业活力，全国新增企业数量出现"井喷式"增长。

　　中国共产党第二十次全国代表大会上的报告明确指出，深化简政放权、放管结合、优化服务改革。构建全国统一大市场，深化要素市场化改革，建设高标准市场体系。完善产权保护、市场准入、公平竞争、社会信用等市场经济基础制度，优化营商环境。根据国家市场监管总局统计，2023年，我国全年新设经营主体3272.7万户，同比增长12.6%。其中，新设企业1002.9万户，增长15.6%；新设个体工商户2258.2万户，增长11.4%。截至2023年底，全国登记在册经营主体达到1.84亿户，同比增长8.9%。企业5826.8万户，个体工商户1.24亿户，农民专业合作社223万户。①

　　这些改革一方面减少了主体进入的交易成本，降低了市场主体进入的门槛，可以让更多主体进入；另一方面随着简政放权改革深入，政府管控领域范围缩小，市场主体可进入领域的范围在扩大。政府按照"权力清单"行政，做到"法无授权不可为"，公民按照"负面清单"行事，"法无禁止即

---

　　① 2023年我国新设经营主体3272.7万户　同比增长12.6%［EB/OL］．央视网，https：//news.cctv.cn/2024/02/28/ARTIxKeKH3jczcEKpBU7fiyi240228.shtml，2024 – 02 – 28.

可为"，调动了主体积极性，为大量企业进入市场创造条件。

简政放权改革对于中国经济的发展产生着极其重要的影响，它们一方面直接关系着企业的进入和退出的微观选择，另一方面也对经济资源配置效率和总产出等宏观经济变量产生着巨大影响。因此，在一个包含企业微观决策的宏观理论框架下，分析简政放权等改革具有非常现实的经济学意义。

1.2.2　中国（上海）自由贸易试验区

在积极推行国内简政放权改革的同时，政府也在积极推动自贸区的建立，降低进出口成本，释放改革红利。2013 年 8 月 22 日，国务院正式批准设立上海自由贸易试验区，2015 年 3 月 24 日，中共中央政治局审议通过广东、天津、福建自由贸易试验区总体方案，进一步深化上海自由贸易试验区改革开放方案。自贸区在税收、外汇、投资准入、货物贸易便利化等方面实施优惠政策，大幅降低了出口的成本。2015 年 3 月 26 日，福建自贸试验区厦门片区率先试行"一照一号"登记制度。在工商营业执照、组织机构代码证和税务登记证三证合一的基础上，将"一照三号"浓缩为"一照一号"，大大简化了审批环节，缩短了审批时限，减少了企业办事时间，最大限度地减轻企业的负担，为市场主体准入提供了便利。在通关便利化方面，厦门海关与厦门检验检疫局双方合作，在厦门东渡海天码头试运行关检共用"一站式"查验平台。海关、检验检疫部门需要对同一进出口货物进行查验时，关检同时进场、联合查验、监管互认。企业只需一次开箱查验，减少重复开箱、重复吊柜费用，每箱节约成本 600 元，可节约查验时间 24 小时。"一站式"查验改革真正实现了"一次申报、一次查验、一次放行"的"三个一"通关新模式和关检"信息互换、监管互认、执法互助"，为企业节省了通关时间和成本，促进了贸易便利化。各自贸区积极进行政策改革探索，为企业出口创造了良好环境，激发了各省市申报自贸区的热情。截至 2023 年，国务院已批复设立 22 个中国自由贸易试验区。

此外，海关总署 2014 年公布了新修订的《中华人民共和国海关报关单位注册登记管理规定》（以下简称《规定》），取消了原有的"报关企业注册资本 150 万元以上""报关员 5 人以上""报关业务负责人需 5 年以上从事报关或对外贸易工作经验"等行政许可条件。在注册登记程序方面,《规定》明确了报关企业注册登记许可申请材料由原来的 9 项减少到现在的 4 项,而且只需递交一次材料就可以同时完成行政许可和注册登记。进出口货物收发货人注册登记所需材料由 7 项精减到 3 项,能通过联网查询到的信息不需要企业重复提交材料。同时,海关进一步简化报关人员注册程序,取消报关人员记分考核,由企业自主管理所属报关人员,减少对企业的微观干预。这些改革对进出口企业而言,进出口成本大幅下降,极大地增大了企业的出口动力。

通过降低出口成本、提高出口竞争力,自贸试验区吸引了大量外贸企业入驻,推动了外贸规模的扩大。2023 年,我国自由贸易试验区合计进出口 7.67 万亿元,增长 2.7%,占进出口总值的 18.4%。[①] 自贸试验区采取的一系列降低出口壁垒的举措对于微观企业进入出口市场产生了重要的促进作用,特别是在企业异质性情况下,出口壁垒下降对宏观经济产生了怎样的影响需要深入研究。

1.2.3　出口退税

出口退税是指对出口商品及应税服务的增值税、消费税等税款,由海关核销并退还给出口企业的一种政策性措施。这种政策旨在减少出口企业的税收负担,提高其在国际市场上的竞争力,并避免国际双重课税。按照财政部、国家税务总局《关于进一步推进出口货物实行免抵退税办法的通知》规定:自 2002 年 1 月 1 日起,生产企业自营或委托外贸企业代理出口自产货物,除另有规定外,增值税一律实行免、抵、退税管理办法和制度。增值税出口退税是国际贸易中经常采用并为世界各国普遍接受的一种退还或免征间接税的税收措施,其目的在于鼓励各国出口货物公平竞争。

2022 年 4 月,国家税务总局等十部门发布《关于进一步加大出口退税支持力度促进外贸平稳发展的通知》,推出 15 项服务出口退税新举措,持续加大出口退税业务"非接触式"办理、"容缺"办理等措施的推行力度。

---

① 国务院新闻办就 2023 年全年进出口情况举行发布会 [EB/OL]. 中国政府网,https://www.gov.cn/zhengce/202401/content_6925703.htm,2024 - 01 - 12.

同时该文件增加了出口退税备案单证留存备查方式，支持企业根据自身实际，灵活选择纸质化、影像化、数字化等不同方式留存单证。为支持外贸新业态健康发展，相关部门还进一步简化了外贸综合服务企业代办退税备案流程。外贸综合服务企业在生产企业完成委托代办退税备案后，即可为该生产企业申报代办退税，无须先行办理代办退税备案。为帮助外贸企业纾困解难，各地不断优化流程和机制，有力落实出口退税政策。湖南税务部门持续优化电子税务局、国际贸易"单一窗口"服务功能，推行出口退税发票及出口报关单信息"智能匹配"，实现出口企业待申报的海关报关数据和发票信息数据自动同步、智能配单，进一步提升出口退税办理效率。大连税务部门推出备案单证数字化管理，应用 OCR 识别技术提取纸质备案单证的关键要素并转化为数字信息，建立备案单证申报索引、电子数据档案库等，帮助出口企业快速检索、自动匹配、便利申报，减少纸质资料报送。

出口退税政策通过退还已缴纳的增值税和消费税，直接降低了出口商品的成本，提高了出口商品的国际竞争力。同时，出口退税政策能够加快企业资金的回笼速度，缓解企业的资金压力。退税资金的及时到位，减少了企业的财务成本，提高了企业的盈利能力，有利于企业扩大生产和经营规模。出口退税政策通过调整退税商品目录和退税率，引导企业优化生产结构，鼓励企业从事更高水平的创新活动，提高产品质量和技术含量，推动产业升级和转型。出口退税政策对企业出口行为和整体经营都有着重要影响，对宏观经济也会产生影响。如何在一般均衡的框架里对出口退税政策的影响进行分析是一个非常值得深入研究的问题。

1.3 研究问题和方法

本书在动态随机一般均衡的框架下，研究了内生化企业进入选择渠道和金融加速器机制在宏观经济中的作用。本书研究的问题可分为两大部分：一部分主要关注了简政放权、自贸区建设等经济政策和财政政策如何通过影响企业进入选择进而对经济产生影响，并对简政放权、自贸区建设等新政改革的经济效应进行评估，同时计算了不同偿债方式下各种税收政策的财政乘数，并对热点的高房价对实体经济的影响提出了新的影响渠道，给出了相应的政策建议。另一部分主要研究在金融摩擦和开放经济框架下，出口退税政策和汇率政策对经济波动的影响。具体地，本书就以下六个问题进行系统研究。

第一，研究技术进步和进入门槛变化带来的经济波动如何在不同行业间进行传导。在一个包含资本密集型和劳动密集型两个行业的 DSGE 模型中，分析在考虑企业自由进入的情况下，技术进步和进入门槛变化如何通过改变两部门商品的相对价格和两部门的进入成本，进而影响企业进入选择，对行业的企业数目和产出产生影响。

第二，研究简政放权和自贸区建立两项政策改革对宏观经济变量的影响。分析行业进入壁垒和出口成本的下降如何影响企业进入和出口选择，进而影响生产率和其他宏观经济变量的路径，并对进入壁垒下降和出口壁垒下降两项政策进行了对比分析，讨论两种政策改革的福利大小，最后根据不同行业的生产率分布集中度不同，提出了相应的政策建议。

第三，研究房价波动如何影响新企业的进入以及社会福利。分析在非房地产部门技术进步、房地产部门技术进步、政府管制政策以及土地供给总量冲击下，房价如何影响房地产部门和非房地产部门资源分配，进而影响整个经济的消费和产出的传导路径，并对房价通过改变企业进入门槛进而影响企业进入选择这一机制进行了具体阐述。

第四，分析在考虑内生化企业进入选择后，政府支出增加、削减消费税率、企业红利税率、资本所得税率和劳动收入税率共五种财政刺激政策的传导路径与财政乘数。同时计算在五种不同的偿债方式下，政府支出增加刺激政策的传导路径和财政乘数，并对五种偿债方式的效果进行比较。最后，利用中国实际数据通过贝叶斯估计得到中国的现实财政融资规则，并和理论更优的偿债方式进行对比分析，进而对财政融资规则提出政策建议。

第五，在一般均衡的框架下分析出口退税政策的福利效应，并将其与政府购买、资本所得税、消费税等各种财政政策进行比较，分析金融市场摩擦如何影响出口退税的政策效果。同时在一般均衡的框架下讨论出口退税政策和其他财政政策的福利效应。

第六，分析中国面临短期资本外流的压力下，政府稳汇率加息和保房价汇率贬值两种政策选择的经济影响。试图在一个小国开放经济的一般均衡框架中，基于中国现实特征将金融摩擦和土地财政机制纳入模型中进行分析，并基于模型研究提出相关政策建议。

以上这些研究都是在一般均衡的框架下进行分析，主要采用了动态随机一般均衡（DSGE）的方法对系统进行研究。具体而言，通过模型设定得到系统均衡方程，再利用对数线性化的方法对系统均衡方程进行一阶近似，然后根据现实数据进行参数校准或者利用贝叶斯估计的方法进行参数估计，最后利用 Matlab 等软件进行数值模拟，得到系统在外生冲击下的传导路径。DSGE 方法能够对复杂的宏观系统进行分析，也是目前研究宏观经济周期问题的重要方法。

1.4　研究意义与特色

卢卡斯批判后，引入微观机制是宏观经济模型的一个重要方向。企业进入和退出在经济周期中也扮演着重要角色，特别是在梅里兹（Melitz，2003）新新贸易理论引入企业异质性和企业内生选择是否出口的机制得到广泛认可后，企业进入和退出行为在宏观经济分析中也得到了越来越多的重视。本书重点研究了内生化企业进入选择渠道在经济周期中的传导作用，以及简政放权、自贸区建立等经济政策和财政政策的效果，具有很强的理论意义和现实意义。此外，本书也在一般均衡模型框架下，考虑了存在金融摩擦时对出口退税政策和汇率政策宏观经济影响进行分析，具有一定的政策意义。

1.4.1　理论意义

首先，企业进入和退出是微观企业决策中非常重要的内容，将企业进入和退出机制引入到宏观经济模型中，一方面加强了模型的微观基础，另一方面也丰富了经济波动的传导路径。在以往的宏观研究中，生产部门都是代表性企业，会出现存在垄断利润但又无企业进入的现象，这是不符合现实经济的。引入企业的自由进入机制，可以很好地解决这一矛盾。

不仅如此，通过引入企业的进入和退出机制，我们能够分析企业数目的变化。而企业数目的变化一方面可以反映经济体中的投资行为，另一方面企业数目也代表着商品的多样性，对于消费者的多样性福利产生着重要影响。同时，我们还可以对产出变动，从集约边际（单个企业的产出变化）和广延边际（企业数目变化）两个角度进行分析，这也是传统代表性企业宏观模型所不能讨论的。

其次，本书还在动态随机一般均衡模型中引入企业的异质性。企业异质性是现实经济中不容忽视的特征，不同的政策对于不同企业的影响不同，企业之间的资源再分配对整个经济也产生着极其重要的影响。在传统的宏观模型中一般将生产率作为一个外生冲击进行分析，而对于生产率内生化的变化的分析较少。通过分析经济政策对不同生产效率企业的影响，能够对经济政策的效果进行更好更全面的评估。

对于财政政策的分析，本书考虑了不同偿债方式对财政刺激政策的影响。在以往的研究中，只讨论了政府支出和税收等财政政策冲击的影响，没有考虑这些财政刺激政策的融资问题，而不同的财政融资方式会对财政刺激政策的效果产生巨大影响。本书不仅引入了内生化企业进入选择的机制，也考查了不同偿债方式的影响，是对现有的有关财政乘数文献的一个重要补充。同时，本书还在开放经济的框架下考虑金融摩擦特征，分析其对出口退税政策效果的影响机制，这是以往定性分析和实证分析没有考虑的。

最后，在货币政策分析方面，本书在开放经济的一般均衡模型里，将金融摩擦和中国特色的土地财政纳入考虑，系统地剖析了金融加速机制与土地财政机制在开放经济条件下对汇率政策选择的复杂影响。金融加速机制，作为现代宏观经济学的核心组成部分，揭示了信贷市场摩擦与资产价格波动如何通过影响企业投资行为，进而放大经济周期的波动。而土地财政机制，则在中国经济中扮演着至关重要的角色，它涉及地方政府通过土地出让获取财政资源，对经济增长、房地产市场，以及整个宏观经济调控产生深远影响。本书将这两个机制纳入开放经济的一般均衡模型，不仅丰富了模型的内涵，也使其更加贴近中国经济的实际情况，从而能够更准确地捕捉和解释中国货币政策的实际效果。

1.4.2 现实意义

企业进入和退出的动态过程，不仅构成了经济波动的一个直观且重要的表现维度；更深层次地，它们还标志着资源在市场中的重新分配与优化配置，是驱动经济周期性波动的关键因素。在已有的宏观经济学研究中，这一经济活动现象却往往未能获得应有的重视与深入探讨。特别是在制定和实施相关政策的分析框架中，企业进入与退出的行为及其潜在影响常被边缘化，导致相关研究成果在指导实践、提出具有深度洞察力的政策建议时显得不够具体深入，政策含义的挖掘与阐述也因此显得不够充分与深刻。

本书通过剖析简政放权改革与自贸区建设等关键性政策举措，在动态一般均衡模型中引入了企业异质性特征和企业进入选择这一重要行为，分析这些行为对于宏观经济的深远影响。从一个更为细致、动态且贴近现实的角度构建理论模型，能更好地去评估简政放权、自贸区建设等政策措施的实际效果，能更深入地理解这些政策是如何通过促进企业更加灵活高效地进入市场，以及如何在市场竞争中促进优胜劣汰，从而实现资源的有效再分配。在此基础之上，本书还进一步探讨了这些政策福利和提升这些政策效果的措施，具有很强的政策现实意义。

财政政策和货币政策作为政府调节经济的两个重要宏观经济政策工具，在稳定经济促进增长和防范风险方面发挥着重要作用。本书相对以往研究考虑了企业进入和退出行为以及不同的财政融资方式的影响，使得对政府购买、劳动税收税等财政政策的财政乘数估计更全面，相应提出的财税政策建议更可信和接近现实。

此外，本书另一个重点是在开放经济的动态随机一般均衡模型中考虑金融加速器机制对出口退税政策和汇率政策选择的影响。出口退税作为刺激出口的重要政策，其刺激效果和其他政府购买、资本税收等财政政策有何不同，作用机制是怎样的，不同行业出口退税税率应如何制定从而提高出口退税的刺激作用，这些都是非常现实的经济问题，具有很强的政策意义。从金融加速器视角出发，基于一般均衡的理论模型来分析出口退税政策也是既往研究未涉及的。

此外，房地产在中国经济中具有重要地位，对经济增长、财政收入、金融稳定、就业与社会稳定以及经济结构调整等方面都产生了深远影响。本书从两个视角分析了房地产对宏观经济的影响，一个视角是高房价带来的企业进入成本上升，进而影响企业进入选择对宏观经济波动产生影响；另一个视角是在资本外流压力下政府面临是否稳汇率加息的政策选择，如果加息则会影响房价进而通过土地财政和金融加速机制影响产出，如果不加息但汇率贬值则会影响企业资产负债进而影响融资成本对宏观经济产生影响的两难选择。本书考虑了企业进入退出机制和中国特色的土地财政机制的作用，以及金融加速器机制在其中的重要作用，这更符合中国现实经济，能为相关政策制定提供理论模型支撑。

1.4.3　研究特色

相比已有的研究，本书主要有以下几个方面的创新：第一，本书考虑了企业的自由进入行为，将企业的微观决策纳入到宏观动态一般均衡的分析中，研究了微企业进退出行为对经济周期和社会福利的影响。由于模型考虑了企业数目，能就现存企业产量增加（集约扩张，Intensive Effect）和企业数目增加（外延扩张，Extensive Effect）两个维度来分析经济的扩张效应。这是传统的代表性企业模型所无法讨论的。

第二，对房价波动、政府政策改革等当下热点问题进行了分析，并提出相关政策建议。在关于房价波动对社会福利的影响分析中，本书就房地产部门对非房地产部门的挤占效应和影响渠道，以及对房地产部门和非房地产部门的技术进步冲击、政府管制政策冲击和土地供给总量冲击等在经济中的传导路径和社会福利的影响进行了研究，为增加土地供给等热点政策的影响给出了理论分析。在对简政放权和自贸区建立的政策分析中，我们就这两项政策能否激发创新活力，推动技术进步，并在一个动态一般均衡的框架下进行分析，同时对这两项政策进行了对比分析，并对政策实施提出了产业方面的建议。

第三，生产率的变动在经济波动和生产中都扮演了重要的角色，而众多的 DSGE 模型都将生产率变动设定成外生冲击，无法内生化生产率的变动。本书一方面考虑了企业的生产率异质性，另一方面将整个行业的生产率内生化，并讨论企业异质性和生产率变化在经济波动中的作用。

第四，对于财政政策效果进行了更全面的评估。以往财政乘数的相关研究通常只考虑了财政刺激政策的正向影响，而没有考虑财政刺激政策带来的债务水平上升和政府的财政融资方式对财政刺激政策效果的反向影响。本书在内生化企业进入选择的框架下考察了缩减政府支出、提高消费税、企业红利税、资本所得税以及劳动收入税五种偿债方式下，政府支出刺激政策的财政乘数，更全面地分析了财政刺激政策的效果。此外，本书利用贝叶斯估计方法估计了中国的复合财政融资规则，并进行反事实分析，给出了降低企业红利税和劳动收入税对产出和债务反应弹性的政策建议。

第五，本书在开放经济框架下考虑金融摩擦的影响，使得对出口退税政策和汇率政策分析更深入。出口退税相对其他政府购买等刺激政策能直接带来企业净值增加，并通过金融加速器机制进一步放大其对宏观经济的影响，这是以往没有考虑的视角。伴随着当今世界外部环境变化，大规模资本流动对各个国家货币政策带来了巨大挑战。这也要求必须在开放的框架下分析货币政策问题，同时金融摩擦作为信贷市场重要特征必须纳入考虑。

1.5　本书的结构安排

本书首先梳理了内生化企业进入相关文献，为后文模型提供扎实的文献基础。第 3 ~ 6 章均为考虑内生化企业进入选择的动态随机一般模型，其中第 3 章构建了一个两部门的封闭经济模型考虑内生化企业进入选择后的经济波动传导，第 4 章构建了一个小国开放经济考虑内生化企业进入选择后的经济波动传导，第 5 章和第 6 章分别利用内生化企业进入选择的动态一般均衡模型，具体考虑了房价波动和不同财政政策的经济影响。第 7 章和第 8 章则是在考虑金融摩擦的动态随机一般均衡模型里分析出口退税政策和汇率政策的影响。具体章节安排如下：

第 2 章为内生化企业进入选择相关文献综述。我们首先以内生化企业进入选择为主线，对内生化企业进入选择在经济研究中的发展，从微观模型和宏观模型两个层次进行综述。对内生化企业进入选择在微观模型中的研究，我们主要关注内生化企业进入选择对于国际贸易研究的影响。对内生化企业进入选择机制在宏观模型中的发展，我们从经济周期理论、货币政策、财政政策和金融市场四个方面进行整理回顾，给出了内生化企业进入选择机制发展的脉络和研究现状。其次我们指出关于内生化企业进入选择研究的不足。最后对研究的房价波动、进入壁垒和财政融资规则三个具体问题进行文献回顾。

第 3 章，在比尔比耶等（Bilbiie et al.，2012）带有企业自由进入的框架下，建立一个包含资本密集型和劳动密集型两个行业的 DSGE 模型，分析了技术进步和进入门槛变化带来的经济波动如何在不同行业间进行传导，并从扩展边际（extensive margin，部门企业数目变化）和集约边际（intensive margin，单个企业产量变化）两个角度进行研究。研究发现，不同冲击对企业数目和单个企业产出的影响大小，与不同部门商品在企业进入成本的复合比例相关。具体而言，资本密集行业技术进步，在带来资本密集行业产出增加的同时，改变了两部门商品的相对价格和两部门的进入成本，使得劳动密集行业产出下降，但是资本密集行业和劳动密集型行业企业数目同时都增加；资本密集型行业进入门槛下降，大量企业进入资本密集型，资本密集型行业企业数目和产出都增加，同时通过要素价格上升，使得劳动密集型部门企业数目和产出下降。

第 4 章，将梅里兹（Melitz，2003）的异质性企业模型推广到小国开放经济中，内生化企业进入行为和出口选择，分析了简政放权和自贸区建立两项新政带来的行业进入壁垒和出口成本的下降，是如何影响生产率以及通过什么路径影响经济，并考虑了不同行业的生产率分布集中度不同，对两项政策的福利效应的影响。最后，将进入壁垒下降和出口壁垒下降进行标准化并对比分析，发现进入壁垒下降在福利改善方面要优于出口壁垒下降，这种效应在生产率分布更分散的行业时表现更加明显。

第 5 章，建立了一个两部门的 DSGE 模型，模型中引入房地产部门，分析了在内生化企业进入选择情况下，房价波动如何影响新企业的进入以及社会福利，提出了房价波动通过改变企业进入成本，对企业的进入决策产生影响，进而改变商品的多样性和总产出，对社会福利造成影响的新机制。

第6章，在一个内生化企业进入选择的一般均衡框架下，分析政府支出增加、削减消费税率、企业红利税率、资本所得税率和劳动收入税率共五种财政刺激政策的传导路径与财政乘数。此外，还考察了在五种不同的偿债方式下，增加政府支出的财政刺激政策的传导路径和财政乘数，并对五种偿债方式的效果进行了比较。最后，利用中国实际数据通过贝叶斯估计得到了中国的现实财政融资规则，并和理论更优的财政融资规则进行对比分析，针对财政融资规则提出降低对企业红利税和劳动收入税对产出和债务反应弹性的政策建议。

第7章，将伯南克等（Bernanke et al., 1999）推广到开放经济中，引入出口退税、政府购买等财政政策，从一般均衡的角度分析了这些财政政策在开放经济中的传导路径和政策效应。同时讨论信贷市场不完备性对出口退税及其他财政政策传递路径和福利效应的影响。最后，根据 DSGE 模型本身的特点，综合运用多个指标，多维度地对出口退税的政策效果进行评估。为了综合评价出口退税的福利效应，我们一方面选取产出、消费、出口等多个指标衡量社会福利，另一方面在模型中引入政府购买、资本所得税、劳动所得税等各种财政政策，并将出口退税政策与这些财政政策进行比较。

第8章，建立一个小国开放经济模型，在一般均衡的框架里对中国面临短期资本外流的压力下"稳汇率"和"保房价"两个政策进行了比较分析。研究在金融摩擦和土地财政机制下，"稳汇率"还是"保房价"两个政策对宏观经济的影响，并定量地比较这两种政策选择的利弊，并找出其中的关键影响因素。

第9章，对本书的主要结论进行总结，并提出本书的研究不足和未来的研究方向。

第 2 章

内生化企业进入相关文献综述

本章首先以内生化企业进入选择为主线，对内生化企业进入选择在经济研究中的发展，从微观模型和宏观模型两个层次进行文献综述，给出了内生化企业进入选择机制的发展脉络和研究现状。对内生化企业进入选择在微观模型中的研究，本章主要关注内生化企业进入选择对于国际贸易研究的影响。对内生化企业进入选择机制在宏观模型中的发展，本章从经济周期理论、货币政策、财政政策和金融市场四个方面进行整理回顾。最后对已有文献研究的不足进行总结。

2.1　内生化企业进入与国际贸易

内生化企业进入在微观模型中的应用主要是两个方面：一方面是通过内生化企业进入来解释企业的出口行为；另一方面是利用内生化企业进入带来的商品数量变化来解释贸易利得等方面。

2.1.1　新新贸易理论

国际贸易理论经历了传统贸易理论、新贸易理论和新新贸易理论三个重要阶段，表 2 - 1 给出三种贸易理论的比较。传统贸易理论主要是指李嘉图（Ricardo）的比较优势理论和赫尔歇尔—俄林（Heckscher - Ohlin）的要素比例理论。传统贸易理论主要基于同质企业、同质商品和完全竞争市场、无规模经济的假设，试图解释产业间的贸易现象，认为资源禀赋差异和比较优势是产业间贸易的主要原因。

表 2-1　　　　　　　　　　　各国际贸易理论比较

内容	传统贸易理论	新贸易理论	新新贸易理论
基本假设	同质企业、同质商品、完全竞争市场、无规模经济	同质企业、商品差异化、不完全竞争市场、规模经济	企业异质性、商品差异化、不完全竞争市场、规模经济
主要结论	比较优势和资源禀赋差异是贸易产生的重要原因，解释了产业间贸易的情况	市场结构差异、规模经济以及商品差异化是贸易产生的重要因素，解释了产业内贸易	企业异质性导致企业是否选择贸易，解释了产业内贸易和企业出口行为

随着贸易地不断深化，产业内贸易规模也越来越庞大，大约有 1/4 的世界贸易是发生在产业内部，而这是传统贸易理论无法解释的。20 世纪 80 年代，以克鲁格曼和布兰德（Krugman and Brander）为代表的经济学家提出了规模经济、不完全竞争和产品差异化的解释（Krugman，1979，1980；Krugman and Brander，1983），由此形成了新贸易理论。

到 20 世纪 90 年代，大量的经验表明，并非所有的企业都选择对外贸易。美国 1999 年在对 30 多万家企业进行普查后发现，仅有不到 5% 的企业存在出口业务，而在出口企业中排在前 10% 的企业其出口总额占到全国出口总额的 96%（王海军，2009）。而且随着世界各国企业层面的微观数据库逐渐完善，学者们开始利用企业层面的数据进行实证分析。伯纳德等（Bernard et al.，1995）用 1987 年美国制造业企业数据进行实证研究发现出口企业在员工数、平均工资、平均利润、人均资本、人均投资、非生产性工人比重等方面均高于非出口企业。伯纳德等（Bernard et al.，2003）在比较美国制造业出口企业与非出口企业间生产率差异时发现，低效率企业中非出口企业比重更高，而在高效率企业中出口企业比重更高。胡等（Aw et al.，2000）通过对 1983 年、1988 年和 1993 年韩国出口企业与非出口企业进行比较分析发现出口企业与非出口企业生产率显著不同，同时在不同行业和年份，出口企业和非出口企业之间生产率差异存在不同。无论是美国的经验研究还是韩国的经验研究，都充分证实了出口企业与非出口企业在企业规模、生产率、工资水平、年龄、资本密集度和熟练工人比重等方面存在显著差异，而这些现象传统贸易理论和新贸易理论都无法解释，对国际贸易理论中的同质企业假设提出了巨大挑战。

　　新新贸易理论放松了传统贸易理论和新贸易理论中企业同质性的假定，考虑企业异质性对于贸易行为的影响。梅里兹 2003 年发表的文章（Melitz，2003）作为新新贸易理论的经典之作，分析了企业间的生产效率不同导致了企业出口行为的不同。具体来说，梅里兹（Melitz，2003）是在克鲁格曼（Krugman，1980）和霍彭海恩（Hopenhayn，1992）两个模型的基础上，在一个一般均衡的框架下引入企业的异质性进行分析。它既考虑了克鲁格曼（1980）模型中的产品差异、规模报酬递增以及垄断竞争等问题，也考虑了霍彭海恩模型（Hopenhayn，1992）中的产业生产效率变化问题。梅里兹（Melitz，2003）对新贸易理论框架的继承性发展和模型的简明性使其模型具有很强的可拓展性，尤其是在赫尔普曼（Helpman et al.，2004，2008）、钱尼（Chaney，2008）、伊顿（Eaton et al.，2011）等人的一系列工作使得梅里兹（Melitz，2003）提出的若干关键特征能够被定量检验。

　　梅里兹（Melitz，2003）认为高生产率的生产企业能够支付出口固定成本从而进入出口市场，并从出口中获得正的收益，而低生产率企业由于出口所获收益不足以弥补出口进入成本而选择不出口。基于此，瓦格纳（Wagner，2008）基于德国 1995～2004 年的制造业数据，对企业生产率与出口行为进行了经验研究。他发现，生产率较低的出口企业更容易退出国际市场，生产率相对较低的企业成功进入国际市场的时间更晚。就企业在出口市场的存活表现而言，初始生产率较高的企业更有可能将其出口行为持续下去。瓦格纳（Wagner，2007）总结了 1995～2006 年 34 个样本国家的 54 篇经验文献发现，除了个别例外，大部分研究都证实了出口企业生产率优势的存在。

　　此外，梅里兹（Melitz，2003）也表明当存在企业异质性和垄断竞争情况下，贸易自由可能会导致资源在企业之间进行再分配，进而可以提高整个经济的生产力水平。梅里兹和波兰尼克（Melitz and Polanec，2012）采用动态 OP 方法对生产率进行了分解，发现产业内资源再分配比产业间资源再分配的影响更大。梅里兹（Melitz，2003）带来的异质性企业革命，从理论层面证实了企业异质性与企业出口决策之间的关系，以及企业异质性与企业存活率之间的关系。但不足的是，梅里兹的研究（Melitz，2003）缺乏跨期最优化选择，只能分析均衡情形。同时，对于贸易自由化引起的企业进入和退出行为，只能进行比较静态分析，无法对整个经济体生产效率的动态过程给出全面的解释。而且，新新贸易理论集中于讨论什么样的企业选择出口以及企业选择贸易的形式，但这些研究主要是从微观角度出发解释一些现象和问题，无法分析税收、货币等宏观政策变化带来的企业行为变化，无法对宏观政策影响进行全面的分析。

2.1.2　内生化企业进入选择与贸易的广延边际

在梅里兹（Melitz，2003）提出企业自由选择进入贸易市场后，学者们关注到出口的商品种类变化也是贸易中非常重要的一个方面，对于解释一些贸易现象至关重要。克霍和鲁尔（Kehoe and Ruhl，2013）利用1900对国家之间的贸易面板数据研究发现，由自由贸易带来的贸易成本微弱但持续的下降使得更多的企业可以进行出口，从而使得贸易商品的种类有着巨大的影响，这种商品种类的广延边际（extensive margin，指商品种类的变化）变化可以解释北美自由贸易协定（NAFTA，North American Free Trade Agreement）国家之间的10%的贸易增长。在国际经济波动模型中，为了较好地拟合贸易余额和贸易条件波动，需要将国外商品和国内商品之间的替代弹性取为1～5之间；然而，在静态的一般均衡模型中，为了与贸易自由化带来的贸易增长相吻合，又需要将国外商品和国内商品之前的替代弹性取为10～15之间。为了解决商品弹性如此之大的差别，鲁尔（Ruhl，2003）从理论上研究发现短期的经济波动冲击不改变企业的出口行为，但长期持续的贸易自由化冲击会使得以前不出口的企业进行出口，从而改变出口的商品空间，使得测量的商品弹性下降。赫尔普曼、梅里兹和鲁宾斯坦（Helpman，Melitz and Rubinstein，2007）发现将贸易的广延边际引入可以提高传统的双边贸易引力模型对于现实数据的拟合能力。钱尼（Chaney，2008）从理论和实证两个方面验证了无论是在低的商品替代弹性还是高的商品替代弹性情况，相比较于集约边际（intensive margin，指单个企业的出口额），贸易的广延边际对贸易壁垒变化的反应都占主导。赵永亮和朱英杰（2011）探讨了贸易多样性与生产率增长之间的双向关系，结果显示贸易多样性也是促进我国生产率提升的重要因素。马丁内斯 – 扎尔佐索等（Martínez – Zarzoso et al.，2015）的研究发现，出口增长主要来自广延边际，但广延边际对发展中或转型经济体的解释能力相对较弱。项松林（2020）进一步测算并对比不同经济体样本数据，发现发达经济体的出口增长主要依赖于广延边际。

还有一些学者从广延边际对消费者福利产生影响的角度进行分析。布罗达和温斯坦（Broda and Weinstein，2004）以及布罗达和温斯坦（Broda and Weinstein，2006）研究了进口商品种类的增加对于美国的福利影响，发现从 1972 ~ 2001 年进口商品种类大约增加了三倍之多，商品种类增长带来的福利增加是贸易利得的重要方面。同时他们还估算得到 1972 ~ 2001 年进口商品种类增加对于美国消费者的价值相当于 GDP 的 2.6%，传统的进口价格指数因为没考虑商品种类的变化相比较于实际的进口价格指数高估了大约 28%。布罗达、格林菲尔德和温斯坦（Broda，Greenfield and Weinstein，2017）从两个角度刻画了国际贸易带来的进口商品种类增加对经济增长的影响：一是由于贸易使得生产厂商有机会获得新的进口商品种类，从而增加生产商的生产率水平，二是商品种类的增加降低了创新的成本从而使得经济可以创造更多的商品种类。该文章用结构性估计的方法估计发现对于一个典型的国家，新的进口商品种类可以带来 10% ~ 25% 的生产效率的增长。该文章同时还估计了对生产效率提高的长期影响，发现从 1994 ~ 2003 年进口商品种类的增加使得全世界的工资水平提高了 17%。坎茨、达提斯和佩尔辛，达米安（Kancs，d'Artis and Persyn，Damiaan，2019）利用 1988 ~ 1997 年期间的国内和国际贸易数据对爱沙尼亚、拉脱维亚和立陶宛的贸易品种收益进行估计，发现尽管在此期间，当地产品品种数量有所下降，但从欧盟进口的产品品种数量的增加远远超过了这一降幅。从欧盟国家进口的商品品种不断增加，极大地降低了生活成本，从而为消费者带来了福利收益，拉脱维亚的收益相当于国内生产总值的 0.73%，而爱沙尼亚的收益则高达每年国内生产总值的 1.28%。这说明由于企业的进入和退出行为带来的商品种类的变化对于经济增长、居民福利提高都有着不可忽视的作用。

2.2　内生化企业进入选择的宏观模型

2.2.1　内生化企业进入选择与经济周期

在现实数据中，我们发现在经济扩张时期，大量潜在的企业进入市场，当经济萧条时企业又大规模退出市场。企业的进入和退出行为既是经济波动的表现，也是经济波动的诱因。由于企业进入需要成本并存在生产滞后，企业进入和退出也加剧了经济波动。在以往的宏观模型中，都是以代表性企业为基础，无法考虑企业的进入退出行为带来的企业数目的波动。此外，在代表性企业模型中，垄断竞争形成了正的利润，但是又无新的企业进入，这两者之间存在一定的矛盾。另外一个值得注意的问题是，在以往不考虑企业数目变化的模型中，价格加成和利润都是逆周期的，但是在现实数据中价格加成是逆周期，但利润是顺周期。这些问题在内生化企业进入的模型中都可以得到很好的解决。

比尔比耶、吉罗尼和梅里兹（Bilbiie，Ghironi and Melitz，2012）将企业进退出机制引入到宏观模型中，建立了一个内生化企业数目的宏观经济波动模型的分析框架，发现企业进退出行为的引入能够很好地解释顺周期的企业利润和逆周期的价格加成现象，并且能够较好拟合美国数据中关键变量的二阶矩，与RBC模型相比表现更好。比尔比耶、吉罗尼和梅里兹（2012）是一个封闭模型，企业进入市场需要支付一定的进入成本，进入成本用劳动力进行刻画，新进入的企业生产存在一期滞后。在均衡时，企业预期未来利润的贴现值应该等于企业的进入成本，这也称为企业自由进入条件。整个模型没有考虑资本，企业数目的变动在一定程度上和RBC模型中的资本的作用相同。但是企业数目又不同于资本，因为企业数目影响到价格加成和最终商品的相对价格，对经济产生着更丰富的影响。比尔比耶、吉罗尼和梅里兹（2012）这一模型也是后续文献的研究基础，为研究包含企业进入的宏观问题提出了一个较好的宏观模型框架。

此后有大量文献在比尔比耶、吉罗尼和梅里兹（2012）的基础上进行拓展，有些研究将其拓展为两国模型，有些在模型中引入资本积累，对巴卡斯、克霍和凯德兰（Backus，Kehoe and Kydland，1992）提出的协同性谜团和数值逆像，以及哈罗德—巴拉莎—萨缪尔森效应（Harrod – Balassa – Samuelson effect）等经济现象提出新的解释。

卡瓦拉里（Cavallari，2013）将比尔比耶、吉罗尼和梅里兹（2012）模型拓展成一个两国模型，并引入了价格粘性试图解决巴卡斯、克霍和凯德兰（Backus，Kehoe and Kydland，1992）提出的两个问题：（1）协同性谜团（comovement puzzle），在传统的两国模型中两国之间的经济协同性非常之低或者为负，但是现实数据中的经济协同性为正；（2）数值逆像（quantity anomaly），在两国模型中，两国产出的相关性明显低于其他宏观变量的相关性。之所以出现巴卡斯、克霍和凯德兰（Backus，Kehoe and Kydland，1992）提出的两个问题主要是因为资源是完全流动的，当一国发生有利冲击时，投资都转移到发生有利冲击的国家，进而出现发生有利冲击的国家产出和投资上升，另一个国家投资和产出下降。卡瓦拉里（Cavallari，2013）通过将企业进入成本转变为两国商品的复合品，使得未发生有利冲击的国家也可以共享有利冲击带来的商品价格下降和进入成本下降，从而使得未发生有利冲击的国家有更多的企业进入，投资增加，产出增加，增加了两国之间协同性，削弱了巴卡斯、克霍和凯德兰（Backus，Kehoe and Kydland，1992）中因为投资大量转移到发生有利冲击的国家而导致的两国产出出现负向关系的现象。同时，卡瓦拉里（Cavallari，2013）还引入了价格粘性，使得企业不能及时重新定价，从而使得企业进入的动机减小，这样投资的波动性降低，将资源转移到发生有利冲击国家的能力降低。而且卡瓦拉里（2013）研究显示企业进入行为和价格粘性这两个渠道对于解决巴卡斯、克霍和凯德兰（Backus，Kehoe and Kydland，1992）提出的两个问题缺一不可。

吉罗尼和梅里兹（Ghironi and Melitz，2005，2007）一方面将梅里兹（Melitz，2003）的小国开放模型拓展成一个两国模型，另一方面与比尔比耶、吉罗尼和梅里兹（2012）一致将模型动态化为动态随机一般均衡模型（DSGE）。非常值得一提的是，吉罗尼和梅里兹（Ghironi and Melitz，2005）引入了企业的异质性，每个企业都拥有不同的生产效率。企业在进入国内市场时需支付进入成本，而进一步进入国际市场还需要支付出口固定成本和单位出口成本。在这样的设定下只有生产效率更高的企业可以出口，外部技术冲击和进入成本冲击对企业的进入行为和出口行为都产生影响，使两个国家消费的一篮子商品也发生改变，进而使两国的价格水平产生对 PPP 的持久偏离。这为哈罗德—巴拉莎—萨缪尔森效应（Harrod – Balassa – Samuelson effect）[①] 提出了一个内生的微观解释。在以往的哈罗德—巴拉莎—萨缪尔森效应的解释中，强调的是部门的技术冲击，而在吉罗尼和梅里兹（Ghironi and Melitz，2005）中，总的技术冲击也可以产生技术更发达的国家价格水平越高的结果。不仅如此，进入成本的下降也可以导致哈罗德—巴拉莎—萨缪尔森效应的产生，提出了用内生的企业进入行为和出口行为来解释哈罗德—巴拉莎—萨缪尔森效应的新视角。吉罗尼和梅里兹（Ghironi and Melitz，2005）在数值上也较好地拟合了美国的关键变量的二阶矩和国际经济周期变量的相关系数，其中模型中两国之间的产出呈现正相关，在一定程度上解决了巴卡斯、克霍和凯德兰（Backus，Kehoe and Kydland，1992）的协同性谜团。然而，亚历山德里亚和崔（Alessandria and Choi，2007）发现将企业异质性和出口沉没成本引入模型并没有产生显著异于标准的两国模型的结果。需要指出的是，亚历山德里亚和崔（Alessandria and Choi，2007）将企业总数固定，只考虑出口企业份额的变动。

雅埃夫和洛佩斯（Jaef and Lopez，2014）在梅里兹和吉罗尼（Melitz and Ghironi，2005）的基础上引入资本积累，最大的创新之处在于将进入成本和出口成本分别与企业数量和出口企业数量相关联，并通过参数来控制企业数量对进入成本和出口成本的影响。当参数取不同值时，模型可以退化为梅里兹和吉罗尼（2005）模型以及亚历山德里亚和崔（Alessandria and

---

　　[①] 哈罗德—巴拉莎—萨缪尔森效应（Harrod – Balassa – Samuelson effect）是指在经济增长率越高的国家，工资实际增长率也越高，实际汇率的上升也越快的现象。具体而言，当贸易产品部门生产效率迅速提高时，该部门的工资增长率也会提高。由于劳动在国内是自由流动的，国内无论哪个产业，工资水平都有平均化的趋势，所以尽管非贸易部门生产效率提高并不大，但是非贸易部门的工资也会以大致相同的比例上涨。这会引起非贸易产品对贸易产品的相对价格上升。我们假定贸易产品（按外汇计算）的价格水平是一定的，这种相对价格的变化在固定汇率的条件下会引起非贸易产品价格的上涨，进而引起总体物价水平（贸易产品与非贸易产品的加权平均）的上涨。如果为了稳定国内物价而采取浮动汇率的话，则会引起汇率的上升。无论采用哪种汇率制度，都会使实际汇率上升。

Choi, 2007) 模型。文章的结论与亚历山德里亚和崔 (2007) 的研究相似, 发现内生化的企业进入和出口行为并没有显著改变宏观经济变量之间的相关性, 无法解决巴卡斯、克霍和凯德兰 (Backus, Kehoe and Kydland, 1992) 提出的两个谜题。然而, 雅埃夫和洛佩斯 (Jaef and Lopez, 2014) 发现企业的自由进入机制提供了一种平滑消费的途径, 同时也降低了资本投资的波动性。具体来说, 技术进步带来的新企业数量增加, 增加了对国内劳动力的需求, 而不是对外国商品的需求, 从而降低了对资本投资品的需求、出口和贸易余额的波动性。此外, 雅埃夫和洛佩斯 (Jaef and Lopez, 2014) 还发现内生化的企业出口行为对于关键宏观经济变量的波动率和相关系数的影响并不显著。模型进一步验证了雅埃夫和洛佩斯 (2014) 的结论主要依赖三个假设: (1) 进入成本以劳动力计价而非商品; (2) 新企业存在一期的生产滞后; (3) 生产技术遵循 C. E. S. (constant elasticity of substitution, 即恒定替代弹性) 技术。

除了在比尔比耶、吉罗尼和梅里兹 (2012) 框架下进行研究, 也有些学者从产业模型的基础上进行拓展研究, 企业进入和退出对于经济波动的影响。

克莱门蒂和帕拉佐 (Clementi and Palazzo, 2013) 在霍彭海恩 (Hopenhayn, 1992) 的产业模型基础上引入资本投资和总技术进步冲击, 探讨企业进入和退出对总量经济波动的影响。研究发现, 在社会整体技术进步冲击下, 新建企业的数量会增加, 新进入的企业在规模和生产效率上都低于已存在的企业, 但新进入的企业增长速度更快。随着外生技术进步冲击的逐步减弱, 新进企业在生产率和规模上都有显著增加, 从而放大了外部冲击的影响。同时, 文章还发现进入率与当期及滞后的产出增长正相关, 退出率与当期产出增长率负相关, 与未来的产出增加呈负相关。这个模型框架将产业组织模型扩展到宏观层面, 与比尔比耶、吉罗尼和梅里兹 (2012) 的宏观经济波动模型完全不同。

哈伊莫维奇和弗洛埃托 (Jaimovich and Floetotto, 2008) 在一个一般均衡的结构产业组织模型中考虑外生技术冲击带来的企业进入和退出对全要素生产率 (Total Factor Productivity, TFP) 波动的解释能力, 发现技术进步冲击导致企业数量增加，加剧了企业间的竞争，使得价格加成下降，进而导致测量的全要素生产率上升，其中大约40%的全要素生产率波动可以通过企业数量和价格加成之间的相互作用来解释。同时，企业进入放大了技术冲击对产出影响的64% ～ 158%。奥菲克和温克勒（Offick and Winkler, 2014）在比尔比耶、吉罗尼和梅里兹（2012）模型的基础上进行拓展，利用美国数据进行贝叶斯估计，也发现内生化的企业进入选择对产出有放大效应，这种内生化的企业进入选择通过商品多样性效应和竞争效应放大产出 8.5%。

还有一些学者从新古典随机增长模型出发，研究内生化企业进入选择对经济波动的影响。查特吉和库珀（Chatterjee and Cooper, 1993）将垄断竞争纳入一个新古典增长模型中，分析了不完全竞争对外生冲击的放大作用和机制，发现外部冲击带来的企业进入和退出会扩大产品空间，进而对消费等产生影响，同时企业的进入和退出行为也增加了变量之间的序列相关性。

奥塔维亚诺（Ottaviano, 2012）将企业异质性引入一个两部门的随机增长模型中，考察企业进入、退出和企业异质性对外生技术冲击传导中的作用。模型从集约边际（intensive margin）和广延边际（extensive margin）两个方面进行了分析，认为技术进步使得更多的生产效率低的企业进入市场，总的企业数目增加同时也增加了市场中生产效率低的企业比例。一方面，总的企业数目增加带来的竞争效应，使得价格加成下降。但另一方面，由于更多生产效率低的企业进入使得经济中的平均生产效率下降，从而带来价格水平的上升，价格加成上升。最终价格加成的影响取决于这两种效应的综合作用。奥塔维亚诺（Ottaviano, 2012）指出比尔比耶、吉罗尼和梅里兹（2012）以及哈伊莫维奇和弗洛埃托（Jaimovich and Floetotto, 2008）企业进入和企业退出对技术冲击的放大作用，因为大量进入的企业都是一些生产效率更低的企业，而生产效率低的企业规模都比较小，对总产出的影响比较小，从而中和了企业数目大幅增加对总产出的影响。

还有学者从内生化企业进入选择对贸易商品种类产生影响的角度出发，尝试解释经济波动中的一些现象。哈马诺（Hamano, 2013）研究了沿着广延边际的贸易扩张对于解决开放经济中的巴卡斯—史密斯谜团（Backus - Smith, 1993；Kollmann, 1995）的作用。巴卡斯—史密斯谜团主要是指观察到的相对消费和实际汇率之间呈零或者负的相关性，而在标准的宏观经济理论模型中，由于资源的自由流动、完全的风险分担和生产力冲击的正国际传递，相对消费与其相对价格之间应呈现强的正相关。为了解决这种理论与现实观察的不一致，大多数模型是从市场完备性出发来解决巴卡斯—史密斯谜团。哈马诺（2013）则是通过商品种类数目变化带来的财富效应，以及现实测量价格水平时没有考虑商品种类数目变化带来的价格水平高估的角度来解决巴卡斯—史密斯谜团。

2.2.2　内生化企业进入选择与货币政策

在研究内生化企业进入选择与经济周期的文献中，可以看到企业进入和退出行为对商品种类产生的重要影响，进而对价格指数产生影响，而价格指数的变化直接和货币政策相关。本小节将对内生化企业进入选择与货币政策之间的文献进行梳理，相关文献模型主要是动态随机一般均衡模型和向量自回归模型，重点关注于最优货币政策、货币政策的传导路径等问题。

比尔比耶、吉罗尼和梅里兹（2007）在比尔比耶、吉罗尼和梅里兹（2012）（这篇文章最早的工作论文版本是2005年）的基础上，引入了罗滕伯格（Rotemberg，1982）形式的价格粘性，考察了内生化企业进入选择对货币政策的影响，发现最优的货币政策是固定生产价格指数，让消费者价格指数随商品种类的变化而变化，同时泰勒规则（Taylor principle）在模型中成立。企业数量的内生化对货币政策的传导起着重要作用。具体的传导路径，以利率下降的扩张性货币政策为例，利率的下降会使得债券的回报下降，通过无套利条件进而使得投资建新厂的预期回报下降。建新厂的预期回报下降又会使得今天企业股权价值相对于明天的企业价值上升。根据企业自由进入条件，企业价值与边际成本（有效劳动力的实际工资）相关，进而使得生产的边际成本也上升。边际成本的上升又带来价格加成的下降，最后通过菲利普斯曲线（Phillips curve）使得通货膨胀上升。扩张性货币政策由于使得企业回报下降，降低了新建企业的吸引力，从而使得企业数量下降。这种货币政策通过影响企业进入行为和企业价值的渠道在以往固定企业数量的模型中是不存在的。最后，该文的数量分析还显示，带有粘性价格的内生化企业进入选择模型对美国经济波动的拟合情况与不含价格粘性的内生化企业进入选择模型是类似的，都能较好地拟合美国经济周期特征。

埃尔库里和曼奇尼－格里菲奥利（Elkhoury and Mancini – Griffoli，2007）也是在内生化企业进入行为的动态随机一般均衡模型中研究货币政策的影响。但他们引入价格粘性的方式与比尔比耶、吉罗尼和梅里兹（2007）不同，埃尔库里和曼奇尼－格里菲奥利（Elkhoury and Mancini – Griffoli，2007）中商品的价格是完全弹性的，只是企业的进入成本采用了卡尔沃（Calvo，1983）形式的价格粘性。尽管只有进入成本存在粘性，但货币政策对经济变量的影响仍然显著。在这种价格粘性下，货币政策冲击带来的产出、消费和新建企业数目的反应呈驼峰状，并且变量间呈正相关关系，与现实数据更为吻合。这解决了比尔比耶、吉罗尼和梅里兹（2007）中扩张的货币政策冲击导致企业数目下降的问题。

比尔比耶、藤原和吉罗尼（Bilbiie，Fujiwara and Ghironi，2014）在比尔比耶、吉罗尼和梅里兹（2007，2012）的基础上，讨论了标准的迪克西特和斯蒂格利茨（Dixit and Stiglitz，1977）C. E. S.（constant elasticity of substitution）效用函数、带有多样性偏好的 C. E. S. 效用函数（可以在迪克西特和斯蒂格利茨（1977）的工作论文版本中找到）、指数多样性偏好函数（exponential love-of-variety）、超对数支出函数偏好（translog expenditure function）四种效用函数形式下，内生的企业进入行为和商品种类变化对只能采用通货膨胀一种政策工具下的最优货币政策的影响。研究发现，只有当多样性对消费者的福利和稳态时的价格加成一致时，最优货币政策的通货膨胀才为零，否则在考虑内生化企业进入选择和商品多样性下长期的最优通货膨胀率都应该显著异于零，并且竭力在长期最优的膨胀率下维持价格稳定在短期也是接近最优的。同时，比尔比耶、藤原和吉罗尼（Bilbiie，Fujiwara and Ghironi，2014）还指出完全弹性的价格水平会带来三种形式的扭曲：（1）劳动力扭曲——由于存在垄断竞争，消费品的价格是边际成本的价格加成，而劳动力价格是不存在价格加成的，这样就导致消费者工作过多消费过少。（2）静态企业进入扭曲（static entry distortion）——当商品多样性带来的福利改善与净价格加成（衡量了企业进入市场的利润吸引动机）

不同时，会带来过多企业进入或者过少企业进入。（3）动态企业进入扭曲——当价格加成随着企业数目进行变化时，企业进入会使得当期的价格加成高于未来的价格加成，从而导致吸引更多的企业当期进入，造成资源的无效配置。

刘易斯（Lewis，2009）通过理论和实证两方面来分析外生冲击如何通过影响投资的广延边际（即新建企业数目）来进行传导，利用美国 1948 年第一季度到 1995 年第三季度之间的数据，将比尔比耶、藤原和吉罗尼（Bilbiie，Fujiwara and Ghironi，2014）理论模型得到的变量短期方向变化作为约束条件，采用向量自回归（Vector Auto - Regressive，VAR）方法识别了技术冲击、政府支出增加冲击、货币宽松冲击，以及进入成本下降冲击，并分析了产出、通货膨胀、利率、企业利润和企业进入数目五个变量的变化，发现实际数据的变化方向和模型预测的变化方向不一致。理论模型分析结果是货币宽松冲击带来企业利润和企业数目下降，但是向量自回归分析得到的结果却相反。为了解决货币冲击带来的理论模型和实证分析的不一致，刘易斯（Lewis，2009）提出了不再使用劳动力作为企业进入成本，而采用一篮子消费作为进入成本的投入，这样就消除了实际工资水平随外生冲击快速增加的影响，使得进入成本在货币宽松冲击下增加幅度下降，企业大量进入。此外，刘易斯（2009）还提出通过引入工资粘性、新企业的存活概率函数、进入成本随企业数目变化的拥挤效应等方法来修正结果。伯金和科塞蒂（Bergin and Corsetti，2008）采用递归方法识别货币政策冲击，也发现宽松货币政策冲击会带来企业数目净值（新建企业数目扣除退出市场的企业数目）增加。乌斯库拉（Uusküla，2008）区分企业的进入数目和退出数目，进行识别得到的结果和伯金和科塞蒂（Bergin and Corsetti，2008）一致。

刘易斯和普瓦里（Lewis and Poilly，2012）为了研究内生化企业进入选择与价格加成在货币政策传导机制中的作用，在比尔比耶、藤原和吉罗尼（Bilbiie，Fujiwara and Ghironi，2014）的基础上区分了价格加成对企业数目的反应来源。一方面，通过采用 Translog 效用函数（Feenstra，2003）将各类消费品的替代弹性与商品数目联系起来，商品种类越多，商品间的替代弹性就越大，价格加成越小，价格加成对企业数目的变化主要来自消费者的多样性偏好。另一方面，将商品分成两层进行 C. E. S. （constant elasticity of substitution）复合，首先将每个行业内不同企业生产的商品进行复合，然后将各个行业的最终商品再进行复合，两者复合的弹性不同。在这样的复合形式下，价格加成取决于两种替代弹性的大小以及企业数目。当不同行业的最终商品的替代弹性和行业内不同企业生产的商品之间的替代弹性相同时，价格加成不对企业数目进行反应。这部分价格加成对企业数目的反应来自供给方面，也就是生产方。通过对两个模型与现实数据进行 VAR 分析，发现多样性偏好模型中各商品间的竞争效应很强，但是商品复合替代模型中的竞争效应很弱几乎为零。

藤原（Fujiwara，2007）在比尔比耶、吉罗尼和梅里兹（2007）模型基础上研究发现，在内生化企业进入选择的模型中由于商品种类的变化，自然产出和最优产出之间的差额不再是恒定不变的，而是随着冲击的变化而变化。同时，中央银行面临着在稳定通货膨胀和减少产出差额两者之间的权衡，从而使得最优的通货膨胀率不再是零。通过数值模拟显示，当消费者不能将对商品多样性偏好的外部性内生考虑时，不完全的价格稳定政策可以提高社会福利。

布洛克（Bloch，2012）主要从实证角度研究了自 20 世纪 80 年代开始观察到的商品市场管制下降对经济的影响。该文采用一个内生化企业进入选择和具有通货膨胀增长趋势的非零新凯恩斯菲利普斯曲线模型进行实证估计，发现商品市场管制放松是美国和法国过去三十年观察到持续通货膨胀的一个非常好的外生结构原因。布洛克（2013）通过在一个存在通货膨胀的新凯恩斯模型中引入内生化企业进入选择，解决了先前模型中的一个悖论：在卡尔沃（Calvo，1983）的价格粘性框架下，通货紧缩冲击会导致产出持续增长，而在罗滕伯格（Rotemberg，1982）的价格粘性模型中，产出在调整过程中却会持续下降。而现在由于企业进入成本的存在，通货紧缩冲击会使得通货膨胀调整更加缓慢，从而产生与现实相符的短期产出下降长期产出增加的结果。

伯恩森和沃勒（Berentsen and Waller，2009）与之前通过引入价格粘性来引入货币的模型不同，他们通过信息摩擦的方式引入货币需求，并考虑了内生化企业进入选择情况下的最优货币政策。尽管所有价格都具有完全弹性，但由于企业进入会产生拥挤的外部性，最优货币政策不再是维持名义利率为零的弗里德曼规则（Friedman rule），而是将名义利率保持在大于零的水平，以减少过度进入带来的负面效应。同时，伯恩森和沃勒（2009）还研究了名义利率的波动性，发现需求冲击会导致较小的名义利率波动，而供给冲击，如技术冲击，会产生远大于实际数据的利率波动。要产生与现实数据观察到的名义利率波动相一致的水平，需要需求冲击和供给冲击的共同作用。刘易斯（Lewis，2013）通过现金先行（cash in advance）机制引入货币，同时引入工资粘性，研究发现弗里德曼规则是最优的。引入工资粘性可以改变在完全弹性价格环境下，劳动相对于消费定价过低导致的劳动供给不足的扭曲，进而提高整个社会福利。

哈马诺和皮卡尔（Hamano and Picard，2013）在一个两国模型中分析了企业数目增加的广延边际和单个企业产量增加的集约边际如何对选择浮动汇率制度还是固定汇率制度产生影响。在固定汇率制度下，当企业同时进行市场进入和生产时，集约边际保持稳定，只有广延边际对需求冲击产生反应。选择固定汇率制度的代价是商品种类数量较少且波动性较大，但它能够实现需求偏好与商品种类变化的一致性。是否选择固定汇率制度取决于这两种力量之间的平衡。当企业进入和生产之间存在一期滞后时，在需求冲击下集约边际和广延边际都会发生波动。此时，在固定汇率制度下广延边际变动带来的商品种类偏低和波动率过高对福利产生负效应，而集约边际变化可以协调偏好与消费，进而产生正的福利效应。在存在生产滞后的情形下，固定汇率制不再是更好的汇率制度，尤其是在消费者存在较强的商品多样性偏好的情况。

卡恰托雷、菲奥里和吉罗尼（Cacciatore，Fiori and Ghironi，2015）在一个带有劳动力搜索匹配摩擦的内生化企业进入选择的两国货币联盟的动态随机一般均衡模型中，分析了在采取管制程度改革也就是减少商品市场进入成本和降低劳动力市场摩擦的改革时最优的货币政策。研究表明，当两国的市场管制程度较高时，无论是在长期还是短期的经济周期中，最优的货币政策并非维持价格水平的稳定。因为较高的市场管制会导致价格加成过高、就业机会减少，通过长期实行温和的通货膨胀政策可以纠正这一扭曲并提升社会福利。在进行市场管制放松的结构性改革时，最优的货币政策是采取比以往更积极的扩张性政策，以减少改革过渡期间的损失。然而，一旦市场管制改革完成，从长期来看，采用较低的通货膨胀目标，并在短期内减少通胀目标的偏离以维持价格稳定，便成为最优的货币政策。最后，文章还指出当两国采用非对称的市场管制改革，会带来两国的最优的价格水平不一，进而使得货币联盟的最优货币政策不得不在两者之间进行权衡，采用一种协作性的货币政策。这种协作性货币政策相比较于不考虑政策不对称性的货币政策，可以提高社会福利，这种福利改善相当于提高均衡消费水平0.14%。如果两国采用对称性的市场改革，则不存在这样的权衡，社会福利则会更高。用欧盟经济体数据对模型进行校准后，发现这种降低市场管制的结构性改革对于经济长期是非常有利的，但短期可能带来经常性账户余额下降。

卡恰托雷和吉罗尼（Cacciatore and Ghironi，2013）在卡恰托雷、菲奥里和吉罗尼（2015）的基础上进一步考虑了企业的异质性，研究了贸易一体化对货币政策的影响。研究发现，当两国之间的贸易联系较弱时，最优的货币政策是保持一定水平的通货膨胀以修正商品价格加成和劳动定价之间的扭曲。同时，贸易一体化会促使市场份额向生产效率更高的企业转移，减少了用正通货膨胀来修正扭曲的需求。最后，文章还比较了美国联邦储备系统历史货币政策、最优的协作性货币政策和非协作性货币政策三种政策的福利效应，发现由于经济周期协同性的增加，协同性货币政策带来的福利改善减少，但与美国联邦储备系统历史货币政策相比，仍然有显著的社会福利改善。特别是在两国之间的贸易联系非常紧密的情况下，协同性货币政策带来的社会福利改善更大。

奥拉里和埃凯姆（Auray and Eyquem，2011）在一个包含企业进入选择以及金融市场的两国随机动态一般均衡模型中研究消费者可获得的商品种类的变化对于经济周期和货币政策的影响。在一个开放的经济体中，消费者可获得的商品种类既来自国内市场也来自国外市场，这样国外市场的商品种类变化会影响国内消费者的消费集，进而影响到他们的购买力、劳动力供给和需求。此外，在一个包含国际金融市场的模型中，国际金融市场的结构可以影响到建新厂的投资价格等消费者获得资产的价格，进而对商品创造产生影响。研究发现在这样一个内生化企业进入、包含不完备金融市场和价格粘性的开放经济的模型中，引入货币冲击和生产率两种冲击对于数据中呈现的自相关、波动率以及周期性的大部分事实实现了较好的拟合。此外，研究认为中央银行在设定利率规则时不仅应该对通货膨胀进行反应，也应该对产出波动进行反应，将通货膨胀和产出都作为利率规则的目标可以提高社会福利。

2.2.3　内生化企业进入选择与财政政策

内生化企业进入选择渠道不仅在货币政策传导等方面产生着重要影响，对于财政政策效果以及最优财政政策等方面也发挥着重要作用。楚格和吉罗尼（Chugh and Ghironi，2015）在比尔比耶、吉罗尼和梅里兹（2012）模型基础上引入税收，分析在内生化企业进入选择的框架下最优财政政策的长期和短期性质。通过进行 Ramsey 税收分析发现，长期而言最优的企业红利税的大小正负取决于消费者偏好中商品的复合形式，在一般设定下企业红利税为正；短期而言最优的劳动收入税为恒定，不随短期经济周期变化而变化。

托特泽克和温克勒（Totzek and Winkler，2010）在楚格和吉罗尼（Chugh and Ghironi，2015）模型框架下引入了资本，并通过贝叶斯估计得到模型参数，计算了政府消费增加、削减消费税、劳动收入税、资本利得税、企业红利税以及联合削减企业红利税和资本利得税六种财政刺激政策的脉冲响应和财政乘数。通过与不包含企业进入选择的 RBC 模型比较发现，当财政刺激政策带来企业数目增加，会放大财政刺激的效果，反之会缩小财政刺激政策的效果。同时发现，政府支出增加和削减消费税的刺激政策会对新建企业数目产生挤出效应，进而影响刺激政策效果。而削减劳动收入税和企业红利税等政策则会带来新建企业投资、资本投资以及消费的增加，刺激效果更加明显。最后，文章还分析了当政府支出是通过扭曲性的收入税收进行融资，会导致最终的政府支出财政乘数为负。

温克勒和刘易斯（Winkler and Lewis，2013）利用美国数据进行 VAR 分析得到政府支出扩张冲击会使得企业数目和消费上升，但是在带有企业进入选择的模型中，非常难以同时解释消费和企业数同时增加的现象。具体而言，在带有企业进入选择的静态模型中，政府支出扩张带来大量企业进入，但消费仍然是下降的。除非劳动弹性异常高，才能保证消费增加。在带有企业进入选择的动态模型中，只有当政府支出增加冲击持续很高，企业数目才增加，但此时消费仍然下降。因为消费者预期到政府支出增加会使得未来的税收负担增加，通过财富效应减少消费。文章还尝试通过引入既不储蓄也不借贷的消费者（rule-of-thumb households）和劳动供给的财富效应为零的消费偏好（Greenwood，Hercovitz and Huffman，1988），最终来减少财富效应，但发现仍然无法产生消费增加的结果，因为财富效应下降了，也使得新企业投资下降，价格加成上升，进而导致消费下降。这种负的消费反应在引入价格粘性后也无法改善。

刘易斯和温克勒（Lewis and Winkler，2015a）在一个带有企业进入选择和价格粘性的两国动态随机一般均衡模型中，分析本国政府支出增加对本国产出、消费和企业数目等方面的影响，以及对外国产出的溢出效应。模型结果显示消费和企业数目并不是同时增加，且对国外产出的溢出效应非常微弱，这些结果与实证研究中的发现截然相反。为此，刘易斯和温克勒（2015a）做了两方面的尝试，一是通过提高政府支出中进口产品的比例以及贸易弹性，可以提高国内政府支出增加对国外产出的溢出效应，但对于消费和企业数目反应方向相反的模拟结果不能进行改善。二是通过将政府支出作为消费者消费的一个组成部分引入到效用函数中，可以极大提高政府支出的溢出效应，并能产生消费和企业数目正的协同性。刘易斯和温克勒（Lewis and Winkler，2015b）则是在一个封闭模型中讨论了在政府支出冲击下，如何通过以上两种尝试解决企业数目和消费变化方向不一致的问题。

刘易斯和邦德班克（Lewis and Bundesbank，2008）分析了考虑企业进入选择后的最优财政和货币政策，并在模型中引入了商品和劳动力市场的垄断竞争、工资前定和现金先行三种摩擦。最优的财政政策主要是来修正稳态的扭曲，通过补贴劳动力收入的方式可以修正劳动力和商品价格之间定价扭曲的现象。最优的货币政策主要是用来修正货币先行和前定工资两种摩擦，认为无论工资是否具有粘性，最优的利率政策都是弗里德曼规则（Friedman Rule）保证名义利率为零。通过调整货币供给量可以操纵价格水平，进而改变实际工资水平使得生产在广延边际和集约边际都维持最优。同时，发现在工资粘性下，通过货币政策达到工资弹性时的配置并不是最优的。

以上这些研究都是在随机动态一般均衡的框架下研究内生化了企业进入对于财政政策的影响，而对于企业退出过程则在模型中设定为一个外生过程，服从恒定的退出率。为此，维尔米（Vilmi，2011）将企业退出过程也内生化，研究在企业进入和退出同时内生化下最优的财政政策。研究发现，负向的技术冲击会使得生产效率最低的企业无法支付贷款而退出市场，在经济低迷时期，高的企业破产预期又会导致市场利率上升，进一步放大企业破产率，与仅内生化企业进入的模型相比，社会福利恶化更加严重。在模型中虽然没有引入粘性价格和粘性工资，但是由于企业借款合约是以名义量进行定义的，货币收缩政策可以通过提高债务实际价值，加速企业破产而对实体经济产生影响。最优的财政政策是对企业进行补贴，进而降低企业的破产率，提高社会福利。

企业进入和退出作为一个重要的渠道，不仅被引入动态随机一般均衡的框架进行财政政策的研究。同时内生化企业进入选择渠道也被引入 Ramsey 增长模型框架，分析政府支出扩张冲击下的经济影响。

布里托和迪克森（Brito and Dixon，2013）将企业进入和退出引入到一个内生化劳动供给的 Ramsey 模型中。与比尔比耶、吉罗尼和梅里兹（2012）模型不同，企业进入成本不是固定不变的，而是新建企业数目的二次函数，此外企业的生产成本不再是工资的线性函数，而是边际成本递增的标准"U"形成本函数，企业存在最优的生产规模。在这样的设定下，企业数目成为了一个非常重要的状态变量，企业数目的变化对产出等变量有着重要影响，解释了以往 Ramsey 模型无法解释的财政刺激带来的产出驼峰型反应。

科托—马丁内斯和迪克森（Coto‐Martínez and Dixon，2003）在一个小国开放的 Ramsey 增长模型框架中考虑内生化企业进入选择下的财政政策的影响。在模型框架下，财政乘数介于 0 到 1 之间，在一定的条件下财政乘数会随着商品的不完全竞争的程度增加而增加。将内生化企业进入选择和固定企业数目两种情况比较发现，内生化企业进入选择模型的财政乘数要小于固定企业数目模型的乘数。

卡迪和雷斯图（Cardi and Restout，2015）在一个内生化企业数目的两部门的新古典小国开放模型中研究短期财政冲击的影响。发现通过将企业数目内生化进而影响价格加成和假定贸易部门比非贸易部门资本密集程度更高这两个改变，对于解释实证研究中发现的政府支出增加会使得 GDP 增加的同时带来投资者和经常账户下降以及实际汇率贬值的现象非常重要。具体而言，一方面，政府支出增加会增加对于非贸易部门商品的购买，促使资源向非贸易部门转移，从而吸引更多的新企业进入非贸易部门，使得价格加成下降。另一方面，由于政府支出的短期增加意味着未来的一揽子税收增加，从而使得消费者会增加劳动力供给，而由于资源又向劳动密集程度更高的非贸易部门转移。在两方面的作用下最终使得两部门的资本与劳动比保持不变，单位产出成本不变。在价格加成下降而单位产出成本不变的情况下，就可以得到实证中发现的实际汇率下降的结果。政府支出增加使得储蓄下降，进而也带来了投资和经常账户下降。

海德拉和莱特哈特（Heijdra and Ligthart，2006）在一个包含企业进入选择的小国开放的重叠代际模型（overlapping generations model，OLG）中研究财政冲击对经济的影响。研究发现财政冲击的稳态产出乘数方向不随参数、融资方式以及财政冲击规模的影响。但是产出乘数大小受融资方式和参数设定的影响。发现债券融资方式的长期产出乘数大于用一揽子税收融资的产出乘数。同时发现弹性的跨期劳动力供给对于产出内生化周期变化至关重要，当政府支出是通过公共债务方式进行融资时短期的政府支出增加冲击对于产出会产生长期影响。

除此之外，还有学者将企业进入选择引入税收竞争模型中以分析税收竞争策略。戴维斯和埃克尔（Davies and Eckel，2010）将异质性企业和企业进入选择引入到威尔逊（Wilson，1987）税收竞争模型中，发现在世界福利最大化的税收下，每个国家都有动机通过降低税收来吸引高生产率企业，并通过吸引更多企业进入来提高实际工资水平，进而提高本国社会福利，从而使得世界福利最大化的最优税收不可能是一个纳什均衡，最终导致均衡的税收偏低。贝斯利（Besley，1989）在简化的局部均衡模型中发现，在不完全竞争的环境下，内生化企业进入选择对商品税效果有重要影响，特别是对企业建立成本产生影响的税收，内生化企业进入选择会对税收效果产生长期影响，因此在进行税收评估时需要选择合适的考察时点。

还有一些学者在一般均衡的框架中分析如何通过财政政策来修正内生化企业数目带来的扭曲，进而达到社会最优。刘易斯和温克勒（Lewis and Winkler，2015c）在内生化企业进入选择的一般均衡模型中通过比较静态分析方法，研究在 C.E.S.、古诺竞争（Cournot competition）、伯川德竞争（Bertrand competition）和超对数偏好（translog preference）四种需求结构和以劳动力和商品作为进入成本两种定义下最优的税收政策。研究发现，当进入成本是以劳动力进行衡量时，对劳动力进行补贴对企业进入收税总是最优的。例外的是在 C.E.S. 需求结构下，不需要对企业进入进行收税。当企业进入成本是以一揽子商品作为定价时，在 C.E.S.、古诺竞争和伯川德竞争三种需求结构下，企业数目低于最优数量，这个现象可以通过对企业进入进行补贴进行改善，但是对于超对数偏好的需求结构，对企业进入进行收税仍然是最优的。并且随着商品之间的替代弹性增加，应该对劳动力减少补贴对企业进入增加税率。

2.2.4　内生化企业进入选择与金融市场

除了上面从内生化企业进入选择渠道对于经济周期、货币政策和财政政策的影响的研究，还有一些学者从金融市场对企业进入和退出的影响的角度来进行研究。

小林（Kobayashi，2011）研究了信贷配给下的企业进入渠道对货币政策的影响。与以往金融加速器机制的账面资产变动渠道不同，货币政策通过影响金融机构的贷款供给进而影响企业的进入。具体来说，中央银行降低名义利率，会使得金融机构获取资金的成本下降，进行更高风险的贷款。原本无法获得贷款的企业可以获得贷款，新建企业增加，总产出增加。

切托雷利和斯特拉汉（Cetorelli and Strahan，2004）从实证角度研究银行业集中度下降对给定部门内企业数目、企业规模和整个企业规模分布的影响，发现美国银行业管制下降使得企业数目增加、平均企业规模下降。斯特布诺夫斯（Stebunovs，2006）从理论模型的角度，在一个包含垄断银行部门的完全弹性的动态随机一般均衡模型中，研究发现金融管制下降，使得长期企业数目增加，同时企业规模下降，投资和劳动供给增加，企业和银行的价格加成下降。金融管制下降也使得企业数目、产出、消费和投资等变量的波动率下降。这在一定程度上解释了切托雷利和斯特拉汉（Cetorelli and Strahan，2004）的实证发现。

吉罗尼和斯特布诺夫斯（Ghironi and Stebunovs，2007）在吉罗尼和梅里兹（Ghironi and Melitz，2005）内生化企业进入的两国模型基础上引入金融中介部门，研究金融中介部门的管制下降对国内和国外的影响。研究发现，本国金融管制下降，创造了良好的创业环境，吸引很多潜在的企业进入市场，进而带来相对劳动力成本上升，实际汇率升值。同时为了向企业进入投资提供支持，国内从国外进行借贷，使得经常账户持续赤字。这和1977年美国银行业管制放松改革呈现出来的特征一致。

2.3 内生化企业进入选择相关文献评述

内生化企业进入选择机制在经济周期、货币政策、财政政策以及金融市场等方面的研究已经相当深入，这些研究为解释巴卡斯、克霍和凯德兰（Backus，Kehoe and Kydland，1992）提出的协同性谜团和数值逆像，哈罗德—巴拉莎—萨缪尔森效应（Harrod－Balassa－Samuelson effect）、最优货币政策和最优财政政策以及货币政策和财政政策的传导路径提供了新的解释。然而，这些研究仍然存在一些不足之处。

第一，这些研究要么是从单部门的封闭模型出发，要么是从两国模型出发，对于小国开放模型和两部门的动态随机一般均衡模型的研究较少。我们可以看到经济中不同部门的进入和退出行为是完全不同的，各种政策对不同部门的影响也不尽相同。特别是房地产部门在经济中扮演着极其重要的角色，对于经济波动的传导有着不容忽视的影响。对房地产部门和非房地产部门的企业进入和退出行为进行研究，有利于更好地理解经济波动传导机制和社会福利变动。这也是本书主要关注的一方面。

第二，现有的这些研究主要是利用美国数据和特征进行建模分析，对于利用中国经济特征进行相关内生化企业进入选择的宏观研究还相当匮乏。而随着中国经济的发展以及全球一体化的不断深入，中国在世界经济中扮演着越来越重要的角色，以中国经济为基础进行研究有利于我们理解世界经济波动。特别是在中国这样快速发展的经济体，企业进入和退出行为更为频繁，用带有企业进入选择的宏观模型来分析中国经济的意义更大。另一方面，目前中国也正在进行"放管服"和建立自贸区等一系列政策改革，这些政策研究利用内生化企业进入选择的框架来研究更为合适，能对中国政策效果进行更好的评估。本书也正是从中国经济特征出发进行研究，是对国内利用内生化企业进入选择渠道来进行宏观经济研究的拓展和补充。

第三，现有关于财政政策的研究，主要是将政府支出和税收等刺激政策作为一个外生冲击来进行研究，而没有考虑财政融资问题，实际上政府支出的增加和税收削减等刺激政策意味着未来政府必须通过税收或者借债等方式来平衡政府收支。在一个包含有企业进入选择的宏观模型中，考虑财政规则的影响能更好地评估财政政策的效果，这也是本书的一项主要工作。

第3章

内生化企业进入与经济
周期行业间传导

 本章在比尔比耶等（Bilbiie et al.，2012）带有企业自由进入的框架下，建立一个包含资本密集型和劳动密集型两个行业的 DSGE 模型，分析了技术进步和进入门槛变化带来的经济波动如何在不同行业间进行传导。本章从扩展边际（部门企业数目变化）和集约边际（单个企业产量变化）两个角度进行研究。研究发现，不同冲击对企业数目和单个企业产出的影响大小，与不同要素在企业进入成本的复合比例相关。具体而言，资本密集行业技术进步，在带来资本密集行业产出增加的同时，改变了两部门商品的相对价格和两部门的进入成本，使得劳动密集行业产出下降，但是资本密集行业和劳动密集型行业企业数目同时都增加；资本密集型行业进入门槛下降，大量企业进入资本密集型，资本密集型行业企业数目和产出都增加，同时通过要素价格上升，使得劳动密集型部门企业数目和产出下降。

3.1 引　　言

 为了进一步形成公平竞争的发展环境，增强经济社会发展活力与提高政府效率和效能，2024 年 9 月 26 日中共中央政治局召开会议，分析研究了当前经济形势和经济工作。会中明确指出要切实优化营商环境、着力清除市场壁垒。行业进入壁垒下降使得更多企业可以进入到市场，这势必会增加对要素的需求，从而影响投入要素价格，进而对资本密集行业和劳动密集行业的产业布局产生影响。以往研究主要聚焦于产业结构，对于这些政策会怎样影响原有的劳动密集型部门的产出波动，造成的影响又与哪些因素有关缺乏深入研究。

对于不同资本密集度行业与经济波动的关系，直接相关的研究较少，现有的研究主要是从产业结构影响经济波动的视角进行实证分析。一部分研究发现产业结构调整有助于平抑经济波动，但这种影响可能会因产业的资本密集度不同、与其他产业产生相互作用而呈现差异性的影响强度。李成和王柄权（2020）基于 1995～2017 年省级面板数据分析金融结构、产业结构的相互作用对经济波动的影响表明，从第一产业向第二、第三产业的产业结构调整，有助于熨平经济周期的波纹。师俊国（2021）利用省级面板门限回归分析表明，第一、第二产业产值占比对经济周期扩张有显著推动作用，而第三产业产值占比和高技术密集型产业占比对经济周期的影响为负。李小卷（2017）利用省级面板数据的研究发现，产业结构变动是中国经济波动的重要原因，并存在"结构性减速"现象。蒋瑛等（2022）构建 TVAR 模型，检验经济政策不确定性对经济波动的负向冲击是否受到产业结构的影响，发现高区制的产业结构变迁速度和产业结构高级化水平会加剧经济政策不确定性对经济波动的负向冲击，而高区制的产业结构合理化水平具有平抑此类负向冲击的作用。除平抑经济波动外，也有一些研究发现产业结构变化也可能会加剧经济波动。张明和任烜秀（2019）利用空间嵌套门限回归模型论证了当经济受到负向冲击时，产业结构合理化能够抑制经济波动的幅度；当经济受到正向冲击时，产业结构合理化能够加剧经济波动的幅度。赵旭杰和郭庆旺（2018）从劳动力市场视角分析我国产业结构变动对经济周期波动的影响机理，通过动态因子模型的研究发现，第二、第三产业变动对经济周期波动具有显著的非对称加剧作用，制造业是第二产业经济周期波动效应的主要来源。干春晖（2011）利用 1978～2009 年 30 个地区的面板数据考察了产业结构变迁对中国经济增长和波动的影响，发现产业结构高级化是经济波动的一个重要来源，产业结构合理化则有助于抑制经济波动。这些研究从不同角度探讨了产业结构与经济波动之间的关系，提供了对如何通过产业结构调整来影响和稳定宏观经济波动的深入理解。

还有一些研究从实证数据上对各个行业经济波动与整个经济的经济波动之间的关系进行分析。孙广生（2006）从产业的角度分析了 1986～2003 年各个产业波动与经济波动的相关性、经济波动过程中各产业波动的特点以及推动经济波动的产业来源，发现各行业波动幅度均大于 GDP 波动幅度，重工业景气波动主导宏观经济景气波动。滑静和肖庆宪（2007）利用 VAR 方法，对相关行业间债券收益的波动状况和相互影响进行了研究，考察了相关行业间的风险传递问题。宋凌峰和叶永刚（2011）构造部门风险指标来度量中国内地 31 个省份的部门金融风险，并采用面板数据模型进行实证研究，发现在区域金融风险构成中，企业部门和公共部门是主要风险来源，并进一步向金融部门传递和累积。另外也有一些研究考察了外部因素对不同部门间的传递的影响，王燕武和郑建清（2011）在一个 VAR 模型中考察了工资上涨对制造业部门和贸易部门的影响，发现这种传递效应很小。

以上研究都是利用相关数据对产业与经济波动间关系进行实证研究，在理论模型研究方面则主要关注重点行业例如金融或房地产部门的经济波动传导机制。许雪晨和田侃（2023）将生产网络纳入一般均衡模型，分析以金融危机为例的部门扭曲对宏观经济波动的影响，发现产业和金融在宏观经济波动中的重要作用。周慧珺等（2024）构建的两地区多部门波动模型显示，房地产部门会通过劳动力的挤占和推高房价给非房地产部门带来影响进而影响整体宏观经济波动。还有一些理论研究发现产业结构升级也可平抑经济波动。刘祖基等（2020）在新凯恩斯框架下的理论模型指出，产业结构高级化对产出增长、就业率提升、消费增加有促进作用，同时产业结构优化升级这一目标与稳定经济波动这一目标存在着权衡的现象。张四灿和张云（2020）构建跨产业的新凯恩斯模型发现，产业结构升级由于部门间价格粘性异质性能够促使经济总体价格粘性程度提高，增强货币政策调节总需求的实际效应，有助于中国经济波动出现平稳化趋势。张居营和周可（2019）构建 DSGE 模型发现产业结构升级能够通过非农部门价格粘性的增大平抑资本投入的波动幅度，并改善部门间的劳动力要素配置，从而实现产业结构升级对中国经济波动的"稳定器"效应。吕一清和邓翔（2018）构建产业结构内生化的 DSGE 模型，研究产业结构升级与经济波动之间的相互作用机制，发现产业结构升级对经济波动具有"熨平"效应，产业结构升级与经济波动之间相互作用机制表现在产业自身优化效应、产业结构组合效应和产业结构关联效应；产业结构升级不仅会导致总量经济波动的"大稳健"现象，还会弱化投资、消费和就业人数等宏观经济变量的波动。此外，王佳和张金水（2011）构建了一个七部门 DSGE 模型，认为外生冲击沿部门传导存在推动作用、拉动作用和替代作用，但是对于冲击如何在各个部门传导的路径和原因缺乏详细的讨论。

　　值得注意的是，在经济波动的过程中，除了产出的波动，每个行业都经历着企业进入和退出。在实际情况中有的企业选择进入、有的企业无法进入市场，这说明企业之间是不同的，存在异质性。而传统的代表性企业理论模型无法考虑企业的自由进入行为和企业异质性特征，在分析进入壁垒等问题时存在瓶颈。近年来，在宏观模型中引入企业异质性或者企业的自由进入行为越来越受到学术界的关注。其中最早的是新新贸易理论的代表作梅里兹（2003），它在一个一般均衡的框架下分析了企业间的生产效率的不同导致企业进退出和出口行为的不同，但这是一个微观静态模型。对此，比尔比耶等（2012）将企业进退出机制引入到宏观模型中，建立了一个内生化企业数目的动态随机一般均衡模型，发现企业进退出行为的引入能很好地解释顺周期的企业利润和逆周期的价格加成现象。在此基础上，楚格和吉罗尼（Chugh and Ghironi，2015）、托特泽和温克勒（Totzek and Winkler，2010）和比尔比耶等（Bilbiie et al.，2014）分别分析了在考虑企业自由进入行为后的最优财政政策、税收的乘数效应和最优货币政策。国内学者也有相应的研究，毛其淋和盛斌（2013）利用 1998～2007 年中国制造业企业的微观数据研究了出口企业进入和退出的特征及其全要素生产率动态演化的关系。王磊和朱帆（2018）利用中国工业企业数据库数据，实证分析要素市场扭曲、企业进入退出与生产率三者之间的影响机制，发现要素市场扭曲抑制了以生产率为基础的市场选择机制对企业退出的影响。王磊和张肇中（2019）从企业进退出的视角分析发现市场分割抑制了企业进入退出的竞争效应对在位企业生产率水平的提升，同时扭曲了进入企业的学习效应对生产率的影响。陆瑶和武家和（2024）研究了资本市场对企业进入与退出的溢出性影响，发现企业上市对地区行业的溢出性影响，企业上市会传递信息，降低新企业进入面临的不确定性，激励新企业进入市场。在理论研究方面，罗德明等（2012）在一般均衡的框架下，引入了垄断竞争的中间产品生产企业与内生化的进入退出选择，用不同的全要素生产率增长随机过程刻画国有企业与私有企业，考虑要素市场价格扭曲带来的效率损失。周慧珺等（2024）在一个 DSGE 模型中引入劳动力市场摩擦及企业的进入退出机制，考察了劳动力市场冲击对中国宏观经济波动的影响，发现在劳动力市场摩擦和企业数目下降两个机制的互相强化下，短期冲击会带来持续性的影响，仅存在一个季度的冲击也会导致宏观经济的波动持续数年。通过对这些文献的回顾，我们可以看到将梅里兹（Melitz，2003）异质性企业模型引入到宏观模型中，不仅丰富了宏观模型的微观机制，并对一些宏观经济问题提供了新的解释途径。

如何在一个标准的 DSGE 模型中，引入企业的进入或退出行为，并对冲击在资本密集程度不同的部门间传导进行分析？对此，本章将比尔比耶等（Bilbiie et al.，2012）模型拓展为一个包含有资本的两部门模型，分析了技术冲击和进入成本冲击在资本密集型行业和劳动密集型行业间的传导机制，以及冲击对两部门的二元边际即企业数目和单个企业产出的影响。研究发现，资本密集型行业的技术进步会使得劳动密集型部门的产出下降，但资本密集型行业扩张可能带来进入成本的下降，会使更多的劳动密集型企业进入，进而对总产出带来正面影响。与之相对的是，劳动密集行业的技术进步可能带来工资水平的上升，进而使得资本密集型行业用工成本和进入成本上升，导致其企业产出下降，同时也抑制了新企业的进入。对于进入壁垒下降冲击，资本密集型行业进入壁垒的下降，会使得更多的企业进入该行业，这会挤占原来劳动密集型行业的资源，提高资本的使用成本，使得劳动密集型部门无论在产出上还是新进企业的数量上都出现一定的下降，更少的企业进入会增加市场的垄断程度，但对整个产出带来的影响却不确定，对劳动密集型行业影响的负面程度与进入成本中的商品复合形式相关。如果此时劳动密集型部门的规模很大，资本密集部门进入成本的下降可能会使得总产出下降。对于劳动密集型行业进入壁垒下降冲击，同样有类似的结果。

本章安排如下，3.2 节为模型框架，3.3 节对模型参数进行校准，3.4 节对技术冲击和进入门槛冲击分别进行数值模拟和分析，并对关键性参数进行稳健性检验，3.5 节为本章总结。

3.2　理　论　模　型

本节理论模型包含生产商和家庭两个部分，其中生产商由资本密集型部门企业和劳动密集型部门企业组成。家庭是企业的所有者，一方面家庭提供劳动和资本给企业，并获得工资和资本回报；另一方面投资建立新厂，获得企业的利润。资本密集型企业和劳动密集型企业雇佣劳动力并租用资本进行生产，两个部门都允许企业自由进入。资本密集型企业和劳动密集型企业通过要素投入紧密联系在一起。在本节理论模型中了我们将资本密集型部门和劳动密集型部门分别记为部门 1 和部门 2。

3.2.1　生产商

各个生产商各自雇佣劳动和租用资本进行生产，其生产函数为：

$$y_{i,t}(\omega) = Z_{i,t}(l_{i,t})^{\alpha_i}(k_{i,t})^{1-\alpha_i}, \quad i = 1, 2 \tag{3.1}$$

其中，$\alpha_1 < \alpha_2$，即部门 1 相对于部门 2 资本更密集。$Z_{i,t}$ 为部门 i 的生产技术，满足 AR（1）过程：

$\ln Z_{i,t} - \ln Z = \rho_{Z_i}(\ln Z_{i,t-1} - \ln Z) + \varepsilon_{Z_i,t}$，$\varepsilon_{Z_i,t}$ 服从独立正态分布。

记部门内进行生产的企业数目为 $N_{i,t}$（$i = 1, 2$），部门的最终产品由部门内各个企业生产的商品以 CES 形式复合而成，即 $Y_{i,t} = \left[\int_0^{N_{i,t}} (y_{i,t}(\omega))^{(\theta-1)/\theta} d\omega\right]^{\theta/(\theta-1)}$，根据支出最小化，我们可以得到最终商品的价格和单个企业商品的需求函数：

$$P_{i,t} = \left[\int_0^{N_{i,t}} [p_{i,t}(\omega)]^{1-\theta} d\omega\right]^{1/(1-\theta)}, \quad i = 1, 2 \tag{3.2}$$

$$y_{i,t}(\omega) = \frac{\partial P_{i,t}}{\partial p_{i,t}(\omega)} Y_{i,t} = \left(\frac{p_{i,t}(\omega)}{P_{i,t}}\right)^{-\theta} Y_{i,t}, \quad i = 1, 2 \tag{3.3}$$

部门内生产企业在给定工资水平 $W_{i,t}$ 和资本价格 R_t^k 的情况下，根据成本最小化原则进行生产，即：

$$\min \; W_{i,t}l_{i,t} + R_t^k k_{i,t}$$

$$\text{s. t.} \;\; y_{i,t}(\omega) = Z_{i,t}(l_{i,t})^{\alpha_i}(k_{i,t})^{1-\alpha_i}$$

一阶条件可以得到：

$$R_t^k = (1-\alpha_i)Z_{i,t}\left(\frac{l_{i,t}}{k_{i,t}}\right)^{\alpha_i}MC_{i,t} = (1-\alpha_i)Z_{i,t}\left(\frac{l_{i,t}}{k_{i,t}}\right)^{\alpha_i}\dot{MC}_{i,t}, \; i=1,2 \quad (3.4)$$

$$W_{i,t} = \alpha_i Z_{i,t}\left(\frac{l_{i,t}}{k_{i,t}}\right)^{\alpha_i-1}MC_{i,t} = \alpha_i Z_{i,t}\left(\frac{L_{i,t}}{K_{i,t}}\right)^{\alpha_i-1}MC_{i,t}, \; i=1,2 \quad (3.5)$$

其中，$L_{i,t}$ 和 $K_{i,t}$ 分别指部门 i 所有生产企业雇佣的总劳动和总资本。本章我们只考虑对称均衡的情况，均衡时部门内每个企业雇佣的劳动和资本相同，故 $L_{i,t}=N_{i,t}l_{i,t}$，$K_{i,t}=N_{i,t}k_{i,t}$。此时，部门最终商品价格 $P_{i,t}$ 表达式（3.2）可以写成如下形式：

$$P_{i,t} = N_{i,t}^{\frac{1}{1-\theta}}p_{i,t}(\omega)$$

观察上式可以看到企业数目 $N_{i,t}$ 越多，市场竞争越激烈，商品的多样性增加，总的价格水平也下降，这正是范特克拉（Feentra，2014）在探讨商品多样性指出的。

此外，由于不同企业生产的商品存在差异，每个企业都拥有一定的市场垄断力。在给定每个企业的需求函数的情况下，企业通过利润最大化进行定价，即

$$\max_{p_{i,t}(\omega)} (p_{i,t}(\omega) - MC_{i,t})\left(\frac{p_{i,t}(\omega)}{P_{i,t}}\right)^{-\theta}Y_{i,t}$$

从而可以得到企业的最优定价为

$$p_{i,t}(\omega) = \mu_t MC_{i,t}, \; i=1,2 \quad (3.6)$$

其中，$\mu_t = \theta/(\theta-1)$ 是价格加成。进而企业 ω 利润可以表示为

$$D_{i,t}(\omega) = \left(1-\frac{1}{\mu_t}\right)\frac{Y_{i,t}}{N_{i,t}}P_{i,t}, \; i=1,2 \quad (3.7)$$

企业价值等于企业未来利润的贴现值，记企业 t 期价值为 $V_{i,t}$，这样有

$$V_{i,t} = E_t\sum_{s=t+1}^{\infty} Q_{t,s}D_{i,s}, \; i=1,2 \quad (3.8)$$

其中，$Q_{t,s}$ 是企业利润贴现因子[①]。当企业价值大于进入成本时，企业存在超额利润，吸引新的企业进入。随着新企业的进入，厂商数目 $N_{i,t}$ 增加，每个企业的垄断力下降，进而每个企业的利润和价值下降，进入市场的吸引力下降。但只要企业的价值大于进入成本，就会吸引新的企业进入，这个过程会一直持续，直到企业价值 $V_{i,t}$ 刚好等于进入成本 $P_{fe,i,t}$。由此我们可以得到企业自由进入条件（free entry condition）：

$$V_{i,t} = P_{fe,i,t}, \quad i = 1, 2 \tag{3.9}$$

部门的进入成本是由两部门的最终商品以 CES 形式复合而成，但是两部门进入成本中两部门商品的复合比例不同。具体而言，新企业进入部门 1 需要支付 $f_{e,1,t}$ 单位的复合商品，其中复合商品中部门 1 的商品的复合份额为 γ_1，商品间的替代弹性为 θ_1；新企业进入部门 2 需要支付 $f_{e,2,t}$ 单位的复合商品[②]，其中复合商品中部门 1 的商品的复合份额为 γ_2，商品间的替代弹性为 θ_2。部门 1 和部门 2 的进入成本商品形式为：

$$FE_{1,t} = f_{e,1,t} \left[\gamma_1^{\frac{1}{\theta_1}} Y_{1,t}^{\frac{\theta_1-1}{\theta_1}} + (1-\gamma_1)^{\frac{1}{\theta_1}} Y_{2,t}^{\frac{\theta_1-1}{\theta_1}} \right]^{\frac{\theta_1}{\theta_1-1}} \tag{3.10}$$

$$FE_{2,t} = f_{e,2,t} \left[\gamma_2^{\frac{1}{\theta_2}} Y_{1,t}^{\frac{\theta_2-1}{\theta_2}} + (1-\gamma_2)^{\frac{1}{\theta_2}} Y_{2,t}^{\frac{\theta_2-1}{\theta_2}} \right]^{\frac{\theta_2}{\theta_2-1}} \tag{3.11}$$

两部门进入成本的价格形式分别为：

$$P_{fe,1,t} = f_{e,1,t} \left[\gamma_1 P_{1,t}^{1-\theta_1} + (1-\gamma_1) P_{2,t}^{1-\theta_1} \right]^{1/(1-\theta_1)} \tag{3.12}$$

$$P_{fe,2,t} = f_{e,2,t} \left[\gamma_2 P_{1,t}^{1-\theta_2} + (1-\gamma_2) P_{2,t}^{1-\theta_2} \right]^{1/(1-\theta_2)} \tag{3.13}$$

参照梅里兹（Melitz，2003）与吉罗尼和梅里兹（Ghironi and Melitz，2005）的设定，假定外生死亡冲击发生在每期期末，部门 i 的企业面临着 δ_i 概率被强行退出，其中 $\delta_i \in (0, 1)$。张静等（2013）计算了不同制造行业的平均退出率，发现资本密集行业的退出率要明显低于劳动密集型行业，为此我们假设 $\delta_1 < \delta_2$。

新进入的企业存在一期的生产滞后，即 t 期新进入的企业到 $t+1$ 期才开始进行生产。记 t 期部门 i 中进行生产的企业数目为 $N_{i,t}$，新进入的厂商数

[①]　通过家庭最优化行为可以求得贴现因子。

[②]　进入成本 $f_{e,i,t}$ 满足 AR（1）过程：$\ln f_{e,i,t} - \ln f_{e,i} = \rho_{fe,i,t}(\ln f_{e,i,t} - \ln f_{e,i}) + \varepsilon_{fe,i,t}$，$\varepsilon_{fe,i,t}$ 满足正态独立同分布。

目为 $N_{i,E,t}$，则 $t+1$ 期部门 i 进行生产的总厂商数目满足：

$$N_{i,t+1} = (1-\delta_i)(N_{i,t}+N_{i,E,t}), \quad i=1,2 \tag{3.14}$$

部门 i 新建企业的所需要投资的总商品为：

$$I_{e,i,t} = N_{e,i,t}FE_{i,t}, \quad i=1,2 \tag{3.15}$$

由于每个企业生产的商品不能完全替代，进行生产的企业数目越多，市场上商品种类也越多，这样企业数目 $N_{i,t}$ 较好地刻画了商品的多样性。市场上可消费的商品种类越多，对消费者带来的效用增加也就越多，从而改善了消费者福利，因此本章将部门内企业数目 $N_{i,t}$ 作为一个重要变量进行考察。类比于国际贸易对于扩展边际的定义，将部门内企业数目 $N_{i,t}$ 的变化定义为部门内的扩展边际。另一方面，由于考虑了部门内企业数目 $N_{i,t}$ 的变化，根据 $Y_{i,t} = \left[\int_0^{N_{i,t}} (y_{i,t}(\omega))^{(\theta-1)/\theta} d\omega \right]^{\theta/(\theta-1)} = N_{i,t}^{\theta/(\theta-1)} y_{i,t}$ 可以得到部门内单个企业的产出 $y_{i,t}$ 变化，本章将单个企业的产出 $y_{i,t}$ 变化定义为集约边际。从而本模型不仅可以分析外部冲击对整个部门产出的影响，也能从更微观的角度分析单个企业的产出变化，这使得对外部冲击的影响的分析将更细致。在接下来的脉冲分析中，本书将重点关注外部冲击如何在两个部门传导，并从集约边际（原有企业的产出变化）和扩展边际（部门内商品种类变化）两个方面来分析外部冲击带来的影响。

3.2.2 家庭

经济中存在一个生存无限期的代表性家庭，其跨期期望效用函数为

$$E_t \sum_{t=0}^{\infty} \left[\frac{(C_t - hC_{t-1})^{1-\sigma}}{1-\sigma} - \frac{\chi}{1+\varphi}(L_{1,t}^{1+\eta} + L_{2,t}^{1+\eta})^{\frac{1+\varphi}{1+\eta}} \right] \tag{3.16}$$

其中，$h \in [0,1)$ 是习惯形成参数，h 取 0 时消费不存在惯性，与之前的消费无关。$L_{1,t}$ 和 $L_{2,t}$ 分别是家庭向资本密集型企业和劳动密集型企业提供的劳动力，家庭消费的商品 C_t 由部门 1 和部门 2 的最终商品以 CES 形式复合而成：

$$C_t = \left[\gamma_3^{\frac{1}{\theta_3}} C_{1,t}^{\frac{\theta_3-1}{\theta_3}} + (1-\gamma_3)^{\frac{1}{\theta_3}} C_{2,t}^{\frac{\theta_3-1}{\theta_3}} \right]^{\frac{\theta_3}{\theta_3-1}} \tag{3.17}$$

γ_3 是指部门 1 最终商品 $C_{1,t}$ 在消费中的份额，γ_3 越大表明 $C_{1,t}$ 占消费的比重越大。θ_3 表示商品 $C_{1,t}$ 和 $C_{2,t}$ 之间的替代弹性，θ_3 越小表示两种商品之

间越容易相互替代。记两种商品的价格分别为 $P_{1,t}$ 和 $P_{2,t}$，则一单位复合消费品的价格为：

$$P_t = [\gamma_3 P_{1,t}^{1-\theta_3} + (1-\gamma_3) P_{2,t}^{1-\theta_3}]^{1/(1-\theta_3)} \qquad (3.18)$$

家庭是资本的所有者，一方面将资本租借给企业进行生产，获得资本回报，另一方面进行投资来积累资本，资本的积累方程为：

$$K_{i,t+1} = (1-\delta^k) K_{i,t} + \Phi(I_{i,t}),\ i=1,\ 2 \qquad (3.19)$$

其中，δ^k 是资本的折旧率，$\Phi(I_{i,t})$ 为投资方程，资本调整存在调整成本，参考德弗罗（Devereux，2005）的设定，投资方程设为：

$$\Phi(I_{i,t}) = I_{i,t} - \frac{\kappa}{2}\left(\frac{I_{i,t}}{K_{i,t}} - \delta^k\right)^2 K_{i,t},\ i=1,\ 2 \qquad (3.20)$$

其中，κ 是资本调整参数。

两个部门的投资品是同质的，其复合形式与消费品一样，即

$$I_{i,t} = [\gamma_3^{\frac{1}{\theta_3}} Y_{1,1,t}^{\frac{\theta_3-1}{\theta_3}} + (1-\gamma_3)^{\frac{1}{\theta_3}} Y_{1,2,t}^{\frac{\theta_3-1}{\theta_3}}]^{\frac{\theta_3}{\theta_3-1}},\ i=1,\ 2 \qquad (3.21)$$

γ_3 是部门 1 商品在投资品中的份额，投资品的价格为 P_t，而且资本在两部门间自由流动，均衡时部门 1 和部门 2 资本回报应相同。

家庭是资本密集型企业和劳动密集型企业的所有者，每期获得所有企业的利润并投资建新厂。为了分析的简便，参照比尔比耶等（Bilbiie et al.，2012），假定家庭每期购买共同基金，共同基金的运行机制为：每期将基金投资于所有企业包括新建立的企业，然后下期将所有企业的利润返还给基金持有者，基金价值等于它所投资全部企业的企业价值之和。这样处理可以简化新企业获得进入成本投资的渠道以及企业所有者权益归属问题。本章模型里存在有两个基金，一个基金专门投资于资本密集型部门，一个基金专门投资于劳动密集型部门。t 期家庭获得上期购买的 x_t 份资本密集型企业基金和 y_t 份劳动密集型企业基金的分红 $x_t N_{1,t} D_{1,t} + y_t N_{2,t} D_{2,t}$，以及持有基金的价值 $x_t N_{1,t} V_{1,t} + y_t N_{2,t} V_{2,t}$，此外，家庭还要选择购买下一期基金份额 x_{t+1} 份资本密集型企业基金和 y_{t+1} 份劳动密集型企业基金，这些基金的价值为 $x_{t+1}(N_{1,t} + N_{1,E,t}) V_{1,t} + y_{t+1}(N_{2,t+1} + N_{2,E,t}) V_{2,t}$。

家庭的收入主要来自劳动工资收入 $W_{t,1} L_{1,t} + W_{t,2} L_{2,t}$、资本回报 $R_t^k(K_{1,t} + K_{2,t})$ 和共同基金收益 $x_t N_{1,t}(V_{1,t} + D_{1,t}) + y_t N_{2,t}(V_{2,t} + D_{2,t})$ 三部分。家庭支

出主要是消费 P_tC_t、资本投资 $P_tI_{1,t}+P_tI_{2,t}$ 和购买新的共同基金 $x_{t+1}(N_{1,t}+N_{1,E,t})V_{1,t}+y_{t+1}(N_{2,t+1}+N_{2,E,t})V_{2,t}$。家庭每期面临的预算约束为：

$$P_tC_t+P_tI_{1,t}+P_tI_{2,t}+x_{t+1}(N_{1,t}+N_{1,E,t})V_{1,t}+y_{t+1}(N_{2,t+1}+N_{2,E,t})V_{2,t}$$
$$=W_{t,1}L_{1,t}+W_{t,2}L_{2,t}+R_t^k(K_{1,t}+K_{2,t})+x_tN_{1,t}(V_{1,t}+D_{1,t})+y_tN_{2,t}(V_{2,t}+D_{2,t})$$
$$(3.22)$$

家庭在预算约束下最大化效用，得到下列一阶条件为：

$$P_t\lambda_t=(C_t-hC_{t-1})^{-\sigma}-\beta h(C_{t+1}-hC_t)^{-\sigma} \tag{3.23}$$

$$V_{1,t}=\beta(1-\delta_1)E_t\left[\frac{\lambda_{t+1}}{\lambda_t}(V_{1,t+1}+D_{1,t+1})\right] \tag{3.24}$$

$$V_{2,t}=\beta(1-\delta_2)E_t\left[\frac{\lambda_{t+1}}{\lambda_t}(V_{2,t+1}+D_{2,t+1})\right] \tag{3.25}$$

$$W_{1,t}\lambda_t=\chi(L_{1,t}^{1+\eta}+L_{2,t}^{1+\eta})^{\frac{\varphi-\eta}{1+\eta}}L_{1,t}^{\eta} \tag{3.26}$$

$$W_{2,t}\lambda_t=\chi(L_{1,t}^{1+\eta}+L_{2,t}^{1+\eta})^{\frac{\varphi-\eta}{1+\eta}}L_{2,t}^{\eta} \tag{3.27}$$

其中 λ_t 是最优化问题的拉格朗日乘子。

3.2.3 均衡

由于家庭 j 在区间 $[0,1]$ 均匀分布，所以将所有家庭的消费加总得到的总消费 $C_t=\int_0^1 C_t(j)\,\mathrm{d}j=C_t(j)$ 和单个代表性家庭的消费相同。此外，每期所有家庭持有的共同基金份额加总起来总量为 1，即 $x_t=1$，$y_t=1$。所以将每个家庭的预算约束加总可以得到整个经济的资源约束：

$$P_tC_t+P_tI_{1,t}+P_tI_{2,t}+N_{1,E,t}V_{1,t}+N_{2,E,t}V_{2,t}$$
$$=W_{t,1}L_{1,t}+W_{t,2}L_{2,t}+R_t^k(K_{1,t}+K_{2,t})+N_{1,t}D_{1,t}+N_{2,t}D_{2,t} \tag{3.28}$$

剔除价格水平 P_t，写成相对形式，整个经济的资源约束变为：

$$C_t+I_{1,t}+I_{2,t}+N_{1,E,t}v_{1,t}+N_{2,E,t}v_{2,t}=w_{t,1}L_{1,t}+w_{t,2}L_{2,t}+r_t^k(K_{1,t}+K_{2,t})$$
$$+N_{1,t}d_{1,t}+N_{2,t}d_{2,t} \tag{3.29}$$

其中，$w_{i,t}=W_{i,t}/P_t$，$r_t^k=R_t^k/P_t$，$v_{i,t}=V_{i,t}/P_t$，$d_{i,t}=D_{i,t}/P_t$。进而，经济中的总产出 Y_t 为

$$Y_t=C_t+I_{1,t}+I_{2,t}+N_{1,E,t}v_{1,t}+N_{2,E,t}v_{2,t} \tag{3.30}$$

各部门的产出分别被用来消费、投资以及建立新企业。均衡时两部门的最终商品供给等于需求，即

$$Y_{1,t} = p_{1,t}^{-\theta_3} \gamma_3 (C_t + I_{1,t} + I_{2,t}) + p_{1,t}^{-\theta_1} \gamma_1 I_{e,1,t} + p_{1,t}^{-\theta_2} \gamma_2 I_{e,2,t} \qquad (3.31)$$

$$Y_{2,t} = p_{2,t}^{-\theta_3} (1 - \gamma_3)(C_t + I_{1,t} + I_{2,t}) + p_{2,t}^{-\theta_1} (1 - \gamma_1) I_{e,1,t} + p_{2,t}^{-\theta_2} (1 - \gamma_2) I_{e,2,t}$$

$$(3.32)$$

其中，$p_{1,t} = P_{1,t}/P_t$，$p_{2,t} = P_{2,t}/P_t$。

3.3　参数校准

根据乌利希（Uhlig，1995）方法对模型进行对数线性化，并对模型中的参数进行赋值，运用 Matlab 软件进行数值模拟。本章将比尔比耶等（2012）模型拓展为两部门模型，研究技术冲击和进入门槛冲击如何在资本密集型企业和劳动密集型企业两部门间进行传导，以及对两部门二元边际产出的影响，因此在参数校准时主要参考比尔比耶等（Bilbiie et al.，2012）在研究单部门企业进入对经济周期影响时相应的参数设定。另一方面，资本密集型行业更多的为国有企业，而劳动密集型行业更多的是民营企业，对此借鉴宋等（Song et al.，2011）、林仁文和杨熠（2014）等对于国有企业和民营企业的参数设定，同时对于一些模型特殊参数，采用中国的现实数据进行估计。

对于主观贴现率季度值 β 我们取 0.98（则无风险的季度利率为 $r^{*n} = 1/\beta^*$），家庭的风险厌恶系数 σ 取 2，习惯形成系数 $h = 0.6$；对于资本的折旧率 δ^k 我们取 0.025，相当于年折旧率为 0.1；投资调整成本参数 $\kappa = 12$（Devereux，2005）；劳动力供给弹性 φ 一般在 0 ~ 1 之间，我们取 0.5；不同部门劳动的替代弹性 η 取 0.1（Iacoviello，2010）。不失一般性，将均衡时资本密集型行业技术水平 Z_1、劳动密集型行业技术水平 Z_2、资本密集型行业进入成本 $f_{e,1}$ 和劳动密集型行业进入成本 $f_{e,2}$ 都设为 1。这些参数的取值都和标准的宏观经济模型一样。

部门 1 为资本密集型，其对应的劳动产出弹性 α_1 为 0.3；部门 2 为劳动密集型，其对应的劳动产出弹性 α_1 为 0.7。在模型中企业一旦支付进入成本进入部门进行生产后，在生产过程中没有固定成本，$\theta/(\theta-1)$ 其实衡量

的是在边际成本的加成。根据 2000~2012 年国家统计局建立的中国工业企业数据库，规模以上工业企业工业毛利率在 5%~30% 之间浮动。但是因为模型中生产没有固定成本，所以边际成本加成应该更高。为此，我们将最终商品的 CES 复合参数 θ 设为 6，这样企业的价格加成为 1.2，也就是企业利润为边际成本的 20%[①]。根据中国工业企业数据库，计算资本密集型企业和劳动密集型企业的退出率，可以发现资本密集型企业不同行业的退出率在 20% 左右浮动，所以我们取资本密集型企业的外生退出概率 δ_1 为 0.2；而劳动密集型企业的退出率明显高于资本密集型企业，在 25% 左右浮动，故我们取劳动密集型企业外生退出概率 δ_2 为 0.25（陈勇兵，2012；张静等，2013）。

对于资本密集型行业商品和劳动密集型行业商品的替代弹性，即 θ_1、θ_2 和 θ_3，均设定为 1。对于消费中资本密集型行业商品的复合比例 γ_3 设为 0.3。由于本章研究提供的是较为定性的结果，对于那些影响模型定性结论的参数，例如资本密集型企业和劳动密集型企业进入成本中资本密集型企业商品的份额 γ_1 和 γ_2，数值模拟时会进行敏感性（robust）分析。在基准分析时，假设进入成本中的资本密集型商品的份额与消费中的资本密集型商品份额相同，都为 0.3，即 $\gamma_1 = \gamma_2 = 0.3$；在考虑不同冲击带来进入成本改变时，我们将取 $\gamma_1 = \gamma_2 = 0.5$、$\gamma_1 = 0.8$ 和 $\gamma_2 = 0.2$，以及 $\gamma_1 = 0.6$ 和 $\gamma_2 = 0.4$ 进行对比分析。基准模型的参数赋值见表 3-1。

表 3-1　　　　　　　　　基准模型主要参数赋值

参数	β	σ	δ_k	φ	η	α_1	α_2	θ	κ	δ_1	δ_2	Z_1	Z_2	$f_{e,1}$	$f_{e,2}$
赋值	0.98	2	0.25	0.5	0.1	0.3	0.7	6	12	0.2	0.25	1	1	1	1

3.4　数值模拟

在下面的脉冲分析中，我们首先参考标准的 RBC 模型，分析技术冲击的传导路径以及对不同行业的企业二元边际的影响。其次，根据研究的问

[①]　当然和 BGM 模型保持一致将参数 θ 设为 3.8，不影响本模型的主要结论。

题，分析不同行业进入壁垒的变动对其他经济变量的影响。本章所有脉冲图中横坐标表示脉冲持续时间，纵坐标表示各变量偏离均值的百分比，不同冲击一阶自回归系数均取 0.96。

3.4.1　资本密集型行业技术进步冲击

图 3－1 和图 3－2 是资本密集型行业发生正向技术冲击的脉冲响应图。资本密集型行业正向技术进步冲击使得该行业产出增加，带来资本回报、工资收入上升和边际成本下降，边际成本下降使得资本密集型行业生产的产品价格 p_1 下降。由于劳动可以在两部门自由流动，资本密集型行业的工资水平上升也带动了劳动密集型行业工资水平的上升。此外，由于资本是在部门间自由流动，资本密集型行业的技术进步也抬高了劳动密集型行业资本的回报率。而劳动密集型行业没有受到技术冲击，在要素价格的推动下，劳动密集型行业面临的边际成本上升。这一方面使得劳动密集型行业生产的商品价格 p_2 上升，另一方面边际成本推动的价格水平上升也使得家庭对劳动密集商品的需求下降，进而使得劳动密集型行业产出 Y_2 下降。由于两部门商品相对价格发生改变，家庭也会通过替代效应增加对资本密集型行业商品的消费，而减少对劳动密集型行业商品的消费。

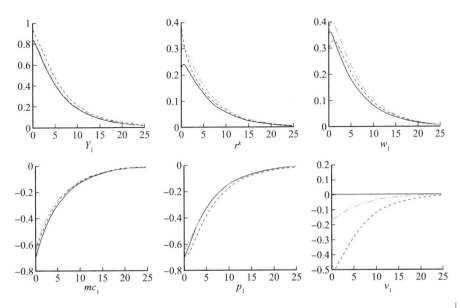

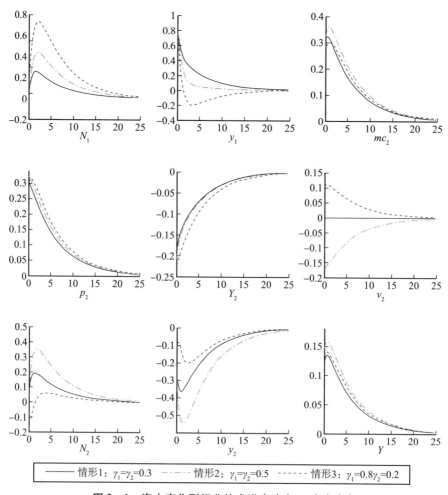

图 3 - 1　资本密集型行业技术进步冲击 Z_1 脉冲响应

　　与之前的研究不同，本章模型考察了企业的进入和退出行为。外部冲击带来的商品价格变化，改变了部门进入成本，进而通过企业的进入和退出加剧了经济的波动。下面分别是资本密集型和劳动密集型行业的自由进入条件：

$$v_{1,t} = P_{fe,1,t}/P_t = f_{e,1,t} \frac{\left[\gamma_1 P_{1,t}^{1-\theta_1} + (1-\gamma_1) P_{2,t}^{1-\theta_1}\right]^{1/(1-\theta_1)}}{\left[\gamma_3 P_{1,t}^{1-\theta_3} + (1-\gamma_3) P_{2,t}^{1-\theta_3}\right]^{1/(1-\theta_3)}} \qquad (3.33)$$

$$v_{2,t} = P_{fe,2,t}/P_t = f_{e,2,t} \frac{\left[\gamma_2 P_{1,t}^{1-\theta_2} + (1-\gamma_2) P_{2,t}^{1-\theta_2} \right]^{1/(1-\theta_2)}}{\left[\gamma_3 P_{1,t}^{1-\theta_3} + (1-\gamma_3) P_{2,t}^{1-\theta_3} \right]^{1/(1-\theta_3)}} \qquad (3.34)$$

等式左边是企业价值，等式右边表示企业进入成本。当 $\gamma_1 = \gamma_2 = \gamma_3 = 0.3$ 时①，两部门的自由进入条件退化成：

$$v_{i,t} = f_{e,i,t}, \quad i = 1, 2 \qquad (3.35)$$

即两部门的进入成本不随着两部门的商品价格的变化而变化，只和两部门进入成本中所需复合商品的数量 $f_{e,i,t}$ 相关。这就是图 3 – 1 中的情形 1，技术进步冲击不影响进入成本和企业价值。而资本密集型行业技术进步冲击带来了家庭收入上升，增加了对企业的投资，这使得尽管外部冲击并没有提高企业的实际价值，也会有大量企业进入，所以可以看到图 3 – 1 情形 1 中资本密集型行业和劳动密集型行业企业数目 N_1 和 N_2 都增加了，总产出也增加了。从单个企业的产出来看，由于资本密集型行业产出大幅度上升，尽管大量企业进入，单个企业的产出 y_1 仍然增加；而对于劳动密集型行业而言，由于劳动密集型行业产出 Y_2 下降，加之企业数目 N_2 增加，单个企业产出 y_2 明显下降。所以，对于原有生产企业而言，资本密集型行业技术冲击提高了资本密集型行业单个企业的产出，但是也使得劳动密集型行业单个企业的产出下降。

图 3 – 1 中的情形 1 考虑的是 $\gamma_1 = \gamma_2 = \gamma_3$ 外部冲击不改变企业的实际价值的情况，如果 $\gamma_1 = \gamma_2$ 但是 $\gamma_1 = \gamma_2 \neq \gamma_3$ 时，资本密集型行业技术进步正向冲击又会如何影响呢？

在图 3 – 1 中的情形 2 则考虑了当 $\gamma_1 = \gamma_2 = 0.5$，$\gamma_3 = 0.3$ 时，资本密集型行业正向技术进步冲击的脉冲响应图。可以发现和图 3 – 1 的情形 1：$\gamma_1 = \gamma_2 = \gamma_3 = 0.3$ 相比，各个变量的变化方向没有发生改变。值得注意的是，资本密集型行业技术进步正向冲击使得两个部门的进入成本都下降了，降低了部门的进入门槛，从而有大量企业进入。相比较于图 3 – 1 的情形 1，资本密集型行业和劳动密集型行业的企业数目都大幅上升。新建立企业增加也意味着投资增加，可以看到整个经济体的产出也相比图 3 – 1 的情形 1 有

---

① 替代弹性在前面我们已经设定为 1，即 $\theta_1 = \theta_2 = \theta_3 = 1$。

所增加。此外，大量的企业进入也意味着需要更多的商品投资，这也进一步推升了要素价格，使得劳动密集型行业商品价格进一步上升，导致劳动密集型行业总产出下降更多。企业的大量进入也使得资本密集型行业和劳动密集型行业单个企业的产出大幅度下降。

图 3 - 1 的情形 3 考虑了 $\gamma_1 = 0.8$ 和 $\gamma_2 = 0.2$ 的情况，即各部门的进入成本中更多的使用本部门生产的商品的情况。由于资本密集型行业技术进步冲击带来资本密集型行业商品价格 p_1 下降和劳动密集型行业商品价格 p_2 上升，在各部门更多地使用本部门商品作为进入成本时，资本密集型行业的进入成本显著下降，而劳动密集型行业的进入成本反而上升，这就使得资本密集型行业企业数目大量增加而劳动密集型企业数目反而减少。此时，资本密集型行业由于新建企业数目大量增加，单个企业产出不再增加而是下降。同时对于劳动密集型行业而言，由于大量投资用来建立资本密集型企业，对于建立新的劳动密集型企业的投资减少，劳动密集型企业数目 N_2 大量减少，相比较于情形 1 单个劳动密集型企业产出下降幅度减小。

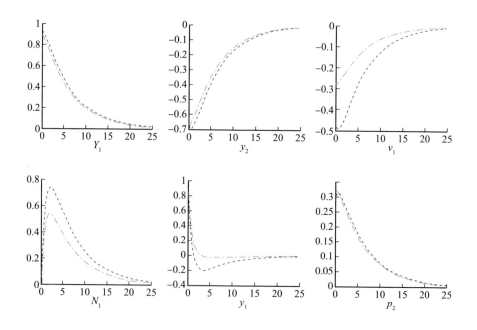

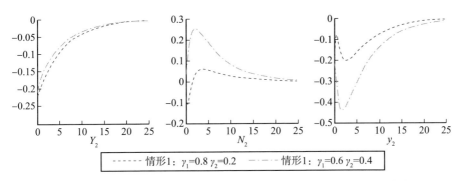

图 3 - 2　不同复合比例下的资本密集型行业技术进步冲击 Z_1 脉冲响应

为了进一步验证进入成本中两部门商品复合比例的变化对外部冲击传导的影响，我们考察了 $\gamma_1 = 0.6$ 和 $\gamma_2 = 0.4$ 的情形，见图 3 - 2 的情形 2。相比于图 3 - 2 的情形 1：$\gamma_1 = 0.8$ 和 $\gamma_2 = 0.2$，我们可以看到，由于劳动密集型行业进入成本更多地使用了发生技术进步的资本密集型行业商品，使得劳动密集型行业进入成本下降，劳动密集型行业企业数目明显增加，单个企业产量下降幅度变大。资本密集型行业技术进步冲击对两个部门的企业数目和单个企业产出的影响，和两个部门进入成本中两部门商品的复合比例相关。

3.4.2　劳动密集型行业技术进步冲击

图 3 - 3 是劳动密集型行业技术进步冲击脉冲响应图，与资本密集型行业技术进步冲击类似，我们分别分析了当 $\gamma_1 = \gamma_2 = \gamma_3 = 0.3$，$\gamma_1 = \gamma_2 = 0.5$，$\gamma_1 = 0.8$、$\gamma_2 = 0.2$ 三种情形下的脉冲响应。劳动密集型企业技术进步带来了劳动密集型行业产出增加，与此同时带来资本回报和劳动力工资水平上升，进而使得资本密集型行业边际成本上升，资本密集型行业商品价格上升，从而使得资本密集型行业产出下降。当 $\gamma_1 = \gamma_2 = \gamma_3 = 0.3$ 时，劳动密集型行业技术冲击并不改变劳动密集型行业和资本密集型行业的实际进入成本，由于技术进步带来家庭总收入增加，对于新建企业的投资增加，资本密集和劳动密集型行业企业数目都增加。由于劳动密集型行业产出上升幅度较大，尽管劳动密集型企业数目上升，单个劳动密集型企业的产出仍然上升，

但对于资本密集行业而言，由于资本密集型行业产出下降加上企业数目增加，资本密集型行业单个企业产出下降。相比较于图 3 − 3 情形 1：$\gamma_1 = \gamma_2 = \gamma_3 = 0.3$，可以看到当 $\gamma_1 = \gamma_2 = 0.5$ 时，即两部门进入成本中的两种商品的复合比例相同时，劳动密集型行业和资本密集型行业的进入成本都上升了。这是由于劳动密集型行业技术进步带来资本密集型行业商品价格上升的幅度大于劳动密集型行业商品价格下降的幅度造成的。两部门的进入成本上升，使得两部门的新建企业数目增加幅度下降。当 $\gamma_1 = 0.8$、$\gamma_2 = 0.2$ 时，由于劳动密集型行业进入成本更多地使用本部门商品，劳动密集型行业进入成本下降，大量企业进入劳动密集型行业，单个企业产出不再增加而是下降。对于资本密集型行业而言，由于资本密集型企业商品价格上升，更多的使用资本密集型行业商品作为进入成本会使得资本密集型行业进入成本上升，因此相比于 $\gamma_1 = \gamma_2 = 0.5$ 情形新建企业数目下降的情况，单个企业产出下降幅度减小。

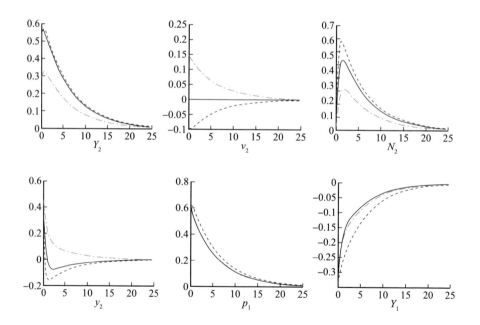

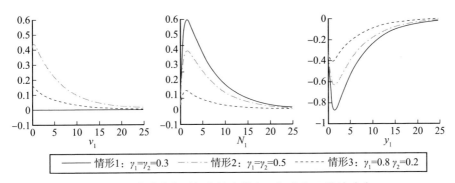

图 3 - 3　劳动密集型行业技术进步正向冲击 Z_2 脉冲响应

对上面的研究进行总结，可以看到外部的冲击可能会带来该部门总产出的扩张，但具体从该行业的二元边际来看，则可能对单个企业产出带来负面影响。如果外部冲击降低了该行业的进入壁垒，那么这会带来更多新的企业进入（扩展边际）该行业，更多企业的进入会加剧该行业的竞争程度，带来行业价格水平的下降，进而降低单个企业的边际回报，导致单个企业产出（集约边际）下降。这是之前代表性企业模型中所不能讨论的。

之前的文献主要从生产率差异以及发展速度的角度来分析不同要素密集程度行业的差异，本研究则从生产率冲击在不同行业间的传导角度出发。有学者认为资本密集型经济的发展会造成劳动密集型行业的萎缩，降低整个社会的就业贡献率（田洪川和石美遐，2013）。本章的研究表明，至少从短期波动的角度来看，资本密集型行业的技术进步的确会使得劳动密集型部门的产出下降，但资本密集型行业扩张，也可能带来进入成本的下降，使得更多的劳动密集型企业进入，从而在单个劳动密集型企业产出萎缩的情况下，对总的产出带来正面的影响。与之相对的是，劳动密集行业的技术进步带来工资水平的上升，进而使得资本密集型行业用工成本上升和进入成本上升，导致资本密集型行业产出下降的同时也抑制了新企业的进入，这是之前的讨论没有注意的。

3.4.3　资本密集型行业进入成本下降冲击

2022 年 10 月 16 日党的二十大报告明确指出，要深化简政放权、放管结合、优化服务改革；构建全国统一大市场，深化要素市场化改革，建设高标准市场体系；完善产权保护、市场准入、公平竞争、社会信用等市场经济基础制度，优化营商环境。简政放权从 2013 年 3 月 17 日被首次提出开始，政府推行了一系列的改革，例如推动工商登记制度改革，取消和免征行政事业性收费，推行混合所有制改革等。改革一方面减少了主体进入的交易成本，降低了市场主体进入的门槛，可以让更多主体进入；另一方面，简政放权改革也意味着，政府管控的行业领域缩小，市场主体可进入的领域在扩大。本节将分析降低资本密集型行业进入壁垒对自身和劳动密集型经济的影响。

资本密集型行业进入门槛下降，吸引更多的企业进入资本密集型行业，资本密集型企业产出 Y_1 增加。由于资本密集型企业数目 N_1 大幅增加，资本密集型行业单个企业 y_1 的产出下降。大量企业进入资本密集型行业，增加了对资本和劳动力的需求，也推升了资本价格和工资，使得资本密集型行业和劳动密集型行业的边际成本都上升了。虽然资本密集型行业的边际成本增加了，但是由于资本密集型行业企业数目大量增加，行业竞争加剧，使得资本密集型行业复合商品的价格 p_1 仍然下降。而由于劳动密集型行业边际成本上升，劳动密集型行业商品价格 p_2 上升，对劳动密集型行业商品需求下降，劳动密集型行业产出 Y_2 下降，劳动密集型行业企业数目 N_2 下降。

图 3 - 4 情形 2 考察了两个部门的进入成本中资本密集型行业商品和劳动密集型行业商品的复合比例均相同即 $\gamma_1 = \gamma_2 = 0.5$ 的情况。尽管劳动密集型行业进入成本 $f_{e,2,t}$ 没有发生改变，但是由于资本密集型行业商品价格下降幅度相对于劳动密集型行业商品价格上升幅度更大，劳动密集型行业的进入成本也下降了。劳动密集型行业进入成本下降会吸引大量企业进入到劳动密集型行业，相对于劳动密集型行业进入成本不变情形（图 3 - 4 的情形 1），劳动密集型行业企业数目增加，单个劳动密集型企业产出下降幅度增加。

进入成本中两部门商品的复合比例是外部冲击影响两部门企业数目变化的关键参数。为此在图 3 - 4 的情形 3 中考察了各部门进入成本更多地使用本部门商品的情况，即 $\gamma_1 = 0.8$、$\gamma_2 = 0.2$。相比于两部门商品使用比例相同的图 3-4 的情形 2：$\gamma_1 = \gamma_2 = 0.5$，可以发现劳动密集型企业的进入成本不再是下降而是上升，这使得劳动密集型企业进入的企业数目 N_2 下降。另一方面，劳动密集型企业产品价格上升幅度增加，家庭通过对两个部门商品消费的相互替代，对劳动密集型商品需求下降，使得劳动密集型行业产出 Y_2 下降。通过劳动密集型企业产出 Y_2 和企业数目 N_2 的共同作用，单个劳动密集型企业产出 y_2 下降幅度减小。对于资本密集型企业而言，进入成本中更多地使用资本密集型企业商品，也使得其进入成本进一步下降，更多的企业进入资本密集型行业，使得国有企业数目 N_1 增加幅度增加，资本密集型行业产出 Y_1 增加。

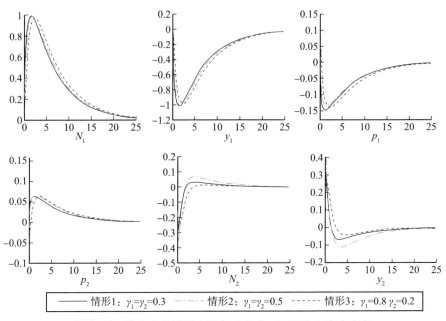

图 3-4 资本密集型行业进入成本 $f_{e,1,t}$ 下降冲击脉冲响应

3.4.4 劳动密集型行业进入成本下降冲击

劳动密集型行业进入成本 $f_{e,2,t}$ 下降，吸引大量劳动密集型企业进入劳动

密集型行业，使得劳动密集型企业数目 N_2 增加，劳动密集型行业产出 Y_2 增加。由于劳动密集型企业数目增加更多，单个劳动密集型企业产出 y_2 下降。大量劳动密集型企业进入增加了对资本和劳动力的需求，使得资本价格和工资水平上升，进而使得劳动密集型行业和资本密集型行业的边际成本上升。对于劳动密集型行业，由于企业数目大幅度上升，部门内竞争变得更加激烈，使得劳动密集型行业的最终商品价格 p_2 下降。对于资本密集型行业而言，资本密集型行业边际成本上升，使得资本密集型行业商品价格上升，资本密集型行业产出 Y_1 下降。当 $\gamma_1 = \gamma_2 = \gamma_3 = 0.3$ 时，根据式（3.33）和式（3.35），资本密集型行业进入成本不变，由于大量投资被用来建立劳动密集型企业，对于资本密集型行业投资减少，资本密集型行业企业数目 N_1 下降。值得一提的是，尽管劳动密集型行业产出上升，但是劳动密集型行业企业数目增加幅度更大，单个劳动密集型企业产出不但没有增加反而减少了；而资本密集型行业尽管产出和企业数目都下降了，资本密集型行业单个企业的产出呈现先增加后减少的态势。

图 3-5 情形 2 考察了当 $\gamma_1 = \gamma_2 = 0.5$，即进入成本中资本密集型商品和劳动密集型商品的复合比例相同的情况。由于劳动密集型行业外生进入成本 $f_{e,2,t}$ 下降，带来了劳动密集型行业商品价格下降和资本密集型行业商品价格上涨，并且资本密集型行业商品价格上涨幅度大于劳动密集型行业商品价格下降幅度。我们看到资本密集型行业进入成本上升了，这进一步使得国有企业数目下降，资本密集型行业单个企业产出下降幅度减少。

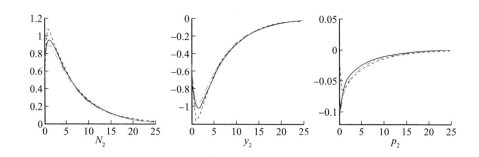

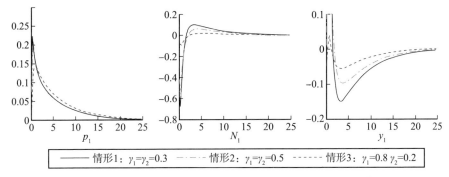

图 3 - 5　劳动密集型行业进入成本 $f_{e,2,t}$ 下降冲击脉冲响应

当各部门进入成本更多的使用本部门商品时，即图 3 - 5 的情形 3：$\gamma_1 = 0.8$，$\gamma_2 = 0.2$，对于劳动密集型行业，其进入成本更多地使用了劳动密集型行业商品，使得进入成本下降，劳动密集型企业数目进一步增加，单个劳动密集型企业产出下降。对于资本密集型行业而言，更多地使用资本密集型行业商品，使得资本密集型行业进入成本上升，资本密集型行业企业数目下降，单个劳动密集型企业产出减少幅度下降。

上面关于进入门槛下降冲击的研究表明，资本密集型行业进入壁垒的下降，会使得更多的企业进入该行业，这会挤占原来劳动密集型行业的资源，提高资本的使用成本，使得劳动密集型部门无论在产出上还是新进企业的数量上都出现一定的下降，更少的企业进入会增加整个市场的垄断程度，但对整个产出带来的影响不确定，对劳动密集型行业影响的负面程度与进入成本中的商品复合比例相关。如果此时劳动密集型部门的规模很大，资本密集部门进入成本的下降可能会使得总产出下降，这是政策调整所不能不考虑的。对于劳动密集型行业进入门槛下降也有类似的结论。

3.5　本 章 小 结

本章在比尔比耶等（Bilbiie et al.，2012）模型的基础上，建立了一个两部门的动态随机一般均衡模型，考虑了在企业自由进入的情形下，技术冲击和进入成本冲击在资本密集型行业和劳动密集型行业的传导机制，以及冲击对两部门的企业数目和单个企业产出的影响，并对关键性参数进行稳健性检验。

研究发现，资本密集型行业技术进步冲击会带来要素价格上升，从而提高了劳动密集型行业产品价格，降低劳动密集型行业产出，同时也提高了劳动密集型行业进入成本，降低了劳动密集型行业的企业数目，单个劳动密集型企业的产出也下降了。但是单个企业产量的影响取决于企业数目和产出的变化幅度。当资本密集型企业技术进步带来进入成本的大幅度下降，进而使得资本密集型行业企业数目大量增加时，单个资本密集型企业的产量不但没有增加反而下降了。同时资本密集型行业进入成本下降冲击，直接使得资本密集型行业企业数目增加，大量投资进入资本密集型行业，使得对劳动密集型行业投资减少，劳动密集型行业企业数目下降，单个劳动密集型企业产量上升。对于资本密集型行业而言，由于大量企业进入资本密集型行业，单个资本密集型企业的产量也在下降。对于劳动密集型行业技术进步和进入成本下降冲击也有类似的结论。

与之前的研究相比，本研究由于引入了企业的进入退出机制，在考虑企业产出变化的同时，可以考察企业数目的变化，得到的结果也更加丰富。结论表明，资本密集型企业的进入成本下降，虽然能带来更多的企业进入，但对在位的企业以及劳动密集型企业都存在负面影响。而资本密集型企业的技术进步，并不一定淘汰劳动密集型行业，反而可能通过降低劳动密集型行业进入成本，吸引更多的企业进入劳动密集型部门。这与之前的研究存在很大的不同，这些新的结论对于理解两个部门技术冲击对两个部门的影响，以及相应的进入壁垒政策调整的影响具有重要的启示。

本章研究的创新之处主要表现在以下三个方面。第一，将比尔比耶等（Bilbiie et al., 2012）模型拓展为一个包含资本的两部门模型，考虑了由于冲击带来的要素价格变化，影响部门的进入成本，并改变企业进入决策，进而对不同部门的二元边际产生影响的机制，为此类的问题提供了一个分析框架。第二，本模型考虑了企业数目，能就企业数目和单个企业产量变化进行区分，从而使得我们可以对资本密集型行业和劳动密集型行业的二元边际进行分析。二元边际的引入，一方面增加了可以分析的问题，同时也使得结论更丰富。第三，本模型考虑了企业的自由进入行为，将企业的微观决策纳入到宏观动态一般均衡的分析中。更多的企业意味着更多种类的商品，同时更多的商品由于竞争效应会降低产品的价格加成，这又会影响企业的进入成本，进而影响新企业的进入，而这些传导机制和利得在之前的宏观模型中都缺乏探讨。

第4章

内生化企业进入、进入壁垒
与宏观经济波动

简政放权和自贸区的推广能否激发创新提升生产率？对此，本章将梅里兹（Melitz, 2003）的异质性企业模型推广到小国开放经济中，内生化企业进入行为和出口选择，分析了行业进入壁垒和出口成本的下降如何影响生产率，以及通过什么路径影响经济。研究发现进入壁垒下降对经济的影响与其带来的企业数目和生产率变动直接相关。具体而言，行业进入壁垒的下降直接带来了企业数目的增加，加剧了企业之间的竞争，提高了出口企业的平均生产效率，增加了消费和总产出，并且进入壁垒下降对于生产效率分布更分散的行业福利改善更大。而出口成本的下降同样也带来了企业数目和出口企业数目的增加，提高了消费和总产出水平，不同的是降低了出口企业的平均生产效率，出口壁垒下降对于生产效率分布更集中的行业福利改善更大。此外，将进入壁垒下降和出口壁垒下降标准化进行比较后发现进入壁垒下降在福利改善方面要优于出口壁垒下降，这在行业生产率分布分散时更加明显。

4.1 引　　言

党的二十大报告明确指出，要深化简政放权、放管结合、优化服务改革；完善产权保护、市场准入、公平竞争、社会信用等市场经济基础制度，优化营商环境。自党的十八大提出"放管服"改革以来，政府以"简政放权""放管结合""优化服务"为主要抓手，三管齐下，为市场主体松绑减负，对行政监管机制进行优化创新，立足于施政为民的行政本质，加快推进向服务型政府的角色转变。简政放权持续深入推进，各类重复审批大幅精简，不必要的审批大量取消，非行政许可行政审批全部取消，市场中存在的隐性障碍和桎梏逐步消除，营商环境显著优化，市场主体活跃度和积极性大幅提升。国务院分 13 批取消下放 737 项国务院部门行政许可事项，分 7 批取消中央指定地方实施行政许可事项 361 项，清理规范国务院部门行政审批中介服务事项 323 项（张定安等，2022）。同时，国务院部门取消和下放行政审批事项的比例超过 40%，不少地方超过 70%。这极大地减少了政府对市场活动的直接干预，为企业和个人提供了更多的自由空间[①]。

政府对于简政放权改革的力度之大，前所未见。一些重点推行的改革，例如推动工商登记制度改革，取消和免征行政事业性收费，改革行政审批程序完善市场准入制度，推行混合所有制改革等，一方面减少了主体进入的交易成本，降低了市场主体进入的门槛，促进了更多企业尤其是中小企业的进入；另一方面，简政放权改革也意味着，政府管控的行业领域缩小，使得更多市场主体能够参与竞争，激发了市场活力，从而推动经济结构优化与行业创新。此外，2020 年《优化营商环境条例》正式实施，简化了对企业登记注册、审批程序、办事流程等方面的要求，大幅减少了对市场主体的行政干预。这一政策为企业创造了更加公平透明的市场环境，降低了企业的制度性交易成本，进一步优化了营商环境。这一系列改革为大量企业进入市场创造条件，根据国家市场监督管理总局数据显示，截至 2024 年 5 月底，我国实有民营经济主体总量 18045 万户，占全部经营主体总量的比重从 2019 年的 95.5% 增长为 96.4%[②]。仅 2023 年前三季度，全国新设经营主体 2480.8 万户，同比增长 12.7%。其中，新设企业 751.8 万户，同比增长 15.4%；新设个体工商户 1719.6 万户，同比增长 11.7%[③]。

---

① 力推简政放权　激发市场活力——我国五年简政放权进展巡礼［EB/OL］. 中国政府网，2018 - 03 - 04，https：//www.gov.cn/xinwen/2018 - 03/04/content_5270673.htm.

② 从经营主体的感受和选择看 2023 年营商环境优化［EB/OL］. 国家发改委，2024 - 01 - 16，https：//www.gov.cn/lianbo/bumen/202406/content_6957092.htm#：~：text = % E6% 96% B0% E5% 8D% 8E% E7% A4% BE% E5% 8C% 97% E4% BA% AC6% E6% 9C% 88，% E5% B7% A5% E5% 95% 86% E6% 88% B712527.3% E4% B8% 87% E6% 88% B7% E3% 80% 82.

③ 数据来源：从经营主体的感受和选择看 2023 年营商环境优化［EB/OL］. 国家发改委，2024 - 01 - 16，https：//www.gov.cn/lianbo/bumen/202406/content_6957092.htm#：~：text = % E6% 96% B0% E5% 8D% 8E% E7% A4% BE% E5% 8C% 97% E4% BA% AC% E6% 9C% 88，% E5% B7% A5% E5% 95% 86% E6% 88% B712527.3% E4% B8% 87% E6% 88% B7% E3% 80% 82.

在积极推行简政放权改革的同时，为了进一步扩大开放水平，各地也在积极推动自由贸易区的建立。2023 年 11 月 1 日，全国第 22 个自贸试验区，也是中国西北沿边地区首个自由贸易试验区——中国（新疆）自由贸易试验区正式揭牌。十年来，中国自贸试验区建设从上海起步，布局逐步完善，已先后 7 轮在全国范围内设立了 22 个自贸试验区，形成了覆盖东西南北中，统筹沿海、内陆、沿边的改革开放创新格局。此外，海关总署 2014 年新修订的《中华人民共和国海关报关单位注册登记管理规定》简化了对报关企业标准、报关材料、报关人员等方面的要求，大幅减少了对出口企业的微观干预。自贸区的建立和海关手续的简化，以及与之相伴随的税收、外汇、投资准入和货物贸易便利化等方面实施优惠政策，对进一步降低出口的成本，激发企业的出口动力，扩大开放水平具有重要的意义。简政放权会降低企业的行业进入壁垒，促使更多的企业进入市场参与竞争，自贸区的推广以及与之相伴随的政策，将会降低企业的出口成本。这些政策通过什么渠道对经济产生影响，产生多大的影响，造成的影响与哪些因素有关？新常态下中国经济要从要素驱动、投资驱动转向创新驱动，这些政策能否激发创新，带来生产率的上升，实现经济增长方式的转变？对此一直缺乏细致的讨论。

基于上面的分析，可以看到简政放权和降低出口成本归根结底都是降低进入壁垒，一个是降低进入行业的壁垒，另一个是降低进入出口市场的壁垒。要分析进入壁垒的下降，就必须在模型中刻画企业的进退出行为；而不同的企业由于生产率不同，生产决策存在较大的差异，企业的异质性也是必须考虑的因素。对此，本章将梅里兹（Melitz，2003）异质性企业的模型推广到宏观模型中，建立了一个内生化企业进入选择的动态随机一般均衡（DSGE）模型。模型中存在大量的异质性企业，每个企业一方面面临是否进入市场的选择，另一方面还面临出口还是内销的选择。企业进入行业需要面临行业进入壁垒，进入该行业后选择出口又面临出口成本。在这样的设定框架下，一方面可以分析降低行业进入壁垒和降低出口成本影响经济的渠道，以及产生影响的大小，也可以对两项改革效果进行对比；另一方面，在该异质性模型中，既可以讨论进入壁垒的下降如何影响生产率，还可以分析生产率的变动通过什么渠道影响了其他经济变量。外部的冲击会导致企业的进退出行为，进而对现存企业的整体生产率产生影响，而企业生产率的变动是决定其他经济变量的重要指标。

具体而言，本章在梅里兹（Melitz，2003）基础上建立了一个动态随机一般均衡（DSGE）的小国开放模型，内生化企业进入行为和出口选择。将进入壁垒分成行业进入壁垒和出口壁垒两种，分别讨论了它们的变化对企业数目、生产效率以及产出、贸易余额等变量的影响，并将这两个冲击标准化，从定量的角度比较两者对社会福利的影响。本章发现行业进入壁垒下降带来了企业数目和出口企业数目的增加，加剧了企业之间的竞争，提高了出口企业的平均生产效率，增加了消费和总产出，并且进入壁垒下降对于生产效率分布更分散的行业福利改善更大；而出口壁垒的下降同样也带来了企业数目和出口企业数目的增加，提高了消费和总产出水平，不同的是降低了出口企业的平均生产效率，出口壁垒下降对于生产效率分布更集中的行业福利改善更大。此外，将进入壁垒下降和出口壁垒下降大小标准化后发现，进入壁垒冲击带来的工资水平、贸易余额、消费和产出增加幅度都大于出口壁垒下降。进入壁垒下降在福利改善方面要优于出口壁垒下降，这在企业生产效率分布较为分散时更加明显。

本章余下部分的安排如下，4.2 节为进入壁垒相关研究综述，4.3 节为理论模型框架，4.4 节为校准参数，4.5 节对模型机制进行初步分析，4.6 节为脉冲分析，4.7 节为本章小结。

4.2　进入壁垒的相关研究综述

进入壁垒是由贝恩（1956）首次定义，是产业组织学中的一个重要概念，主要指由于产业产品的技术特性和消费者的需求特点以及外部的政策法律环境所产生的对在位企业有利而对潜在进入企业不利的因素，主要包括规模经济、产品差别化、绝对成本优势等。其中，有些阻止进入因素属于政策性壁垒，如行政性的市场准入制度、规制政策壁垒，法律性壁垒如《专利法》。

对进入壁垒的研究，产业组织主要是从进入壁垒的来源（李太勇，1998）、进入壁垒的测量（李平和于雷，2007）以及在位者的进入壁垒策略选择（陈义国和马志勇，2010）进行分析。其中，一部分研究从定性角度进行分析，例如耿弘（2004）从绝对成本优势壁垒、产品差别壁垒、政府管制进入壁垒和策略性壁垒四个不同层面，考察全球化条件下中国企业竞争战略选择。更多的研究则是从实证角度进行分析进入壁垒对市场结构、企业进入退出行为选择、创新行为以及生产效率的影响。夏纪军和王磊（2015）利用 1998 ~ 2007 年中国工业企业数据库研究了沉没成本和以国有经济比重度量的行政性进入壁垒，对市场结构和生产率的影响机制。该研究发现沉没成本和行政性进入壁垒的降低显著提高了行业生产率，同时行业沉没成本的降低提高了市场竞争性，降低了市场集中度，但行政性进入壁垒对市场结构的影响并不显著。陈林和朱卫平（2011）以国有经济比重大小为标准进行分组样本回归发现，在不同的进入壁垒下，创新和市场结构关系也不同。杨天宇和张蕾（2009）利用我国 2004 年全国经济普查数据研究进入壁垒对企业进入和退出行为的影响，发现国有经济比重对企业进入有显著的阻碍作用，同时国有经济比重对企业退出有显著正效应。埃德尔瓦尔、肖特和魏（Khandelwal, Schott and Wei, 2016）发现中国加入 WTO 前纺织品行业存在种种限制，而加入 WTO、纺织品配额取消后，大量的新企业进入该行业，由此带来的产品价格下降在提升整个行业的出口竞争力的同时，也将低效率的企业挤出市场，带来了整个行业的生产率提高和出口额的上升。

同时，也有一部分文献从行政审批中心的建立角度出发，研究行政审批中心建立带来的进入壁垒减弱效应对经济主体的影响。夏杰长和刘诚（2017）研究发现，行政审批改革可以通过减少企业交易费用而促进经济增长。毕青苗等（2018）研究发现，当行政审批改革降低企业的制度性成本时，不仅有利于新企业的市场进入，而且有利于在位企业的成长。这表明减少市场壁垒，如简化行政审批流程，可以为新企业进入市场提供便利，同时也有助于已在市场上的企业发展壮大。王璐等（2020）研究发现，行政审批中心的设立通过加剧企业进入退出，加速市场竞争，减弱市场壁垒，创造更为竞争性的市场环境，促使企业降低价格加成水平。王永进和冯笑（2018）研究发现，行政审批中心的建立降低了企业的制度性交易成本，从而促进企业进行研发和技术创新。

另一方面，也有文献研究营商环境优化带来的进入壁垒减弱效应对市场经济主体的影响。张菀洺和杨广钊（2022）研究表明，改善营商环境能够通过打破寻租机制，降低市场壁垒，从而提升市场运营效率和企业活力。姚博等（2024）研究发现，较弱的进入壁垒能够显著增强营商环境改善对企业定价能力的抑制作用，降低企业定价能力，促使更多企业进入市场。这种竞争加剧不仅压缩了高加成率企业的空间，还促进了资源的更有效配置和行业效率的提升。

上述这些研究主要是从定性和实证分析的角度进行分析，从理论模型的角度分析进入壁垒的影响的研究相对较少。其中夏纪军和王磊（2015）建立了一个简单的局部均衡模型研究发现，沉没成本越高，行业内生产率差异程度越大，行业整体生产率水平越低。类似地，姚博等（2024）基于异质性企业加成率模型研究发现，随着营商环境的优化吸引更多企业参与市场竞争，若市场中存在较高的行业壁垒和进入成本，以及现有企业拥有显著的先发优势，那么营商环境对于企业定价能力的限制作用将被削弱。但是上述研究只能进行比较静态分析，无法从定量和一般均衡的角度给出各个变量的动态过程。

正如这些实证和理论模型都提到的，降低壁垒意味着更多的企业进入，企业进退出行为是研究进入壁垒必须要考虑的问题。有的企业选择进入，有的企业无法进入市场，这说明企业之间是不同的，存在异质性。而传统的代表性企业理论模型无法考虑企业的自由进入行为和企业异质性特征，在分析进入壁垒等问题时存在瓶颈。正如范特克拉（Feentra，2014）指出的，异质性企业模型能够探讨产品多样性，而产品多样性的增加具有重要的福利利得，具体表现在带来了可消费产品的增加，由于商品增多竞争效应加强又会降低产品的价格加成，进而通过自我选择效应将效率低的企业挤出市场，而这些传导机制和利得在之前的宏观模型中都缺乏讨论。

4.3 理 论 模 型

本章建立了一个小国开放模型，模型由消费者和生产企业两个经济主体构成，其中生产企业包括两类企业：一类是只服务国内需求的非出口企业，另一类是同时服务国内需求和国外需求的出口企业。企业首先选择是否需要进入该行业，如果选择进入该行业，那么它需要支付一定的进入成本。进入该行业后，企业根据自身生产效率再决定是否出口，如果出口还需支付一定的出口成本。消费者是企业的所有者，一方面投资建新厂获得企业的利润，另一方面向企业提供劳动力获得工资收入。消费者的消费由国内企业生产的商品和进口的国外商品复合而成。值得注意的是，新进入的企业和在位的企业生产率不同，企业间存在异质性。模型的经济结构如图 4-1 所示。

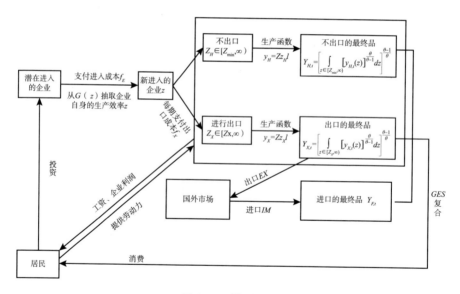

图 4-1　模型结构

4.3.1　企业

每个企业生产的商品存在差异，企业 $\omega \in \Omega$ 的生产函数为：

$$y_t(\omega) = Z_t z(\omega) l_t \tag{4.1}$$

其中，Z_t 是社会整体技术水平，$z(\omega)$ 是企业自身的生产技术水平，不同企业的技术水平 $z(\omega)$ 不同。企业生产的边际成本为 $\dfrac{w_t}{Z_t z(\omega)}$，其中 $w_t = W_t/P_t$ 为实际工资。

新的企业进入行业时，需要支付 $f_{E,t}$ 单位行业进入成本[①]。进入成本由国内商品、出口商品和进口商品三者以 C. E. S. 形式复合而成。具体形式如下：

$$Y_{FE,t} = (a_1 Y_{H,t}^{(\gamma-1)/\gamma} + a_2 Y_{X,t}^{(\gamma-1)/\gamma} + a_3 Y_{F,t}^{(\gamma-1)/\gamma})^{\gamma/(1-\gamma)}, \quad \text{其中 } a_1 + a_2 + a_3 = 1 \tag{4.2}$$

进而单位进入成本的价格为：

$$P_{FE,t} = [a_1 P_{H,t}^{1-\gamma} + a_2 P_{X,t}^{1-\gamma} + a_3 P_{F,t}^{1-\gamma}]^{1/(1-\gamma)} \tag{4.3}$$

其中，$P_{H,t}$、$P_{X,t}$、$P_{F,t}$ 分别为国内非出口的最终商品、国内出口的最终商品和从国外进口的最终商品的名义价格水平，a_1、a_2 和 a_3 是三种商品的复合比例，γ 是三种商品间的替代弹性。企业进入行业需要支付实际固定成本为 $f_{E,t} P_{FE,t}/P_t$（以消费 C 的一揽子商品作为计量单位），其中 $f_{E,t}$ 衡量了进入成本的高低，也意味着企业进入的难易程度。

与梅里兹（Melitz，2003）和比尔比耶、吉罗尼和梅里兹（Bilbiie, Ghironi and Melitz，2012）的设定一样，新进入的企业支付了进入成本后，发现企业生产率为 z，其中 z 的概率分布为 $G(z)$，$z \in [z_{\min}, \infty]$，$G(z)$ 也代表着所有进行生产的企业的生产效率分布。企业获得自身技术水平 z 后，将一直保持自身技术水平 z 进行生产，直至遇到外生冲击退出市场。

企业进入市场后生产的商品只能服务于国内市场，各个企业生产的商品以 C. E. S. 复合形式打包形成国内商品的最终品 $Y_{H,t}$ 进行销售，即

$$Y_{H,t} = \left[\int_{\omega \in \Omega} [y_{H,t}(\omega)]^{\frac{\theta-1}{\theta}} \mathrm{d}\omega \right]^{\frac{\theta-1}{\theta}} \tag{4.4}$$

其中，θ 是不同企业生产的商品间的替代弹性，从而国内商品的价格水

[①] 这里的进入成本 $f_{E,t}$ 主要包含两部分：一部分是制度成本，包含获得进入行业许可证等，代表着政府的管制程度；另一部分是建立新厂的固定投入等其他沉没成本。

平和单个商品的需求函数为

$$P_{H,t} = \left[\int_{\omega \in \Omega} P_{H,t}(\omega)^{1-\theta} d\omega \right]^{1/(1-\theta)} \tag{4.5}$$

$$y_{H,t}(\omega) = \frac{\partial P_{H,t}}{\partial P_{H,t}(\omega)} Y_{H,t} = \left(\frac{P_{H,t}(\omega)}{P_{H,t}} \right)^{-\theta} Y_{H,t} \tag{4.6}$$

由于不同企业生产的商品存在差异，每个企业都具有一定的市场垄断力，可以获得正的垄断利润。通过最大化企业利润，可以得到企业 ω 的最优定价为其边际成本的价格加成，即

$$P_{H,t}(\omega) = \mu_t W_t / (Z_t z) \tag{4.7}$$

其中，μ_t 是价格加成。由于最终商品以 C. E. S. 函数形式复合，可求得商品 ω 的价格加成为

$$\mu_t = \frac{1}{1 + \frac{\partial P_{H,t}(\omega)}{\partial y_{H,t}(\omega)} \frac{y_{H,t}(\omega)}{P_{H,t}(\omega)}} = \frac{1}{1 - \frac{1}{\theta}} = \frac{\theta}{\theta - 1} \tag{4.8}$$

进而，企业 ω 生产的非出口商品获得的利润[1]可以表示为

$$d_{H,t}(\omega) = \frac{1}{\theta} \left(\frac{P_{H,t}(\omega)}{P_{H,t}} \right)^{1-\theta} Y_{H,t} \frac{P_{H,t}}{P_t} \tag{4.9}$$

此外，企业根据生产率 z 进行生产，同时企业还可以选择是否出口。如果企业选择出口，则每期需要额外支付 $f_{X,t}$ 单位出口固定成本[2]。其中出口成本为：

$$Y_{FX,t} = (b_1 Y_{H,t}^{(\gamma-1)/\gamma} + b_2 Y_{X,t}^{(\gamma-1)/\gamma} + b_3 Y_{F,t}^{(\gamma-1)/\gamma})^{\gamma/(1-\gamma)}, \quad b_1 + b_2 + b_3 = 1 \tag{4.10}$$

对应的价格水平为

$$P_{FX,t} = [b_1 P_{H,t}^{1-\gamma} + b_2 P_{X,t}^{1-\gamma} + b_3 P_{F,t}^{1-\gamma}]^{1/(1-\gamma)} \tag{4.11}$$

---

[1] $d_{H,t}(\omega) = \frac{P_{H,t}(\omega)}{P_t} y_{H,t}(\omega) - \frac{w_t}{Z_t z} y_{H,t}(\omega) = \left(1 - \frac{\theta-1}{\theta} \right) \frac{P_{H,t}(\omega)}{P_t} y_{H,t}(\omega) = \frac{1}{\theta} \frac{P_{H,t}(\omega)}{P_t}$ $\left(\frac{P_{H,t}(\omega)}{P_{H,t}} \right)^{-\theta} Y_{H,t} = \frac{1}{\theta} \left(\frac{P_{H,t}(\omega)}{P_{H,t}} \right)^{1-\theta} Y_{H,t} \frac{P_{H,t}}{P_t}$

[2] 出口固定成本主要包括办理出口许可证、出口报关成本等出口相关的固定成本，这些成本可以是一次性付清的成本，也可以是每期出口都必须支付的固定成本。这里的每期支付的 $f_{X,t}$ 是出口固定成本，可以看作这些所有的出口固定成本平摊到每一期的成本，参见 Ghironi 和 Melitz（2005）。

类似国内生产的利润，我们可以计算出企业生产出口商品获得的利润为

$$d_{X,t}(\omega) = \frac{1}{\theta}\left[\frac{P_{X,t}(\omega)}{P_{X,t}}\right]^{1-\theta} Y_{X,t}\frac{P_{X,t}}{P_t} - \frac{P_{FE,t}}{P_t}f_{X,t} \tag{4.12}$$

其中，$Y_{X,t}$ 是对出口最终商品的需求总量。为了方便起见，在这里不考虑出口的冰山成本，企业 ω 出口商品价格和本国商品定价相同，即 $P_{X,t}(\omega) = P_{H,t}(\omega) = \mu_t W_t / (Z_t z)$，也可以将 $P_{X,t}(\omega)$ 理解为离岸价格，出口的最终商品的价格为

$$P_{X,t} = \left[\int_{\omega \in \Omega^{EX}} P_{X,t}(\omega)^{1-\theta}d\omega\right]^{1/(1-\theta)} \tag{4.13}$$

只有当出口利润 $d_{X,t}(\omega)$ 非负时，企业才会选择出口，所以可以得到出口企业的临界生产效率 $z_{X,t} = \inf\{z: d_{X,t} > 0\}$。假定 $z_{\min}$ 足够低，使得出口的临界生产率 $z_{X,t}$ 大于 $z_{\min}$，这样生产效率 $z \in [z_{\min}, z_{X,t}]$ 的企业只服务于国内市场，生产效率 $z \in [z_{X,t}, \infty]$ 的企业同时服务国内市场和国外市场，这部分企业的规模会随着出口企业的临界生产率 $z_{X,t}$ 的变化而变化。出口企业的临界生产率 $z_{X,t}$ 越低，现存企业中选择出口的比重就越高。记 t 期进行生产的企业数目为 N_t，出口企业数目为 $N_{X,t}$，则 $N_{X,t} = [1 - G(z_{X,t})]N_t$。

需要提到的是，企业进入行业面临的进入成本和企业选择出口所面临的出口成本存在很大的差异，具体表现为进入成本是沉没成本，企业仅在进入行业时付出，而一旦进入了行业，那么企业每期生产不再考虑，而对于出口成本，任何一期企业只要出口就要支付。

参考梅里兹（Melitz，2003）的处理方法，定义所有进行生产的企业的平均自身生产率 $\tilde{z}$ 和所有出口企业的平均生产率 $\tilde{z}_{X,t}$[①]：

$$\tilde{z} \equiv \left[\int_{z_{\min}}^{\infty} z^{\theta-1}dG(z)\right]^{1/(\theta-1)}$$

$$\tilde{z}_{X,t} \equiv \left[\frac{1}{1 - G(z_{X,t})}\int_{z_{X,t}}^{\infty} z^{\theta-1}dG(z)\right]^{1/(\theta-1)} \tag{4.14}$$

根据平均生产率的定义，国内非出口商品的价格水平和出口商品的价格水平可以分别表示为：

---

① Melitz（2003）证明了用这样定义的平均生产率得到的宏观变量，包含了所有关于生产率 z 分布的信息。

$$P_{H,t} = \left[\int_{\omega \in \Omega} P_{H,t}(\omega)^{1-\theta} d\omega\right]^{1/(1-\theta)} = N_t^{1/(1-\theta)} \left[\int_{z_{min}}^{\infty} P_{H,t}(z)^{1-\theta} dG(z)\right]^{1/(1-\theta)}$$

$$= N_t^{1/(1-\theta)} P_{H,t}(\tilde{z}) \tag{4.15}$$

$$P_{X,t} = N_{X,t}^{1/(1-\theta)} \left[\int_{\tilde{z}_{X,t}}^{\infty} P_{X,t}(z)^{1-\theta} dG^{EX}(z)\right]^{1/(1-\theta)} = N_{X,t}^{1/(1-\theta)} P_{X,t}(\tilde{z}_{X,t})$$

观察式 (4.15) 可以看到更高的平均生产率能够降低商品的价格，同时企业数目越多，市场竞争越激烈，商品的多样性增加，价格加成下降，总的价格水平也下降。可以证明企业从国内市场获得的平均利润[①] $\tilde{d}_{H,t} \equiv d_{H,t}(\tilde{z})$ 以及从国外市场获得的平均利润 $\tilde{d}_{X,t} \equiv d_{X,t}(\tilde{z}_{X,t})$。从而企业获得的平均利润 $\tilde{d}_t = \tilde{d}_{H,t} + [1 - G(z_{X,t})] \tilde{d}_{X,t}$，其中 $1 - G(z_{X,t})$ 代表出口企业所占份额。记企业 t 期的平均价值为 $\tilde{v}_t$，企业价值等于企业未来利润的贴现值，得到

$$\tilde{v}_t = E_t \sum_{s=t+1}^{\infty} Q_{t,s} \tilde{d}_s \tag{4.16}$$

其中，$Q_{t,s}$ 是厂商利润贴现因子[②]。当企业平均价值 $\tilde{v}_t$ 大于进入成本 $f_{E,t} P_{FE,t}/P_t$ 时，企业存在超额利润，吸引新的企业进入市场。随着新企业的进入，企业数目 N_t 增加，单个企业的垄断力下降，进而每个厂商的利润下降，进入市场的吸引力下降。但只要企业价值 $\tilde{v}_t$ 大于行业进入成本 $f_{E,t} P_{FE,t}/P_t$，就会吸引新的企业进入，这个过程会一直持续，直到企业价值刚好等于行业进入固定成本。由此可以得到企业自由进入条件 (free entry condition)：

$$\tilde{v}_t = f_{E,t} P_{FE,t}/P_t \tag{4.17}$$

与梅里兹 (Melitz, 2003) 和杰罗尼和梅里兹 (Ghironi and Melitz, 2005) 的设定一样，假定外生的死亡冲击发生在每期期末，每个企业都面临着 δ 概率被强行退出市场，其中 $\delta \in (0, 1)$。新进入的企业存在一期的生产滞后，即 t 期新进入的企业到 $t+1$ 期才开始进行生产。记 t 期新进入的企业数目为 $N_{E,t}$，则 t 期进行生产的总厂商数目满足：

$$N_t = (1-\delta)(N_{t-1} + N_{E,t-1}) \tag{4.18}$$

---

① $\tilde{d}_{H,t} = \int_{z_{min}}^{\infty} d_{H,t}(z) dG(z)$，详细证明过程参见 Melitz (2003)。

② 下面通过消费者最优化行为可以求得贴现因子。

由于每个企业生产的商品不能完全替代，进行生产的企业数目越多，市场上商品种类也越多，这样企业数目 N_t 较好地刻画了商品的多样性。另外，企业数目的扩张带来了商品种类的增长，可以将这种新的企业建立和新产品的出现定义为外延扩张（extensive effect），同样地，对于出口的外延扩张也可以用 $N_{X,t}$ 衡量。

4.3.2　消费者

消费者 i 在区间 $[0, 1]$ 均匀分布。代表性消费者提供劳动，选择消费最大化终身效用 $E_s\big[\sum\limits_{t=s}^{\infty}\beta^{t-s}U(C_t, L_t)\big]$，其中 $\beta \in (0, 1)$ 是主观贴现因子。效用函数为：

$$U(C_t, L_t) = \frac{C_t^{1-\sigma}}{1-\sigma} - \chi\frac{L_t^{1+\varphi}}{1+\varphi} \tag{4.19}$$

其中，φ 衡量了劳动力的供给弹性。C_t 为消费者的总消费，由国内非出口的最终商品、国内出口的最终商品和从国外进口的最终商品三者以 C. E. S. 函数的形式复合而成：

$$C_t = (\alpha_1 C_{H,t}^{(\gamma-1)/\gamma} + \alpha_2 C_{X,t}^{(\gamma-1)/\gamma} + \alpha_3 C_{F,t}^{(\gamma-1)/\gamma})^{\gamma/(1-\gamma)}，其中 \alpha_1 + \alpha_2 + \alpha_3 = 1 \tag{4.20}$$

其中，γ 是不同商品间的替代弹性，α_1、α_2 和 α_3 分别表示三种商品的复合份额，国内的价格水平 P_t 和对国内外的最终消费品需求分别为

$$P_t = [\alpha_1 P_{H,t}^{1-\gamma} + \alpha_2 P_{X,t}^{1-\gamma} + \alpha_3 P_{F,t}^{1-\gamma}]^{1/(1-\gamma)} \tag{4.21}$$

$$Y_{H,t} = \alpha_1 (P_{H,t}/P_t)^{-\gamma} C_t \tag{4.22}$$

$$Y_{X,t} = \alpha_2 (P_{X,t}/P_t)^{-\gamma} C_t \tag{4.23}$$

$$Y_{F,t} = \alpha_3 (P_{F,t}/P_t)^{-\gamma} C_t \tag{4.24}$$

代表性消费者一方面提供劳动力 L_t，获得工资收入 $w_t L_t$；另一方面，通过持有 x_t 比例的共同基金①，获得 $N_t \tilde{d}_t x_t$ 的基金分红。此外，t 期共同基金

---

① 这里引入共同基金，主要是为了简化新建企业获得进入成本投资的渠道以及企业所有者归属问题。共同基金的运行机制为，每期将基金投资于所有企业包括新建立的企业，然后下期将所有企业的利润返还给基金持有者，基金价值等于它投资的所有企业的企业价值之和（Bilbiie, Ghironi and Melitz, 2012；Ghironi and Melitz, 2005）。

价值等于 t 期所有进行生产的企业的价值，消费者通过出售共同基金份额还可以获得收入 $\tilde{v}_t N_t x_t$。这样，消费者每期面临的预算约束为：

$$C_t + x_{t+1}\tilde{v}_t(N_t + N_{E,t}) = x_t\tilde{v}_t N_t + x_t\tilde{d}_t N_t + w_t L_t \tag{4.25}$$

代表性消费者在预算约束下最大化效用 $E_s\left[\sum\limits_{t=s}^{\infty}\beta^{t-s}U(C_t, L_t)\right]$，可得到下列一阶条件：

$$\lambda_t = C_t^{-\sigma} \tag{4.26}$$

$$\tilde{v}_t = \beta(1-\delta)E_t\left[\frac{\lambda_{t+1}}{\lambda_t}(\tilde{v}_{t+1}+\tilde{d}_{t+1})\right] \tag{4.27}$$

$$w_t\lambda_t = \chi L_t^{\varphi} \tag{4.28}$$

将共同基金持有份额的一阶条件进行迭代，可以得到企业平均价值 $\tilde{v}_t$ 与厂商利润 $\tilde{d}_t$ 间的关系式（如果不存在投机泡沫时）$\tilde{v}_t = E_t\sum\limits_{s=t+1}^{\infty}Q_{t,s}\tilde{d}_s$，其中贴现因子为

$$Q_{t,s} = [\beta(1-\delta)]^s\frac{\lambda_{t+s}}{\lambda_t} = [\beta(1-\delta)]^s\left(\frac{C_t}{C_{t+s}}\right)^{\sigma} \tag{4.29}$$

4.3.3 市场出清和均衡条件

均衡时劳动力市场出清，其中劳动力需求由生产国内消费的商品所需劳动力 $L_{H,t}$[1] 和生产出口商品所需劳动力 $L_{X,t}$[2] 两部分构成，它们分别满足：

$$L_{H,t} = N_t l_t(\tilde{z}) = (\theta-1)(\tilde{d}_{H,t}/w_t)N_t \tag{4.30}$$

$$L_{X,t} = N_{X,t} l_t(\tilde{z}_{X,t}) = (\theta-1)\left[\frac{\tilde{d}_{X,t}}{w_t}+\frac{f_{X,t}}{Z_t}\right]N_{X,t} \tag{4.31}$$

将两部分劳动力需求加总可到劳动总需求，均衡时劳动力供给等于劳动力需求即

$$L_t = L_{H,t} + L_{X,t} = (\theta-1)\frac{\tilde{d}_{H,t}}{w_t}N_t + (\theta-1)\left[\frac{\tilde{d}_{X,t}}{w_t}+\frac{f_{X,t}}{Z_t}\right]N_{X,t} \tag{4.32}$$

由于消费者 i 在区间 $[0, 1]$ 均匀分布，将所有消费者的消费加总得到

---

① 具体计算过程参见附录3。
② 具体计算过程参见附录4。

的总消费 C_t 和单个居民的消费相同。此外，每期所有消费者持有的共同基金份额加总起来总量为 1。所以将每个消费者的预算约束加总可以得到整个经济的资源约束：

$$C_t + N_{E,t}\tilde{v}_t = w_t L_t + N_t \tilde{d}_t \tag{4.33}$$

式（4.33）左边消费 C_t 与新厂商的建立投资 $N_{E,t}\tilde{v}_t$ 的和代表了整个经济体的总支出。式（4.33）右边代表经济体的总收入，由工资收入 $w_t L_t$ 和企业利润分红 $N_t \tilde{d}_t$ 组成。

国外对本国出口的最终商品需求为 EX_t，假定 $EX_t = \left(\dfrac{P_{X,t}}{P_{F,t}}\right)^{-\xi} ex_t$，其中 $\xi \geqslant 0$，$P_{F,t}$ 为国外商品价格水平，ex_t 为外生冲击。当 $\xi = 0$ 时，说明出口商品数量 EX_t 不随着出口商品价格的变化而变化，出口数量固定，可以理解为出口配额情形。当 $\xi > 0$ 时，出口商品总量 EX_t 会随着出口相对价格下降而增加，出口商品数量增加的幅度和出口弹性 ξ 相关。

出口企业生产的商品需求主要来自国外市场和国内市场，均衡时出口商品需求等于产出，即

$$Y_{X,t} = EX_t + Y_{FE,t}^X + Y_{FX,t}^X + Y_{C,t}^X \tag{4.34}$$

其中，$Y_{FE,t}^X$、$Y_{FX,t}^X$、$Y_{C,t}^X$ 分别为进入成本、出口成本和消费中对出口商品的需求。其中

$$Y_{FE,t}^X = \left(\frac{P_{X,t}}{P_{FE,t}}\right)^{-\gamma} a_2 FE_t = \left(\frac{P_{X,t}}{P_{FE,t}}\right)^{-\gamma} a_2 N_{E,t} f_{E,t} \tag{4.35}$$

$$Y_{FX,t}^X = \left(\frac{P_{X,t}}{P_{FX,t}}\right)^{-\gamma} b_2 FX_t = \left(\frac{P_{X,t}}{P_{FX,t}}\right)^{-\gamma} b_2 N_{X,t} f_{X,t} \tag{4.36}$$

$$Y_{C,t}^X = \left(\frac{P_{X,t}}{P_t}\right)^{-\gamma} \alpha_2 C_t \tag{4.37}$$

类似，也可以得到国内非出口的商品市场和从国外进口的商品市场均衡条件

$$Y_{H,t} = Y_{FE,t}^H + Y_{FX,t}^H + Y_{C,t}^H = \left(\frac{P_{H,t}}{P_{FE,t}}\right)^{-\gamma} a_1 N_{E,t} f_{E,t} + \left(\frac{P_{H,t}}{P_{FX,t}}\right)^{-\gamma} b_1 N_{X,t} f_{X,t} + \left(\frac{P_{H,t}}{P_t}\right)^{-\gamma} \alpha_1 C_t$$

$$\tag{4.38}$$

$$Y_{F,t} = Y_{FE,t}^F + Y_{FX,t}^F + Y_{C,t}^F = \left(\frac{P_{F,t}}{P_{FE,t}}\right)^{-\gamma} a_3 N_{E,t} f_{E,t} + \left(\frac{P_{F,t}}{P_{FX,t}}\right)^{-\gamma} b_3 N_{X,t} f_{X,t} + \left(\frac{P_{F,t}}{P_t}\right)^{-\gamma} \alpha_3 C_t$$

$$(4.39)$$

最后，为了方便分析，定义出口额 $Ex_t = Y_{X,t}\dfrac{P_{X,t}}{P_t}$，进口额 $\mathrm{Im}_t = Y_{F,t}\dfrac{P_t^F}{P_t}$，

贸易余额 $TB_t = Ex_t - \mathrm{Im}_t$，总产出 $Y_t = \dfrac{P_{H,t}}{P_t}Y_{H,t} + \dfrac{P_{X,t}}{P_t}Y_{X,t}$。

由于本章模型价格是完全弹性的，将所有价格用总消费的价格 P_t 进行

标准化，记 $\rho_{H,t} = \dfrac{P_{H,t}}{P_t}$，$\rho_{X,t} = \dfrac{P_{X,t}}{P_t}$，$\rho_{F,t} = \dfrac{P_{F,t}}{P_t}$，$\rho_{FE,t} = \dfrac{P_{FE,t}}{P_t}$，$\rho_{FX,t} = \dfrac{P_{FX,t}}{P_t}$。整

个模型系统中主要包括 23 个内生变量：$\rho_{H,t}$，$\rho_{X,t}$，$\rho_{F,t}$，$\rho_{FE,t}$，$\rho_{FX,t}$，$\tilde{v}_t$，$\tilde{d}_t$，

$\tilde{d}_{X,t}$，$\tilde{d}_{H,t}$，N_t，$N_{X,t}$，$N_{E,t}$，$\tilde{z}_{X,t}$，w_t，L_t，Ex_t，Im_t，TB_t，Y_t，$Y_{H,t}$，$Y_{X,t}$，

$Y_{F,t}$，C_t；以及 4 个外生变量：Z_t，ex_t，$f_{E,t}$，$f_{X,t}$。

4.4 参 数 校 准

本章根据乌利希（Uhlig，1995）方法对模型进行对数线性化，并对模型中的参数进行赋值，运用 Matlab 软件进行数值模拟。本章是在一个小国开放的动态随机一般均衡框架下，将梅里兹（Melitz，2003）模型动态化，考虑了企业异质性和企业的进退出行为，分析在进入成本下降和出口固定成本下降冲击下，出口企业生产效率、产出和贸易余额等经济变量的变化。因此，在参数校准时主要参考梅里兹（Melitz，2003）、比尔比耶、吉罗尼和梅里兹（Bilbiie，Ghironi and Melitz，2012）、吉罗尼和梅里兹（Ghironi and Melitz，2005）等关于企业进入行为以及异质性企业出口行为的参数设定。

对于主观贴现率季度值 β 我们取 0.99，消费者的风险厌恶系数 σ 取 2，劳动供给弹性 φ 取 1，消费者效用函数中劳动的系数 χ 取 1。不失一般性，假定消费中三种商品间的复合份额相等均为 1/3，将国内非出口的商品、出口的商品和从国外进口的商品之间的替代弹性 γ 取 0.5。假定进入成本和出口成本中商品的复合形式相同，主要由国内非出口商品和出口商品以 1/2 的比例复合而成，商品之间的替代弹性仍然为 0.5，出口的价格弹性 ξ 取 0.6

（Gertler，Gilchrist and Natalucci，2007）。

对于企业自身生产效率 z 分布 $G(z)$ 的参数 k 和各个企业间生产的商品间替代弹性 θ，谢和奥萨（Hsieh and Ossa，2011）对中国各个行业分析进行了估计，生产效率分布集中度参数 k 取值范围在 $0.8 \sim 24$，θ 取值范围在 $1.7 \sim 19.5$，这两个参数均值分别为 $k = 7.9$，$\theta = 7.4$。本章在基准模型中取 k 取 6.5，θ 取 6，从而企业定价的价格加成为 $\mu = \theta/(\theta - 1) = 1.2$，也就是企业利润为边际成本的 20%[①]。此外，根据对 1998 ~ 2007 年的工业企业数据库数据整理得到，出口企业占比在 25% 左右浮动（Lu，2010；陈勇兵、陈宇媚和周世民，2012）。为此，将均衡时出口企业占比 N_X/N_H 校准为 25%。由于模型中不存在资本，企业的外生退出概率相当于就是资本折旧率，与吉罗尼和梅里兹（Ghironi and Melitz，2005）等一样，将企业外生退出概率 δ 取 0.025。

出口成本 f_X 取值会随着其他参数的变化而变化，为了保证出口企业占比 N_X/N_H 均衡值为 0.25，出口成本 f_X 取 0.043。在数值模拟中，对企业生产效率分布集中度参数 k 还进行了稳健性检验，主要的参数取值见表 4-1。

表 4-1　　　　　　　　　　基准模型主要参数赋值

参数	β	σ	φ	χ	γ	ξ	α_1	α_2	α_3	a_1	a_2	a_3
赋值	0.99	2	1	1	0.5	0.6	1/3	1/3	1/3	0.5	0.5	0
参数	b_1	b_2	b_3	ξ	θ	k	δ	N_X/N_H	Z	z_{min}	f_E	f_X
赋值	0.5	0.5	0	0.6	6	6.5	0.025	0.25	1	1	1	0.043

4.5　进入壁垒与生产率波动的初步讨论

模型中进入壁垒对企业数量和生产率变动的影响起到了至关重要的作

[①] 值得注意的是，在模型中企业一旦支付进入成本进行生产后，在生产过程中没有固定成本，$\theta/(\theta-1)$ 其实衡量的是边际成本和平均成本上的加成，20% 的毛利润率是比较合理的。当然，本章和 Bilbiie，Ghironi 和 Melitz（2012），Ghironi 和 Melitz（2005）模型保持一致，将参数 θ 设为 3.8，也不影响本章模型的主要结论，$\theta = 6$ 更接近现实。

用，为了给下面的数值模拟的脉冲分析提供一个分析基础，本节对进入壁垒与生产率分布作用机制进行简单直观的论述。

参考之前学者（Hsieh and Ossa，2011；Ghironi and Melitz，2005）的研究，假定企业生产率 z 概率分布为帕累托分布，即 $G(z) = 1 - (z_{\min}/z)^k$，对应的概率密度函数为

$$g(z) = \begin{cases} \dfrac{k}{z}\left(\dfrac{z_{\min}}{z}\right)^k & z \geqslant z_{\min} \\ 0 & z < z_{\min} \end{cases}$$

其中，k 代表生产效率 z 分布的离散程度，k 越大意味着企业生产效率分布越向下界 $z_{\min}$ 集中，具体见图 4-2。

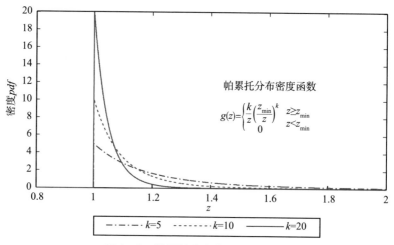

图 4-2　帕累托分布密度函数 $g(z)$

根据企业生产效率分布函数，可以计算出企业的平均生产效率和出口企业的平均生产效率为

$$\tilde{z} \equiv \left[\int_{z_{\min}}^{\infty} z^{\theta-1}\mathrm{d}G(z)\right]^{1/(\theta-1)} = \nu z_{\min} \tag{4.40}$$

$$\tilde{z}_{X,t} \equiv \left[\frac{1}{1-G(z_{X,t})}\int_{z_{X,t}}^{\infty} z^{\theta-1}\mathrm{d}G(z)\right]^{1/(\theta-1)} = \nu z_{X,t} \tag{4.41}$$

其中，$\nu \equiv \{k/[k-(\theta-1)]\}^{1/(\theta-1)}$，$k > \theta-1$。

企业进行出口的临界生产效率 $z_{X,t} = \inf\{z:\ d_{X,t} > 0\}$，即出口的零利润条件

$$d_{X,t}(z_{X,t}) = \frac{1}{\theta}\left[\frac{P_{X,t}(z_{X,t})}{P_{X,t}}\right]^{1-\theta} Y_{X,t}\frac{P_{X,t}}{P_t} - \frac{P_{FE,t}}{P_t}f_{X,t} = 0 \qquad (4.42)$$

而且 $\dfrac{P_{X,t}(\tilde{z}_{X,t})}{P_{X,t}(z_{X,t})} = \dfrac{z_{X,t}}{\tilde{z}_{X,t}} = \dfrac{1}{\nu}$，从而可以计算得到出口企业的平均利润为[①]

$$\tilde{d}_{X,t} = d_{X,t}(\tilde{z}_{X,t}) = (\nu^{\theta-1} - 1)\frac{P_{FE,t}}{P_t}f_{X,t} \qquad (4.43)$$

在下面主要分析行业进入成本和出口成本两种进入壁垒对经济波动的影响。正如前文提到的，这两种壁垒存在一定的差异，具体表现为行业进入成本仅在企业进入行业时支出，而对于出口成本企业无论哪一期，只要出口就要支付。这样的差异决定了其在模型传导中的路径不同。

对于行业进入成本冲击，进入成本的下降降低了企业的进入门槛，会使得更多的企业进入，而更多企业会加剧市场的竞争程度，由此带来价格加成下降，导致价格水平下降。商品价格的下降会压低市场上现存企业的利润，对于生产率较低的企业，不断下降的价格会使其无利可图，最终退出出口市场。这样会使得整个行业出口企业的平均生产率上升，观察图 4-3 可以发现生产率由 A 增加到 B，对生产率分布越集中的行业，被挤出市场淘汰的企业数目越多。而企业数目的减少，一方面降低了消费的多样性，另一方面也降低了竞争程度，减少了价格水平的下降，使得生产效率提高带来的福利改善程度下降。也就是说生产率分布越集中，进入成本带来的进入最低生产率上升所挤出的企业数目越多，福利改善幅度越少。

而对于出口成本冲击，由于其直接降低了每单位商品的出口成本，使得原来生产率较低出口无法获得利润的企业也能通过出口获得利润，降低了出口企业最低生产率的门槛，使得更多的企业出口，降低了整个出口部门的平均生产率。在该情况下，生产率分布越集中，降低一单位生产率导致的新进入企业数目越多，而更多的新进入企业一方面增加了商品的多样性，另一方面加大了市场的竞争程度，降低了企业的价格加成，改善了居民的福利。

---

① 具体的计算过程见附录 5。

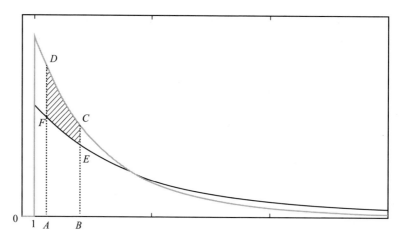

图 4 – 3   生产率帕累托分布下企业的变动

4.6   脉 冲 分 析

正如引言中提到的,简政放权以及相应行政手续的取消,降低了行业的进入门槛,与自贸区的建立和推广相伴随的优惠政策,降低了企业的出口成本。脉冲分析主要对行业进入成本下降和出口固定成本下降这两个冲击对企业生产效率、产出和贸易余额等经济变量的动态变化路径的影响进行分析。数值模拟图中横坐标是时间(季度),纵坐标是变量偏离均衡值的幅度(百分比)。

4.6.1   进入壁垒下降

本节首先分析行业进入成本 f_E 下降对经济变量的影响和传导路径,图 4 – 4 是相应的脉冲响应图。图 4 – 4 中从左至右、从上至下可以看到,企业进入成本下降,吸引了大量企业进入,使得企业数目 N_H 增加。由于进入的企业自身生产效率服从帕累托分布,新进入的企业会有一部分企业生产效率高于临界的出口生产效率,选择进行出口,出口企业 N_X 增加。而出口企业数目 N_X 增加,又加剧了出口企业之间的竞争,使得企业出口利润下降。这从出口的平均利润方程

$$\tilde{d}_{x,t} = \frac{1}{\theta}\frac{Y_{X,t}}{N_{X,t}}\rho_{X,t} - f_{X,t}\rho_{FX,t} \qquad\qquad (4.44)$$

就可以看出，出口企业数目 N_X 越多，出口利润 $\tilde{d}_x$ 越低，而出口成本 f_X 没有发生改变，这就使得原来临界出口生产效率的企业不再能从出口中获得正的利润。只有自身生产效率更高的企业选择出口，出口企业的临界生产效率 z_X 上升。根据前文的计算，出口企业的平均生产效率 $\tilde{z}_{X,t} = \nu z_{X,t}$，所以出口企业的平均生产效率 $\tilde{z}_X$ 提高。这表明企业进入成本下降，不仅会带来企业数目整体的上升，增加出口企业数目，同时也提高了出口企业的生产效率。

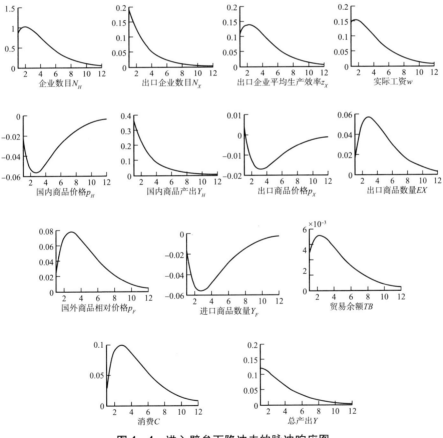

图 4-4　进入壁垒下降冲击的脉冲响应图

出口企业生产效率提高也意味着单位劳动力生产的商品增加，从而单位劳动力的回报上升，即实际工资 w 提高。从另一方面看，企业进入市场和出口分别需要支付进入成本和出口成本，大量新的企业进入市场也增加了对商品的需求，进而增加对劳动力的需求，也提高了实际工资 w。随着新进企业数目增加，国内企业数目 N_H 增加，国内企业之间竞争更加激烈，带来国内复合商品价格 ρ_H 下降。类似地，出口复合商品价格 ρ_X 也出现下降，由于出口企业数目 N_X 增加幅度小于国内企业数目 N_H 增加幅度，出口商品价格 ρ_X 下降幅度也没有国内商品价格 ρ_H 下降幅度大。国内商品价格和出口商品价格下降使得国内商品需求 Y_H 和出口商品需求 Y_X 都增加了。工资上升和物价水平的下降促使消费上升，而新进入企业带来的投资需求和出口增长也使得产出大幅上升。

企业的进入壁垒下降对于进出口又会带来哪些影响呢？本章设定的是小国开放模型，假定进口商品的名义价格 P_F 不变，进口商品的相对价格主要取决于国内的价格水平 P，价格指数方程为 $P_t = [\alpha_1 P_{H,t}^{1-\gamma} + \alpha_2 P_{X,t}^{1-\gamma} + \alpha_3 P_{F,t}^{1-\gamma}]^{1/(1-\gamma)}$，写成相对价格并进行对数线性化得到：

$$\hat{\rho}_{F,t} = -(\alpha_1 \hat{\rho}_{H,t} + \alpha_2 \hat{\rho}_{X,t})/\alpha_3 \tag{4.45}$$

由于国内商品价格 ρ_H 和出口商品价格 ρ_X 均下降，根据式（4.45），相对的进口的国外商品相对价格 ρ_F 上升。这直接导致出口数量 EX 上升，而对进口商品的需求 Y_F 呈现下降趋势，由此带来贸易余额的上升。

企业的进入壁垒下降不仅带来企业数目 N_H 和出口企业数目 N_X 增加，也推动了出口企业的平均生产效率 $\tilde{z}_X$ 提升。通过分析发现，企业生产效率分布的集中度对出口企业生产效率提高幅度有直接的影响。比较图 4-5 中各个情形可以发现，企业的生产效率分布越集中，即 k 取值越大，出口企业数目 N_X 和出口企业出口平均生产效率 $\tilde{z}_X$ 增加得越少。这主要是因为 k 越大意味着一单位生产效率的变化带来的出口企业的占比变化越大，这从出口企业占比公式 $N_{X,t}/N_t = 1 - G(z_{X,t}) = (vz_{min}/\tilde{z}_{X,t})^k$ 可以看出。进入成本降低吸引了大量的企业进入，出口企业数目也相应增加，加剧了出口企业之间的竞争，使得一部分生产效率比较低的企业退出出口市场，如果生产效率分布越集中，一单位出口企业生产效率的增加，挤出的出口企业数目也就越多，从而使得出口企业数目增加得越少。综合来看,生产效率分布越集中,出口企业数目占比增加越少,出口企业平均生产效率 $\bar{z}_X$ 和总产出 Y 增加幅度也越少。也就是说,进入壁垒下降对于生产效率分布更分散的行业带来的福利改进更大。

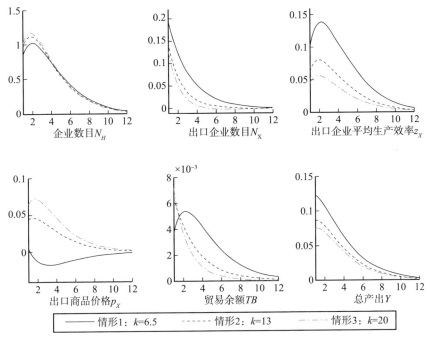

图 4–5　不同分布集中度 k 下的进入壁垒下降冲击脉冲响应图

谢和奥萨(Hsieh and Ossa,2011)利用 1995～2007 年中国工业企业数据库,根据 SITC 二位码对行业进行分类,在假定行业生产率分布为帕累托分布的基础上,估计了生产率分布情况。他发现这段时间伴随着各种行政束缚的取消,企业的进入壁垒不断下降,由此带来了各个行业技术进步率的上升。图 4–6 是其估计的生产率集中程度与生产率增长的散点图。从该趋势图可以看到,生产率分布越集中的行业,该行业生产率增长越慢,这与图 4–5 的脉冲分析结论相一致。

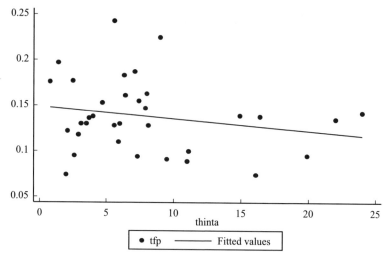

图 4 - 6 不同行业生产率集中程度与生产率增长

注：横坐标是生产率集中度，纵坐标是行业生产率增长。

4.6.2 出口成本下降

图 4 - 7 为出口成本冲击 f_X 下降的脉冲响应图，可以看到出口成本下降，使原来不能从出口获得利润的企业现在也可以从出口市场中获利，降低了出口企业的生产率门槛 z_X，也吸引了更多企业进入出口市场，出口企业数目 N_X 增加。而出口企业利润增加，也带动了更多企业进入市场，国内企业数目 N_H 增加，但是相比较于出口企业数目 N_X，国内企业数目 N_H 增加的幅度比较小。由于大量企业进入，需要大量商品支付进入成本，对商品的需求也增加了，进而增加了对劳动力的需求，带动了实际工资水平 w 的上升。根据式（4.15），由于实际工资水平上升影响比国内企业数目增加的影响更大，国内非出口商品价格 ρ_H 上升。对于出口商品而言，由于出口企业的数目增加幅度较大，出口商品价格 ρ_X 仍然是下降的。国内商品价格 ρ_H 上升，使得对国内商品的需求 Y_H 下降了。出口商品价格下降，一方面带来了出口数量 EX 增加，另一方面由于商品之间的替代效应，消费者对于出口商品的需求也增加了，这就使得出口商品的产出 Y_X 增加。整体而言，出口成本下降带来了出口企业数目 N_X 和国内数目 N_H 增加，提高了消费水平 C 和总产

出 Y，但是降低了出口企业的生产效率 $\tilde{z}_X$。此外，由于出口商品价格 ρ_X 下降，进口商品的相对价格 ρ_F 上升了，进口商品需求 Y_F 下降，贸易余额 TB 上升。

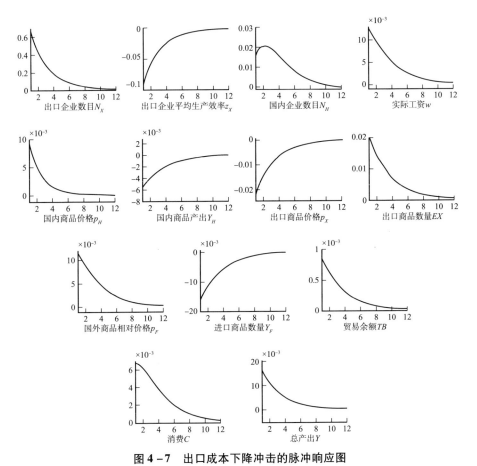

图 4 - 7　出口成本下降冲击的脉冲响应图

　　和前面进入壁垒下降冲击的分析一样，出口企业生产效率的变化幅度主要取决于企业生产效率分布。当企业生产效率分布越集中，即 k 越大，平均生产效率 $\tilde{z}_X$ 的变化幅度越小，也就是出口企业的生产效率下降的幅度更小。比较图 4 - 8 情形 1 和情形 3 可以发现，当 $k = 20$ 时，尽管出口企业的生产效率 $\tilde{z}_X$ 下降幅度较小，但生产效率下降带来出口企业的变化仍然较大，与情形 1：$k = 6.5$ 类似。由于出口企业增加的幅度差别不大，生产效率分布越集中的行业企业数目 N_H 的上升幅度越大。值得注意的是，和进入成本下降冲击不同的是，生产效率分布越集中的行业，出口企业的生产效率下降幅度越小，总产出 Y 和总消费 C 增加的幅度越大。也就是说出口成本下降对于生产效率分布更密集的行业带来的福利改善越大。

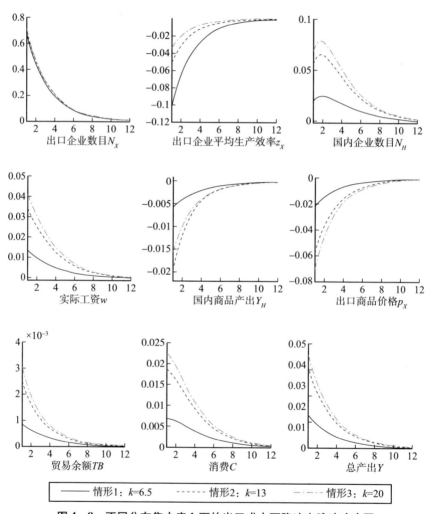

图 4-8　不同分布集中度 k 下的出口成本下降冲击脉冲响应图

4.6.3　进入成本下降和出口成本下降政策效果对比

在上面的分析中可以看到，进入成本下降和出口成本下降都带来国内企业数目 N_H、出口企业数目 N_X、工资水平 w、贸易余额 TB、消费 C 和总产出 Y 的增加，但到底哪种政策冲击带来的福利改善更大呢？在以往的研究中，对两个政策冲击影响大小的比较主要是从定性角度进行比较，具体从数量角度的比较则较少。对此，本章基于数值模拟的结论，在一般均衡的模型框架下对这两个政策冲击的福利改善大小进行初步的比较。

参考乌利希（Uhlig，2010）和费尔南德斯－比利亚韦尔德（Fernández－Villaverde，2010）的方法，在对两个冲击对经济影响进行比较之前，先将两者冲击大小进行标准化，使得两者冲击带来的总产出变化相等。具体而言，总产出可以表示为进入成本 f_E 和出口成本 f_X 的函数[①]：

$$
\begin{aligned}
Y_t = & (\rho_{H,t}^{1-\gamma}\alpha_1 C_t + \rho_{X,t}^{1-\gamma}\alpha_2 C_t) + \rho_{X,t}EX_t \\
& + \left[\left(\frac{\rho_{H,t}}{\rho_{FE,t}}\right)^{1-\gamma}a_1 + \left(\frac{\rho_{X,t}}{\rho_{FE,t}}\right)^{1-\gamma}a_2\right]\rho_{FE,t}N_{E,t}f_{E,t} \\
& + \left[\left(\frac{\rho_{H,t}}{\rho_{FX,t}}\right)^{1-\gamma}b_1 + \left(\frac{\rho_{X,t}}{\rho_{FX,t}}\right)^{1-\gamma}b_2\right]\rho_{FX,t}N_{X,t}f_{X,t} \quad (4.46)
\end{aligned}
$$

记均衡时

$$
A_1 = \left[\left(\frac{\rho_H}{\rho_{FE}}\right)^{1-\gamma}a_1 + \left(\frac{\rho_X}{\rho_{FE}}\right)^{1-\gamma}a_2\right]\rho_{FE}N_E f_E ;
$$

$$
A_2 = \left[\left(\frac{\rho_H}{\rho_{FE}}\right)^{1-\gamma}b_1 + \left(\frac{\rho_X}{\rho_{FE}}\right)^{1-\gamma}b_2\right]\rho_{FX}N_X f_X
$$

模拟时进入成本 f_E 冲击发生 1 个百分比的变化，出口成本 f_X 发生 A_1/A_2 个百分比变化，使得进入成本 f_E 冲击和出口成本 f_X 冲击在初始对总产出的影响相同。

通过图 4-9 可以看到，不同冲击下，相应变量的反应与冲击带来的企业数目变化直接相关。由于进入成本 f_E 直接降低企业的进入门槛，冲击带

[①]　具体计算过程见附录6。

来的企业数目 N_H 增加幅度较大；而出口成本 f_X 下降冲击只是直接对出口企业和出口企业的数目产生影响，导致企业数目 N_H 的变动相对有限。更多的企业提高了市场上商品的多样性，同时更多的企业参与竞争也使得企业垄断力下降，导致价格加成下降，从而进一步将生产率低的企业挤出市场，这又会对其他经济变量产生影响。

具体而言，两种冲击对出口企业的生产效率 $\tilde{z}_X$ 的影响是完全不同的。进入成本下降冲击通过加剧出口企业之间的竞争使得出口企业生产效率 $\tilde{z}_X$ 上升；而出口成本下降冲击，则通过降低出口的门槛使得出口企业生产效率 $\tilde{z}_X$ 下降。由于进入成本下降冲击带来了出口企业生产效率 $\tilde{z}_X$ 的上升，这也进一步使得实际工资水平 w 上升，所以也看到进入成本下降冲击带来的实际工资上升幅度远大于出口成本下降冲击带来的实际工资水平上升幅度。由于国内企业数目、出口企业数目和实际工资水平变化幅度不同，也带来了商品价格的不同变化。对于进入成本下降冲击而言，国内企业数目 N_H 增加幅度更大，国内商品价格 ρ_H 下降幅度也大，而对于出口成本下降冲击而言，出口商品价格 ρ_X 下降幅度更大。非出口商品和出口商品价格变化的不同，通过商品之间的替代效应，也导致了非出口商品和出口商品的需求变化的不同。由于进入成本 f_E 下降，使得更多的企业进入市场，直接导致投资大幅增加，产出上升；同时更多企业竞争带来的价格水平下降，提高了居民的购买力，带来了消费支出的上升。整体而言，进入成本下降冲击对于经济福利的改进更大。

如果企业的生产效率分布密集度不同，这两种冲击的影响会不会发生变化呢？为此，取不同生产消费分布密集度 k 进行对比分析，通过比较图 4-9（k 取 6.5）和图 4-10（k 取 20），我们发现变化方向并没发生改变，进入成本下降冲击带来的工资水平、贸易余额、消费和产出增加幅度都大于出口成本下降带来的福利改进。无论生产效率分布密集与否，进入成本下降带来的福利改进都优于出口成本下降冲击带来的福利改进。

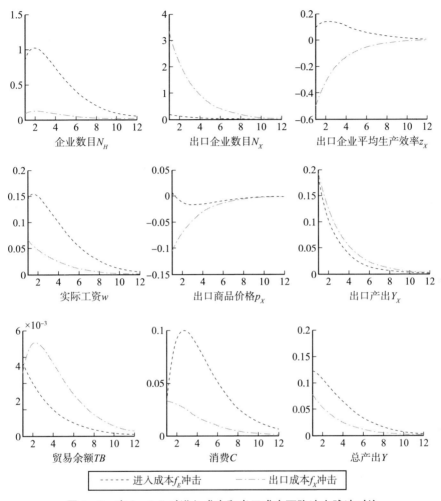

图 4-9　当 $k=6.5$ 时进入成本和出口成本下降冲击脉冲对比

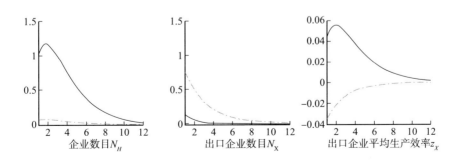

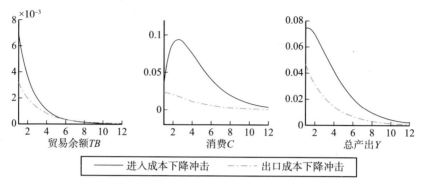

图 4-10　当 $k=20$ 时进入成本和出口成本下降冲击脉冲对比

4.7　本章小结

本章在梅里兹（Melitz，2003）模型的基础上，建立了一个小国开放的动态随机一般均衡模型，考虑了企业异质性并内生化企业进入选择，分析了进入成本下降和出口成本下降对企业数目、出口企业生产效率和总产出等重要经济变量的影响路径和作用效果。研究发现，进入成本下降会带来企业总数和出口企业数目增加，并提高出口企业的生产效率，由此带来总产出 Y、总消费 C 和贸易余额的上升，上升的多少与该行业的生产率分布直接相关。具体而言，生产率分布越分散，生产率上升挤出的企业越少，对其他变量带来的正面影响越大。不同的是，出口成本下降降低了出口的门槛，降低了出口企业的生产效率。出口成本下降也带来出口企业数目、总产出 Y、总消费 C 和贸易余额的上升，上升的多少同样与该行业的生产率分布相关。具体而言，生产率分布越集中，生产率下降导致新进入企业越多，带来的竞争效应和多样性越强，福利改进越大。另外，本章还将进入成本冲击和出口成本冲击标准化，比较分析了进入成本冲击和出口成本冲击对社会福利改进的大小，发现进入成本下降冲击在增加商品多样性、提高工资水平、消费和产出等方面都明显优于出口成本下降冲击。

与之前的研究相比，本章的创新之处主要表现在以下几个方面。首先是将梅里兹（Melitz，2003）拓展为一个跨期选择的小国开放动态随机一般均衡（DSGE）模型，将企业进退出行为内生化，并引入了异质性和产品多样性，为此类问题的探讨提供了参考。其次，简政放权和自贸区的推广，能否激发创新活力，推动技术进步一直是政策和学术界关心的重要问题，本章在一个动态一般均衡的框架下分析进入壁垒和出口壁垒的下降对生产率等重要经济变量的影响，这具有一定的现实意义。再次，产品的多样性是消费和产出的重要内容，本章在模型中引入异质性企业和产品多样性，分析了产品多样性所带来的可消费的产品的增加以及产品的价格加成和企业生产率自我选择效应在经济波动中的作用。最后一个需要提到的是，生产率的变动在经济波动和生产中都扮演了重要的角色，而众多的 DSGE 模型都将生产率变动设定成外生冲击，而本章则将其内生化，并直接讨论其在经济波动中的作用。

需要指出的是，本章模型是在价格完全弹性的基础下进行分析研究，还可以引入价格粘性，进一步分析货币政策和财政税收政策对经济的影响。此外，本章主要是从理论角度进行分析，缺乏实证分析，收集数据对理论模型进行更充分和细致的实证研究将会是一项非常有意义的工作。

第5章

房价波动与社会福利：基于
内生化企业进入模型的分析

本章通过建立一个包含房地产部门和非房地产部门的两部门 DSGE 模型，分析了在内生化企业进入选择情况下，房价波动如何影响新企业的进入以及社会福利。研究发现，外部冲击导致的房价波动通过改变企业进入成本，对企业的进入决策产生影响，进而改变商品的多样性和总产出，对社会福利造成影响。不同冲击对社会福利的影响大小与房价对企业进入成本的传递程度和房地产部门占经济中的比重直接相关，特别是当房价对企业进入成本的传递程度较大时，非房地产部门的技术进步冲击不但没有带来非房地产部门企业数目的增加，反而加剧了非房地产部门的垄断程度，降低了社会福利。

5.1 引　　言

房地产业在中国经济中占据着举足轻重的地位，对上下游产业链的带动效应显著，对经济和社会有着深远的影响。房地产行业作为国民经济的重要组成部分，从直接的 GDP 贡献到对各行业和企业行为都有着重要影响。从上下游产业链角度出发房地产市场的动态变化牵动着建筑业、金融业、服务业等相关行业的神经。房地产市场变动对企业的区域选择、资本投资和人力资源配置产生显著的影响。对非房地产部门而言，房地产价格还会通过影响劳动力成本、生活质量、企业生产成本等因素带动上下游产业链，对企业进入和劳动力流动产生重要影响。随着房价的波动，企业可能面临更高的运营成本，尤其是在一线城市和经济发达地区，高房价可能导致劳动力成本上升，进而影响企业的盈利能力和投资回报率。此外，房地产价格的上涨也可能带动土地成本的增加，对企业扩张和新企业的进入构成障碍。房地产价格的变化对其他行业发展以及对国民经济和社会福利的影响，一直是个备受到社会关注的问题。

对此，本章建立一个动态随机一般均衡（DSGE）模型，对房价波动影响其他部门的传导机制和社会福利损失进行研究。具体而言，本章将比尔比耶、吉罗尼和梅尼兹（Bilbiie, Ghironi and Melitz, 2012）模型拓展为一个包含房地产部门的两部门 DSGE 模型，模型中内生化企业进入选择。新企业进入生产新的商品，提高了商品多样性，增加了居民福利。同时新企业进入需要支付进入成本，购买土地等与房价波动直接联系在一起的生产要素。这样外部冲击带来的房价波动，直接影响了企业的进入成本，决定了企业的进入行为，进而影响部门间的资源配置和社会福利。模型研究发现，房价上升不仅会影响居民在房地产和其他消费品间的配置，同时也会提高企业的进入门槛，影响新企业的进入行为。房价通过改变企业进入门槛影响企业进入这一机制，放大了房价波动对资源配置的影响，对产出和居民福利都产生了重要影响。

本章具体分析了在非房地产部门技术进步、房地产部门技术进步、政府管制政策以及不动产总量冲击下，房价如何影响房地产部门和非房地产部门资源分配，进而影响整个经济的消费和产出的传导路径，发现在考虑企业进入选择行为后，房地产和非房地产部门技术进步、政府管制放松和不动产总量增加都会改善社会福利，但是在考虑房价对进入成本的影响后，如果冲击带来房价下降，通过房价影响企业进入行为的渠道会放大冲击对社会福利改善幅度；反之，如果冲击带来房价上升，房价影响企业进入行为的机制会缩小冲击对社会福利改善幅度。值得注意的是，在企业异质性下，企业数目决定着商品的种类，而商品种类的多样性又和居民福利直接相关。这样将企业进入行为内生化，一方面可以考察企业数目变化对居民福利的影响，另一方面可以将部门的扩张效应区分为部门企业数目变化（外延扩张）和单个企业产量变化（集约扩张）两个维度分别进行分析。

本章安排如下，5.2 节为房价波动相关文献的简单综述，5.3 节为模型框架，5.4 节对模型参数进行校准，5.5 节对非房地产部门和房地产部门技术冲击、政府管制政策冲击以及不动产总量冲击分别进行数值模拟和分析，并对关键性参数进行稳健性检验，5.6 节为本章小结。

5.2 房价波动相关文献综述

房地产行业对国民经济影响的研究，国内主要集中于实证研究。梁云芳、高铁梅和贺书平（2006）通过建立变参数模型和向量自回归模型研究发现，房地产行业投资周期长的特征使其不仅具有前向推动、后向拉动的作用，还具有侧向关联作用，可以带动众多产业的发展，从而推动经济增长。唐志军、徐会军和巴曙松（2010）分析了金融危机后我国房地产波动对于国民经济的影响，研究表明房地产投资额的波动对国内生产总值的增长率有正向的影响，对通货膨胀率的响应比较小。况伟大（2011）收集和整理了中国 35 个大中城市 1996～2008 年的家庭数据，研究发现房价对家庭住房面积和非住房消费的影响为负，且家庭住房面积对非住房消费存在挤出效应。谢洁玉等（2012）基于中国城镇住户调查数据分析，发现房价显著抑制了消费且抑制效应在不同群体间的差异明显。

还有一些研究发现房价上涨可能会通过提高劳动力成本影响企业区位布局。例如，胡草和范红忠（2017）基于中国工业企业微观数据，利用负二项回归模型考察房价对新建企业选址的影响发现，房价显著提升了新企业进入的概率，这不利于企业在地区间的合理分布。另一方面，高房价可能通过降低可支配收入、增加心理负担等方式，加速人才流出，尤其是高技能人力资本的流出。周怀康、张莉和刘善仕（2023）采用上市企业员工在线简历大数据探究发现城市房价对企业间高技能人才流动具有显著的抑制作用，在跨城市流动中主要抑制高技能人才流向更高房价城市。徐邵军和孙巍（2022）构建一般均衡模型发现房价上涨抵消了异质性劳动之间的引致集聚规模效应，并诱发了要素间的替代，形成了技能集聚地区的房价上涨，劳动力技能结构提升和资本深化的内生反馈机制。以上研究主要是实证研究，陈彦斌和邱哲圣（2011）通过建立一个包含房价高速增长、住房需求内生和生命周期特征的 Bewley 理论模型，研究发现高房价对居民储蓄、投资行为的扭曲作用使得城镇居民的福利水平普遍下降，其中中低收入阶层下降最多。

除此之外，国内有许多研究学者通过建立随机动态一般均衡模型来研究房地产部门对经济的影响，这些分析主要集中分析在考虑房地产部门后最优货币政策。王云清、朱启贵和谈正达（2013）构建了一个包含房地产部门的两部门新凯恩斯模型，发现货币政策是房地产价格波动的主要来源，最优的货币政策为温和地盯住房地产价格波动。侯成琪和龚六堂（2014）不仅考虑了房地产部门和消费部门两个部门，还考虑了异质性家庭的存在，分析得到货币政策对真实住房价格做出反应可以显著降低住房价格波动，并通过金融加速器机制降低经济波动和福利损失。但这些研究重点关注货币政策分析都没有对房地产部门影响非房地产部门的机制给出清晰的分析。康立、龚六堂和陈永伟（2013）在一个带有银行和金融摩擦的两部门模型中，对于房地产部门受到的冲击如何通过银行传导给非房地产部门的机制给出了一个说明，认为房地产部门的负向冲击使得银行资产遭受损失，进而使得银行下一期信贷总量下降，造成市场风险溢价上升，企业需要支付更高的贷款成本，从而使得非房地产部门投资和产出下降。此外，原鹏飞和冯蕾（2014）通过建立动态可计算一般均衡模型（DCGE）研究发现房价上涨刺激会带来房地产部门膨胀并显著提高经济增长率，同时，带动建筑业、重工业等行业的快速增长，但会挤占农业、轻工业和公共服务业的发展空间。

葛璐澜、李志远和柳永明（2023）构建了一个包含制造企业和地产企业的动态随机一般均衡（DSGE）模型，并引入公司债，从资本结构视角探究地产政策对企业融资和投资决策的影响。翟乃森和钟春平（2018）利用一般均衡模型研究发现房地产市场通过信贷途径、部门之间对土地竞争性需求途径放大了外生冲击对于宏观经济的影响。金海燕和王亦君（2022）构建 DSGE 模型，研究发现房价自身原因的上涨能引发小范围的人才流出，由住房需求增加引起的房价的上升不会对人才产生挤出效应，反而表现为人才吸引。王永华、雷宇和王森（2020）利用 DSGE 模型发现土地市场的供求关系是导致宏观经济波动的重要原因，土地的出让收入构成了地方政府财政主要收入来源；土地需求冲击可解释超过 50% 的投资波动，并带来消费、投资及产出的正向响应。近些年的研究还聚焦于房产税改革对经济的影响，发现房地产税政策的实施短期内对我国重要经济变量产出、投资和消费等产生不利影响（罗娜和程方楠，2022）。在长期，房产税改革对房价的"抑制效应"有利于促进经济增长（周闯和潘敏，2021）。

对于房地产部门对经济中其他变量的影响，国外学者主要关注房价波动与消费的关系，他们认为房价和消费关系可以概括成下列三种[①]：第一种观点认为房价波动主要通过财富效应（wealth effect）渠道影响消费的变化（Sousa，2008；Contreras and Nichols，2009；Veirman and Dunstan，2010）；第二种观点强调房价波动通过房地产的抵押效应（collateral effect）来影响消费（Benito and Mumtaz，2009；Iacoviello，2004，2005；Campbell and Cocco，2007）；第三种观点则从共同因素（common factors）的角度来解释房价波动和消费变动之间的相关关系（Attanasio et al.，2005；Lee，2007）。除此之外，一些学者还从房价对投资行为的影响渠道展开研究，戴维斯和希斯科特（Davis and Heathcote，2005）建立了一个包含房地产部门的多部门新古典随机增长模型，发现房价部门的引入能较好地拟合主要经济变量的协动性。伊亚科维洛和内里（Iacoviello and Neri，2010）则建立了一个包含房地产的两部门 DSGE 模型，分析了房价波动影响居民投资行为的渠道，并用美国数据赋值后发现房地产的财富效应对消费的影响随着时间不断增强。刘、王和查（Liu，Wang and Zha，2013）将土地作为一种抵押资产引入到企业的信贷约束中，考虑了土地价格波动对宏观经济波动的影响，并对导致土地价格波动的冲击来源进行了分析，发现土地价格波动带来的企业融资约束的变化，放大了经济的投资波动。

需要指出的是，房价波动不仅对消费产生影响，也对资源配置也会产生重要影响。概括起来，房地产部门对其他部门的影响表现为两个维度：一方面，企业家将过多的资源投向房地产部门，会降低对非房地产企业生产要素的投入，影响这些部门企业的产量；另一方面，土地或者不动产作

---

① 关于房地产和消费之间的研究，李亮（2010）、靳涛和丁飞（2010）有详细的综述。

为企业初始的投资成本和重要的生产要素，房价上升对它们的拉升作用提高了这些要素的价格，使得新企业的建立成本和进入门槛上升，影响了新企业的进入。

传统的宏观经济模型一般从代表性的企业出发，没有考虑企业的进退出行为。而企业进退出行为不仅是企业微观决策的重要方面，同时企业进退出会直接影响商品数量和产出变化，也是经济波动的重要特征。正如比尔比耶、吉罗尼和梅里兹（Bilbiie, Ghironi and Melitz, 2012）模型中提到的，企业数目和经济波动有明显的相关性：当经济高涨时，企业利润增加吸引了更多的企业进入，企业数目增加；当经济低迷时，许多企业无法弥补成本而退出市场，企业数目减少。另一方面，在经济低迷时更多的企业退出，也会进一步加剧经济的萧条。这样企业的进入和退出行为以及由此带来的企业数目变化，在宏观经济波动中扮演着重要的角色，是一个必须考虑的问题。同时，将企业进入行为内生化，一方面可以考察企业数目变化对居民福利的影响，另一方面可以将部门的扩张效应区分为部门企业数目变化（外延扩张）和单个企业产量变化（集约扩张）两个维度分别进行分析，这也是传统的代表性模型所不能研究的。

5.3　理论模型

本章将比尔比耶、吉罗尼和梅里兹（2012）拓展为包括房地产和非房地产两个部门的动态随机一般均衡模型。其中，非房地产部门雇佣劳动进行生产，同时允许厂商自由进入。新厂商进入非房地产部门，需要支付一定的进入成本，进入成本中的一部分与房价直接相关。房地产部门购买土地生产住房供居民消费。居民每期提供劳动获得工资收入，同时作为厂商的所有者获得厂商利润分红。居民将每期获得收入一部分用来消费，一部分用来投资建新的企业，剩下的用来增加土地的持有。经济中土地总供给量在没有外部冲击下数额固定，居民和房地产部门两者的需求决定土地价格。房地产价格与土地价格紧密相连，将模型中房地产部门、非房地产部门和居民三者行为紧密联系在一起，其价格波动直接影响资源配置，进而对社会福利产生重要影响。图 5 - 1 是模型框架结构。

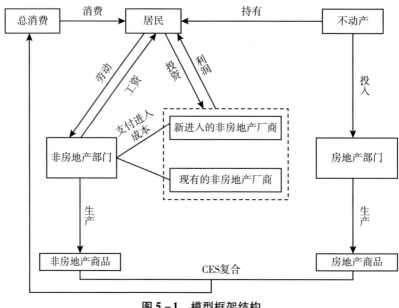

图 5 - 1　模型框架结构

5.3.1　非房地产部门

非房地产部门生产整个经济所需的除房地产以外的所有商品。厂商可以自由进入非房地产部门，但是厂商在进入非房地产部门时面临进入成本。厂商必须支付进入成本 $f_{E,t}$（用有效劳动力标价）后才能进入到非房地产部门。这里的进入成本 $f_{E,t}$ 主要包含两部分：一部分是制度成本，包含获得进入行业许可证等，代表着政府的管制程度；另一部分是建立新厂的固定投入，这部分成本和土地价格直接相关[①]。因此，本章假设进入成本满足：

$$f_{E,t} = f_{e,t}q_t^{\gamma}, \ \gamma \in [0, 1] \tag{5.1}$$

其中，$f_{e,t}$ 主要刻画制度成本，表示政府管制带来的成本；γ 代表土地价

---

① 新厂商的建立需要购买土地，土地价格的上升直接使得新企业建立成本上升；即使该企业不购买土地只租赁厂房，土地价格上升也会使得厂房的租赁成本上升，影响它的进入成本。这里也可以将土地价格理解为房价，因为在后面房地产部门企业行为分析中，可以看到房价和土地价格之间存在一一对应关系。本章有时也将土地称为不动产。

格 q_t 对进入成本的传导性，γ 越大意味着非房地产部门进入成本对土地价格变动越敏感。当 $\gamma = 0$ 时，意味着进入成本与土地价格的变化无关；当 $\gamma = 1$ 时，土地价格变化完全传递到进入成本中，此时土地价格上升一个百分点，企业的进入成本也上升一个百分点。

非房地产部门由垄断厂商组成，每个厂商都具有一定的市场垄断力，可以获取正的垄断利润。所以厂商一旦进入非房地产部门就会一直进行生产，除非遇到外生冲击被迫退出市场。与梅里兹（Melitz，2003）和吉罗尼和梅里兹（Ghironi and Melitz，2005）设定一样，假定外生死亡冲击发生在每期期末，每个厂商面临着 δ 概率被强行退出非房地产部门，其中 $\delta \in (0, 1)$。新进入的厂商存在一期的生产滞后，即 t 期新进入的厂商到 $t+1$ 期才开始进行生产。记 t 期非房地产部门进行生产的厂商数目为 N_t，新进入的厂商数目为 $N_{E,t}$，则 t 期非房地产部门进行生产的总厂商数目满足：

$$N_t = (1 - \delta)(N_{t-1} + N_{E,t-1}) \tag{5.2}$$

由于每个厂商生产的商品不能完全替代，进行生产的厂商数目越多，市场上商品种类也越多，这样厂商数目 N_t 较好地刻画了商品的多样性。市场上可消费的商品种类越多，对居民带来的效用增加也就越多，改善了居民福利，因此，可以将非房地产厂商数目 N_t 作为衡量社会福利的一个重要变量。

非房地产部门生产的最终商品是由各厂商生产的商品以 C. E. S. 函数形式复合而成，即

$$Y_{N,t} = \left[\int_{\omega \in \Omega} y_t(\omega)^{(\theta-1)/\theta} \mathrm{d}\omega \right]^{\theta/(\theta-1)} \tag{5.3}$$

所以一单位非房地产最终商品价格和单个厂商商品 ω 需求分别为

$$P_{N,t} = \left[\int_{\omega \in \Omega} p_t(\omega)^{1-\theta} \mathrm{d}\omega \right]^{1/(1-\theta)} \tag{5.4}$$

$$y_t(\omega) = \frac{\partial P_{N,t}}{\partial p_t(\omega)} Y_{N,t} = \left(\frac{p_t(\omega)}{P_{N,t}} \right)^{-\theta} Y_{N,t} \tag{5.5}$$

与比尔比耶、吉罗尼和梅里兹（Bilbiie，Ghironi and Melitz，2012）一样，非房地产厂商 $\omega \in \Omega$ 的生产函数为 $y_t(\omega) = Z_t l_t(\omega)$。其中，$l_t(\omega)$ 代表厂商 ω 的劳动力需求，Z_t 代表非房地产部门的生产技术水平，是一个外生变量，其对数满足 AR（1）过程，即

$$\ln Z_t - \ln Z = \rho_z (\ln Z_{t-1} - \ln Z) + \varepsilon_{t,z}$$

其中，$\rho_z > 0$，$\varepsilon_{t,z}$ 为随机变量。记单位劳动力的名义工资为 W_t，则厂商 ω 生产商品的边际成本为 W_t/Z_t。

不同厂商生产的商品存在差异，每个厂商都具有一定的市场垄断力。通过最大化厂商利润，可以得到商品 ω 的价格为其边际成本的价格加成，即

$$p_t(\omega) = \mu_t W_t / Z_t \tag{5.6}$$

其中 μ_t 是价格加成。由于非房地产部门的最终商品以 C. E. S. 函数形式复合，可求得商品 ω 的价格加成[1]为

$$\mu_t = \cfrac{1}{1 + \cfrac{\partial p_t(\omega)}{\partial c_t(\omega)}\cfrac{c_t(\omega)}{p_t(\omega)}} = \cfrac{1}{1 - \cfrac{1}{\theta}} = \cfrac{\theta}{\theta - 1} \tag{5.7}$$

结合式（5.5）和式（5.6），厂商 ω 利润可以表示为:[2]

$$D_t(\omega) = \left(1 - \frac{1}{\mu_t}\right)\frac{Y_{N,t}}{N_t} P_{N,t} \tag{5.8}$$

厂商价值应该等于厂商未来利润的贴现值，记厂商 t 期价值为 V_t，则有：

$$V_t = E_t \sum_{s=t+1}^{\infty} Q_{t,s} D_s \tag{5.9}$$

其中 $Q_{t,s}$ 是厂商利润贴现因子[3]。当厂商价值 V_t 大于进入固定成本 $f_{E,t} W_t / Z_t$ 时，非房地产部门存在超额利润，吸引新的厂商进入非房地产部门。随着新厂商的进入，非房地产部门的厂商数目 N_t 增加，每个厂商的垄断力下降，进而每个厂商的利润和价值下降，使得进入非房地产部门的吸引力下降。但只要厂商的价值 V_t 大于进入固定成本 $f_{E,t} W_t / Z_t$，就会吸引新的厂商进入，这个过程会一直持续，直到厂商价值刚好等于进入固定成本。由此可以得到非房地产部门厂商自由进入条件（free entry condition）：

$$V_t = f_{E,t} W_t / Z_t \tag{5.10}$$

需要提到的是，模型考虑了非房地产部门厂商数目。在这样的设定下，

---

① 具体计算过程见附录1。
② 具体计算过程见附录2。
③ 下面通过居民最优化行为可以求得贴现因子。

可以从两个维度来考虑非房地产部门变化：第一，厂商数目的扩张带来的商品种类的增长，这种新的厂商建立和新产品的出现定义为外延扩张，可以用非房地产厂商数目 N_t 衡量；第二，将部门内已有厂商的生产产量增加定义为集约扩张，这种在原有基础上的产出增加可以用 $y_t = Y_{N,t}/N_t$ 的变化来衡量。

5.3.2　房地产部门

房地产部门由同质厂商组成，代表性房地产商通过购买不动产土地生产住房供居民消费。为了简化分析，假定土地是房地产部门唯一的生产投入要素，代表性房地产商的生产函数[①]为

$$Y_{H,t} = A_t H_t \tag{5.11}$$

其中 A_t 代表房地产部门的生产技术。假定 A_t 是一个外生变量，其对数满足 AR（1）过程，即 $\ln A_t - \ln A = \rho_A(\ln A_{t-1} - \ln A) + \varepsilon_A$，其中 $\rho_A > 0$，ε_A 为随机变量。H_t 代表房地产部门所需投入的土地。

记房地产价格为 $P_{H,t}$，土地的名义价格为 Q_t，通过利润最大化可求得房地产价格为

$$P_{H,t} = \frac{Q_t}{A_t} \tag{5.12}$$

土地价格越高，房地产价格也越高；房地产部门技术进步，会使得房地产价格下降。从式（5.12）可以看到，房地产价格和土地价格间存在一一对应关系。这里也可以将 $1/A_t$ 理解为房地产价格在土地价格上的价格加成。在价格加成不发生改变时，房地产价格和土地价格变动幅度完全一致。

需要强调的是，模型中土地价格和房地产价格是整个经济中的重要信号变量。它们一方面影响居民和房地产部门持有不动产土地的数量，另一方面又与非房地产部门的进入成本紧密相连，影响着非房地产部门厂商的进入行为，此外还影响着居民对房地产和非房地产商品间的消费配置。

---

① 也可以将劳动加入到房地产商生产函数中，例如采用包含有劳动和土地两种投入要素的柯布道格拉斯生产函数形式：$Y_{H,t} = A_t(H_t)^\alpha(L_{H,t})^{1-\alpha}$，同样通过最优化可以得到房地产价格和对劳动力的需求。不同的是，劳动力市场均衡时，劳动力需求多了来自房地产部门的需求，但这对于结论不产生影响。为了分析的简便，本章在这里只考虑土地一种生产要素的投入。

5.3.3 居民

假定经济体是由代表性居民组成，居民 i 在区间 $[0，1]$ 均匀分布。代表性居民最大化效用 $E_s \left[\sum_{t=s}^{\infty} \beta^{t-s} U(C_t，L_t) \right]$，其中 $\beta \in (0，1)$ 是主观贴现因子。即时效用函数为

$$U(C_t，L_t) = \ln C_t + j\ln h_t - \chi \frac{L_t^{1+1/\varphi}}{1+1/\varphi} \tag{5.13}$$

其中，h_t 代表居民持有的土地数量，j 代表居民对土地 h_t 的偏好程度，φ 衡量了劳动力的供给弹性。C_t 为居民的总消费，它由非房地产商品和房地产商品两者以 C. E. S. 函数形式复合而成：

$$C_t = \left[\alpha^{1/\rho} C_{N,t}^{(\rho-1)/\rho} + (1-\alpha)^{1/\rho} C_{H,t}^{(\rho-1)/\rho} \right]^{\rho/(\rho-1)}，\alpha \in [0，1]，\rho > 0 \tag{5.14}$$

其中，α 表示非房地产商品占总消费的比例，α 越大表示房地产商品占总消费的比重越小，当 $\alpha = 1$ 时，居民消费中不包含房地产。ρ 表示非房地产商品与房地产商品间的替代弹性，ρ 越大表示非房地产商品和房地产商品之间越容易替代。根据方程（5.14），可以得到复合消费品 C_t 的价格和非房地产商品与房地产商品间的消费量之比分别为：

$$P_t = \left[\alpha P_{N,t}^{1-\rho} + (1-\alpha) P_{H,t}^{1-\rho} \right]^{1/(\rho-1)} \tag{5.15}$$

$$\frac{C_{N,t}}{C_{H,t}} = \frac{\alpha}{1-\alpha} \left(\frac{P_{N,t}}{P_{H,t}} \right)^{-\rho} \tag{5.16}$$

代表性居民一方面提供劳动力 L_t，获得名义工资收入 $W_t L_t$；另一方面，居民持有 x_t 比例的共同基金①，获得 $N_t D_t x_t$ 的基金分红②。此外，t 期共同基金价值等于 t 期所有进行生产的厂商的价值，居民通过出售共同基金份额还可以获得收入 $V_t N_t x_t$。居民支出主要包括消费 C_t、增持土地（$h_t - h_{t-1}$）

---

① 这里引入共同基金，主要是为了简化新厂商获得进入成本投资的渠道以及厂商所有者归属问题。共同基金的运行机制为，每期将基金投资于所有厂商包括新建立的厂商，然后下期将所有厂商的利润返还给基金持有者，基金价值等于它所投资的所有厂商的厂商价值之和。

② 本章只考虑对称均衡，均衡时非房地产部门所有厂商的价格、劳动需求、利润和企业价值都相等，整个非房地产部门的总利润为 $N_t D_t$。房地产厂商是完全竞争的，房地产商利润为0。所以共同基金每期将所有厂商利润 $N_t D_t$ 返还给所有基金持有者。

和购买下一期共同基金份额 x_{t+1} 三部分。这样，居民每期面临的预算约束为：

$$V_t(N_t + N_{E,t})x_{t+1} + Q_t(h_t - h_{t-1}) + P_t C_t = D_t N_t x_t + V_t N_t x_t + W_t L_t \quad (5.17)$$

居民在预算约束式（5.17）下最大化效用 $E_s\left[\sum\limits_{t=s}^{\infty} \beta^{t-s} U(C_t, L_t)\right]$，可得到下列一阶条件：

$$V_t = \beta(1-\delta) E_t\left[\frac{C_t}{C_{t+1}}\frac{P_t}{P_{t+1}}(V_{t+1} + D_{t+1})\right] \quad (5.18)$$

$$\chi (L_t)^{1/\varphi} = \frac{W_t}{P_t C_t} \quad (5.19)$$

$$\frac{j}{h_t} + \beta E_t\left[\frac{Q_{t+1}}{P_{t+1} C_{t+1}}\right] - \frac{Q_t}{P_t C_t} = 0 \quad (5.20)$$

将共同基金持有份额的一阶条件式（5.18）进行迭代，可以得到厂商价值 V_t 与厂商利润 D_t 间的关系式（如果不存在投机泡沫时）$V_t = E_t\sum\limits_{s=t+1}^{\infty} Q_{t,s} D_s$，其中，贴现因子为

$$Q_{t,s} = \left[\beta(1-\delta)\right]^s \frac{C_t}{C_{t+s}}\frac{P_t}{P_{t+s}} \quad (5.21)$$

5.3.4　均衡

模型由房地产部门、非房地产部门和居民三个主体组成，各主体之间相互交易相互联系，形成四个市场，分别是劳动力市场、房地产商品市场、非房地产商品市场以及土地市场。均衡时四个市场全部出清来决定工资水平、房地产商品和非房地产商品价格水平以及土地价格。

具体而言，对于劳动力市场，因为房地产部门生产只有土地一种投入要素，不需要劳动，所以劳动力需求全部来自非房地产部门。与比尔比耶、吉罗尼和梅里兹（Bilbiie, Ghironi and Melitz, 2012）的研究一样，一部分劳动力需求来自非房地产商品生产 $L_t^C = N_t l_t$，另一部分来自非房地产部门新进入厂商的进入固定成本投资产生的劳动力需求 $L_t^E = N_{E,t} f_{E,t}/Z_t$。劳动力供给则来自居民，劳动力市场均衡时：$L_t = L_t^C + L_t^E$。

本章的商品市场主要是房地产商品市场和非房地产商品市场。对于商品市场，商品的需求来自居民消费，供给则来自生产企业。均衡时，非房地产商品的消费等于非房地产部门产出，即 $C_{N,t} = Y_{N,t}$，房地产商品市场也类似有：$C_{H,t} = Y_{H,t}$。

对于土地市场，因为土地总供给量是恒定的，记为 $\overline{H}_t$[①]，则居民持有的土地和房地产部门投入的土地总量合起来应该等于 $\overline{H}_t$，即 $h_t + H_t = \overline{H}_t$。

由于居民 i 在区间 $[0, 1]$ 均匀分布，所以将所有居民的消费加总得到的总消费 C_t 和单个居民的消费相同。此外，每期所有居民持有的共同基金份额加总起来总量为 1。所以将每个居民的预算约束加总可以得到整个经济的资源约束：

$$C_t P_t + N_{E,t} V_t + Q_t(h_{t+1} - h_t) = W_t L_t + N_t D_t \qquad (5.22)$$

式（5.22）左边消费 $C_t P_t$ 和新厂商的建立投资 $N_{E,t} V_t$ 与土地投资 $Q_t(h_{t+1} - h_t)$ 之和代表了居民的总支出。式（5.22）右边代表居民的总收入，主要包括两部分：工资收入 $W_t L_t$ 和企业利润分红 $N_t D_t$。

因为经济中土地总供给量在没有外部冲击下数额固定不变，不是经济体通过生产活动生产出来的，所以我们定义 $Y_t = C_t + N_{E,t} v_t$（其中 $v_t = V_t/P_t$）来代表整个经济体的总产出，并作为衡量社会福利的一个重要指标[②]。

5.4 参数校准

本章根据乌利希（Uhlig，1995）方法对模型进行对数线性化，并对模型中的参数进行赋值。本章是在比尔比耶、吉罗尼和梅里兹（Bilbiie，Ghironi and Melitz，2012）模型的基础上进行拓展，研究两部门经济下房价波动对宏观经济波动和社会福利的影响，因此在参数校准时主要参考比尔比

---

① 这里的土地供给量可以理解为可以在市场上进行交易的土地供给量。在后面的数值模拟中，假定不动产总量 $\overline{H}_t$ 也受到一个外生冲击，即可交易的土地总量发生改变，假设该冲击服从 AR（1）过程：$\ln\overline{H}_t - \ln H = p_H(\ln\overline{H}_{t-1} - \ln H) + \varepsilon_H$，其中，$\rho_H > 0$，$\varepsilon_H$ 为随机变量。

② 本章模型价格是完全弹性的，将所有价格用总消费的价格 P_t 进行标准化，记 $d_t = D_t/P_t$，$v_t = V_t/P_t$，$w_t = W_t/P_t$，$q_t = Q_t/P_t$，$\rho_t = p_t(\omega)/P_t$。

耶、吉罗尼和梅里兹（2012）在研究单个部门企业进入对经济周期影响时相应的参数设定，另一方面也借鉴伊亚科维洛（Iacoviello，2005）等关于房地产部门和不动产的参数设定，同时，对于一些主要的消费特征参数，本章采用中国的现实数据进行估计。

对于主观贴现率季度值 β 我们取 0.98，非房地产厂商每期面临死亡冲击退出市场的概率 $\delta = 0.025$，这相当于每年有 10% 的企业或商品退出市场（Bernard et al.，2010）。劳动力供给弹性一般在 1 ~ 2，我们取 $\varphi = 1$，即劳动力供给弹性为 1（Bernanke，Gertler and Gilchrist，1999；Devereux，Lane and Xu，2006；Gertler，Gilchrist and Natalucci，2007；王君斌、郭新强和蔡建波，2011）。参照比尔比耶、吉罗尼和梅里兹（2012），我们将劳动力在效用中权重设为 $\chi = 0.9242$。不失一般性，将均衡时不动产总量 $\overline{H}$、房地产部门技术水平 A、非房地产部门技术水平 Z 和非房地产部门管制成本 f_e 都设为 1。

根据 2000 ~ 2012 年国家统计局的中国工业企业数据库，规模以上工业企业工业成本费用利润率在 5% ~ 8% 浮动。为此，将非房地产部门最终商品的 C. E. S. 复合参数 θ 设为 11，这样非房地产部门厂商的价格加成 $\mu = \theta/(\theta - 1) = 1.1$，也就是非房地产商单位产品的利润为边际成本的 10%[①]。根据 2000 ~ 2011 年中国统计年鉴居民消费支出情况计算，居住类支出占总支出的比重在 10% ~ 18% 间浮动，所以将房地产占总消费的比重校准为 15%，即 $a = 0.85$。参照伊亚科维洛（Iacoviello，2005），将土地在效用中的权重设为 $j = 0.002$。居民对非房地产商品和房地产两者的消费很难相互替代，将两者的替代弹性 ρ 设定在 0 ~ 1。由于本章提供的是较为定性的结果，对于那些影响模型定性结论的参数，例如房地产占总消费比重 $1 - \alpha$，非房地产商品和房地产间的替代弹性 ρ，数值模拟时会进行敏感性分析。在基准分析时，假设不存在房价影响进入成本的传导渠道，即 $\gamma = 0$；在考虑房价

---

① 值得注意的是，在模型中厂商一旦支付进入成本进入生产后，在生产过程中是没有固定成本，$\theta/(\theta - 1)$ 其实衡量的是在边际成本和平均成本上的加成，10% 的毛利润率是比较合理的（Nishimura，Ohkusa and Ariga，1999）。当然和 BGM 模型保持一致将参数 θ 设为 3.8，也不影响本章模型的主要结论。

对进入成本的影响时，将不动产价格对进入成本的影响弹性分别取 $\gamma = 0.4$ 和 $\gamma = 0.8$，进行对比分析。基准模型的参数赋值见表 5－1。

表5－1　　　　　　　　　　基准模型主要参数赋值

参数	β	α	δ	φ	θ	ρ	χ	j	Z	A	f_e	$\overline{H}$	γ
赋值	0.98	0.85	0.025	1	11	0.9	0.9242	0.002	1	1	1	1	0

5.5　数　值　模　拟

本章主要分析外部冲击带来的房地产价格波动，对房地产部门和非房地产部门资源配置以及社会福利的影响。为此，首先在数值模拟中分析两个部门技术冲击的传递效果，即非房地产部门技术进步冲击、房地产部门技术进步冲击对主要经济变量的影响；其次，分析了政府调控政策对各个部门及整个经济福利的影响，具体分析了政府管制政策冲击以及土地供给总量冲击。由于模型较为复杂，无法求解出关于社会福利函数的显示解，不能给出房价波动与社会福利之间关系的定理或命题。所以本章采用了数值模拟的方法，选取了和社会福利紧密相关的三个指标来衡量社会福利。这三个指标分别是商品种类数目 N、居民的总消费 C 以及经济体总产出 Y。其中，居民的总消费 C 以及经济体总产出 Y 社会福利也是研究政策效果的两个重要指标。居民的总消费 C 直接反映了居民的消费水平，总产出 Y 则反映了整个经济体的生产能力，也是考察社会福利的关键指标。此外，由于本章模型考虑厂商的自由进入行为，能够对厂商数目进行分析，而非房地产部门每个厂商生产的商品又存在差异，厂商数目 N 可以直接反映商品多样性，能较好地刻画居民多样性偏好下的福利改善，所以将厂商数目 N 作为社会福利的一个衡量指标，衡量商品多样性。最后，对于一些对模型结果产生影响的关键性参数进行了稳健性检验。

5.5.1　非房地产部门技术进步冲击

本节首先分析非房地产部门技术进步冲击对资源配置和社会福利的影

响，图 5-2 是非房地产技术进步冲击下的脉冲响应图，其中，横坐标为时间，纵坐标为变量偏离均衡值的百分比。从图 5-2 可以看到，非房地产部门技术进步，提高了非房地产部门厂商利润和价值，吸引更多的厂商进入，新厂商进入带来非房地产部门厂商数目增加。由于每个厂商生产的商品存在差异，非房地产部门厂商数目增加，直接提高了非房地产部门商品多样性，进而提高了居民福利。与此同时，由于非房地产部门利润归居民所有，非房地产部门技术进步也增加了居民收入，提高了居民的总消费水平。此外，非房地产部门技术进步也提高了整个经济体的生产能力，增加了经济总产出。总体来说，非房地产部门技术进步同时带来了商品种类、总消费和总产出的增加，改善了整个社会福利。

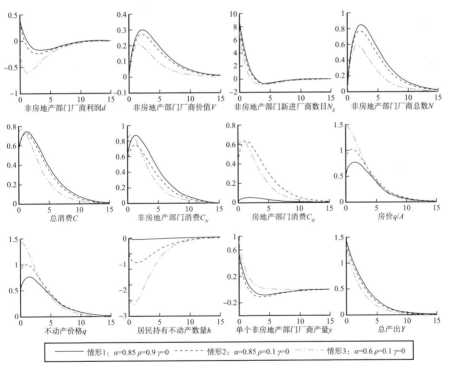

图 5-2 房价变动不影响厂商进入成本时，非房地产部门
技术进步冲击 Z 的脉冲响应图

在图 5 - 2 中，还可以对非房地产部门技术进步引起的外延扩张和集约扩张进行区分。一方面，非房地产部门的技术进步吸引更多厂商进入非房地产部门，非房地产部门厂商数目 N 增加，促进了非房地产部门外延扩张。另一方面，非房地产部门消费大幅增长，非房地产部门每个厂商的产量 y 增加，技术进步也同时带来了非房地产部门的集约扩张。

通过比较一些关键参数取值的脉冲分析图，发现非房地产商品在总消费的份额和房地产与非房地产商品之间的替代弹性这两个参数，直接影响非房地产部门技术进步在整个经济体中的影响程度。具体而言，非房地产商品和房地产间的替代弹性 ρ 由 0.9 下降到 0.1，意味着非房地产商品和房地产相互更难替代，比较图 5 - 2 中的情形 1 和情形 2 发现，房地产消费增加的幅度上升，房地产部门的资源配置增加，非房地产部门技术进步带来的福利改善程度减小。和调整价格弹性 ρ 一样，非房地产商品在总消费的复合比例 α 下降（比较图 5 - 2 情形 2 和情形 3），意味着非房地产的消费比例下降，非房地产部门技术进步在经济中的作用减小，社会福利改善幅度下降。但这些关键参数数值调整只对各变量的变化幅度产生影响，对于各变量的变化方向没有太大影响。

需要强调的是，非房地产部门技术进步带动了土地价格和房价上升。这主要是因为非房地产部门技术进步增加了居民收入，带来了房地产消费增加，房地产的生产又需要投入土地，从而增加了房地产部门对土地的需求。同时，由于居民收入增加，居民对于持有更多不动产的需求也在增加。房地产部门需求增加和居民增持两股力量拉锯提高了土地的价格。图 5 - 3 考察了当房价变动影响非房地产部门进入成本的程度不同时，非房地产部门技术进步导致的房价上升对资源配置和社会福利的影响。通过对图 5 - 3 中 γ 取 0.4 和取 0.8 变化幅度进行比较，我们看到进入成本对房价的反应弹性 γ 越大，非房地产部门技术进步带来的产出 Y 增加幅度越小，消费 C 上升的幅度也越小，商品的种类 N 下降，社会福利改善幅度下降。这是因为进入成本对房价反应弹性 γ 变大，意味着非房地产部门进入成本随着房价上升迅速增大，使得原来可以进入的新厂商因为无法弥补进入成本而选择不进入，非房地产部门厂商数目的增加幅度明显下降，商品的多样性增加幅度下降。

此外，进入成本上升得越多，意味着建立一个新厂需要耗费更多的资源，所以可以看到总消费 C 和总产出 Y 的增加幅度都明显下降。这说明房价通过改变企业进入门槛影响企业进入行为的机制，在非房地产部门技术进步冲击下会恶化社会福利。

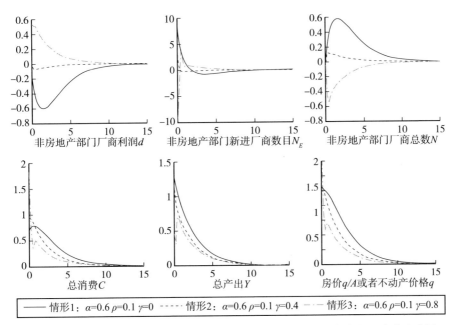

图 5 - 3　厂商进入成本随房价调整时，非房地产部门技术进步冲击 Z 脉冲响应图

值得注意的是，在图 5 - 3 中的情形 3 可以看到，当进入成本对房价的反应弹性 $\gamma = 0.8$ 时，非房地产部门的厂商数目 N 下降了，非房地产部门一个有利的技术进步冲击却使得非房地产部门的新进入的厂商数目下降，加剧了部门的垄断程度。这说明当进入成本随房价上涨足够大时，会极大地削弱非房地产部门的技术进步带来的福利改进。

5.5.2　房地产部门技术进步冲击

房地产部门技术进步使得房地产价格 q_t/A_t 下降，居民会消费更多的房地产，减少非房地产商品的消费。整体来说，房地产部门技术进步使得单位总消费品的复合价格下降，提升了居民的消费能力，使得居民总消费上升，改善了以消费衡量的社会福利水平。另一方面，单位总消费品的复合价格下降，放松了经济面临的资源约束式（5.22），居民能将更多的资源用来投资建新厂，非房地产部门厂商数目增加，商品种类增多，提高了居民福利。与此同时，由于房地产部门生产技术进步以及非房地产部门投资增加，提高了整个经济体的生产能力，总产出增加，以产出衡量的社会福利也明显改善。

    同前面的分析一样，房地产部门技术进步对非房地产部门的影响也可以分为两个维度。一方面，房地产部门技术进步使得最终复合消费品价格下降，放松了资源约束，有更多的资源进行投资，非房地产部门厂商数目 N 增加，带来了非房地产部门的外延扩张。另一方面，房地产部门技术进步使得房价下降，通过房地产消费和非房地产消费的替代效应，使得对非房地产部门的消费 C_n 下降。在两种效应的综合作用下，非房地产部门单个厂商的产量 y 下降，房地产部门技术进一步限制了非房地产部门的集约扩张。同样，改变房地产和非房地产商品的价格替代弹性 ρ 以及房地产商品占总消费的比重 $1-\alpha$ 的参数取值对于各变量的变化方向没有影响①。

    图 5-4 考察了 γ 取不同值时，房地产部门技术进步对资源配置和社会福利的影响。可以看到当进入成本随房价进行调整时，房地产部门技术进步带来的房价和土地价格下降，降低了非房地产部门进入门槛，吸引了更多的厂商进入，非房地产部门厂商数目增加，商品多样性增加，居民福利改善幅度增大。与此同时，总消费和总产出都增加，社会福利明显改善。比较图 5-4 中的情形 2 和情形 3 发现，进入成本对房价的反应弹性 γ 越大，房地产部门技术冲击通过带动房价下降来降低非房地产部门进入门槛的作用越强，新建厂商在进入成本上消耗的资源越少，社会福利改进越明显。这说明房价下降带动进入成本下降进而吸引更多厂商进入非房地产部门的机制，放大了房地产部门技术进步在经济体中的影响，使得整个经济体能更充分地利用房地产部门技术进步带来的房价下降的好处，提升整个社会福利。

---

    ① 在各个冲击下，参数 ρ 和 α 数值变化均对各个变量的变化方向没有影响，下面分析中均省去对参数 ρ 和 α 的稳健性检验脉冲响应图，如需要可向作者索取。

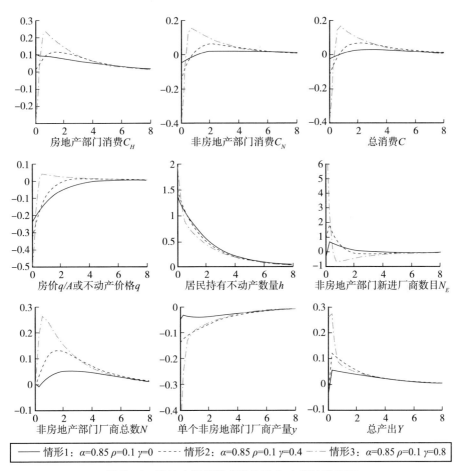

图 5 - 4　房地产部门技术进步冲击 A 脉冲响应图

5.5.3　政府管制政策放松冲击

厂商在进入行业时需要获得一系列的许可证，有些审批许可程序复杂需要耗费巨大的人力成本，这些由于政府管制产生的进入成本，一方面抬高了行业的进入壁垒，另一方面也导致大量资源的浪费。审批给企业进入带来了巨大的成本，也阻碍了资源的市场化配置。为此，政府提出简政放权，破除各种行政壁垒，取消和下放数百项行政审批权。这一政策极大地改善了企业发展环境，促进了资源的优化配置。本章模型因为考虑了企业的自由进入行为，从而可以对政府管制放松这一政策变化带来的影响进行分析。

具体而言，政府部门管制程度直接影响到非房地产部门的进入成本，所以当政府部门管制放松，意味着非房地产部门进入成本下降。图 5 - 5 是政府管制放松冲击的脉冲图。政府管制放松降低了非房地产部门的进入成本，使得进入到非房地产部门变得有利可图，吸引大量新厂商进入。新厂商的进入，使得非房地产部门厂商数目增加，丰富了商品的多样性，居民福利得到改善，同时也带来了非房地产部门的外延扩张。非房地产部门进入成本下降也使得居民拥有更多的资源进行消费和投资，总消费 C 和总产出 Y 上升，以消费和总产出衡量的社会福利都得到改善。相比较于非房地产部门总产出的增加，非房地产部门的厂商数目增加幅度更大，从而使得单个厂商的产量 y 下降。政府管制成本下降并没有带来非房地产部门的集约扩张，只带来了非房地产部门外延扩张。

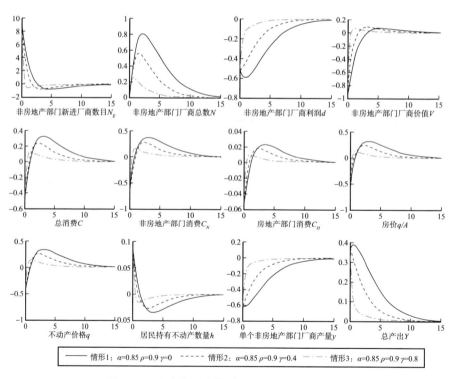

图 5 - 5 政府管制政策放松冲击 f_e 脉冲响应图

值得注意的是，政府的管制放松带来了土地价格和房价的上升。这主要是因为房地产消费增加提高了房地产部门对土地的需求，同时由于在进入成本上的损耗减小，居民有更多的资源增持不动产，在房地产部门和居民两者需求的拉动下土地价格上升，进而推动房价上涨。所以当非房地产部门进入成本随房价进行调整时，进入成本会随着房价上升而上升，降低由政府管制放松带来非房地产部门进入成本下降的幅度，从而使得原来通过进入成本降低来增加社会福利的幅度减小。具体而言，通过比较图 5 - 5 的情形 2 （$\gamma = 0.4$）和情形 3 （$\gamma = 0.8$）两种情况，可以看到进入成本对房价的反应弹性 γ 越大，政府管制放松带来的房价上升，会使得非房地产部门的进入成本上升越大，进而使得非房地产部门的企业数目增加的幅度下降，带来居民的消费 C 下降，总产出 Y 下降，从而使得社会福利改善程度下降。当非房地产部门进入成本对不动产价格的反应弹性 γ 达到 0.8 时，由政府管制放松带来进入成本下降，被不动产价格上升带来的进入成本上升抵消了很大一部分，社会福利改善变得很微弱。整体来看，房地产价格改变企业进入成本进而影响企业进入决策的机制，降低了由政府管制放松带来的福利改善。

5.5.4　土地供给总量冲击

图 5 - 6 是土地供给总量增加对于整个经济影响的脉冲图。通过图 5 - 6 的情形 1，可以看到土地供给总量增加缓解了对土地的需求压力，使得土地价格降低。土地价格降低直接带来了房价下降，通过非房地产商品和房地产之间的替代效应，居民大量消费房地产，减少对非房地产商品的消费。由于房地产占总消费的比重较小，总消费增加幅度较少。非房地产部门需求下降，也带来劳动力需求下降，居民劳动收入下降，加之非房地产部门企业价值下降，在两方面作用下居民收入下降。对非房地产部门的投资减少，非房地产部门厂商数目和总产出增加较少，不动产供给总量增加对于整个社会福利改善较小。

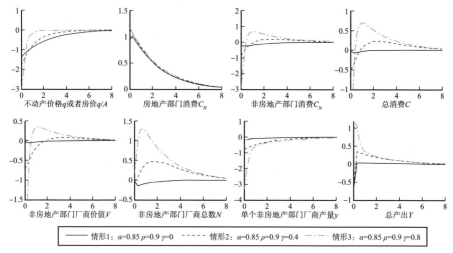

图 5-6　不动产供给增加冲击 H_t 脉冲响应图

5.6　本章小结

　　本章在比尔比耶、吉罗尼和梅里兹（2012）模型的基础上，建立了一个两部门的动态随机一般均衡（DSGE）模型，考虑了在内生化企业进入选择的情形下，房价对资源配置、经济周期和社会福利的影响，分析了包括各部门技术进步、政府管制以及土地供给总量冲击在经济中的传导路径和对社会福利的影响，并对关键性参数进行稳健性检验。在此基础上，本章还分析了存在房价影响非房地产部门进入成本渠道，对各冲击的社会福利变化的影响，并对房价影响进入成本的不同程度进行了对比分析。图 5-7 是理论模型中外部冲击影响房价波动进而影响社会福利的示意图。

　　本章研究发现，在考虑企业进入选择行为后，房地产和非房地产部门技术进步、政府管制放松和土地供给总量增加都会改善社会福利，但是在考虑房价对进入成本的影响后，发现如果冲击带来房价下降，通过房价影响厂商进入行为的渠道会放大冲击对社会福利的改善幅度，例如房地产技术进步冲击和土地供给总量增加冲击。如果冲击使得房价上升，这一渠道则会减少冲击对社会福利的改善幅度，例如非房地产技术进步冲击和政府管制放松政策冲击。值得注意的是，土地供给总量增加使得房地产部门对非房地产部门的挤占效应明显，资源的扭曲配置加剧，加上房地产部门在总消费的比例较小，使得不动产总量供给增加对于整个社会福利改善非常微弱。不同冲击对社会福利的影响大小与房价对企业进入成本的传递程度和房地产部门占经济中的比重直接相关。特别值得注意的是，非房地产部门的技术冲击，并不一定会带来非房地产部门的企业数目的增加，当房价对企业进入成本的传递程度较大时，非房地产部门企业数目反而减少了，加剧了非房地产部门的垄断程度，降低了社会福利，这和以往的理解是不同的。

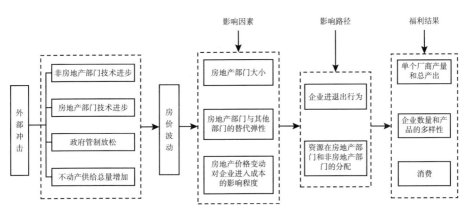

图 5 - 7　外部冲击下的房价波动影响经济示意图

与之前的研究相比，本章的创新之处主要表现在以下三个方面。一是本章考虑了企业的自由进入行为，将企业的微观决策纳入到宏观动态一般均衡的分析中，分析了微观的企业进退出行为对经济周期和社会福利的影响。由于模型考虑了企业数目，能就现存企业产量增加（集约扩张）和非房地产部门厂商数目增加（外延扩张）两个维度来分析非房地产部门扩张效应。二是本章将比尔比耶、吉罗尼和梅里兹（2012）模型拓展为一个包含房地产部门的两部门模型，考虑了房地产部门对非房地产部门的挤占效应和影响渠道，并对房地产部门和非房地产部门的技术进步冲击、政府管制政策冲击和土地供给总量冲击，在经济中的传导路径和社会福利的影响进行了分析。这一方面丰富了比尔比耶、吉罗尼和梅里兹（2012）模型的应用，另一方面也对增加土地供给等热点政策的影响给出了理论分析，具有一定的现实意义。三是本章引入了房地产价格影响进入成本的机制，分析了各种冲击下房地产价格波动对经济产出和社会福利的传导路径，发现房地产价格上升会使得非房地产部门的进入门槛上升，影响非房地产部门企业进入行为，挤占非房地产部门的资源配置，进而影响社会福利。房地产价格影响进入成本机制，对于房地产技术进步冲击和土地供给总量增加冲击的社会福利改善有放大作用。此外，本章将消费者多样性偏好纳入社会福利分析，考虑了在不同冲击下，商品多样性、总消费和总产出三个社会福利指标的变化，分析角度更加全面。

第6章

内生化企业进入、
偿债方式和财政乘数

本章在内生化企业进入选择的一般均衡模型里，引入政府部门，考察不同财政刺激政策的传导路径和财政乘数，并以政府支出增加刺激政策为例考虑了五种不同偿债方式的传导路径和财政乘数。同时通过贝叶斯估计方法估计了中国的复合财政融资规则，将其与理论上更优的财政融资规则进行对比分析。研究发现降低劳动收入税率和企业红利税率的财政刺激政策效果最为显著，在政府支出增加刺激下，消费税融资规则相对优于其他财政融资规则，其中劳动收入税融资规则和企业红利税融资规则的扭曲性最大。

6.1 引　　言

面对中国经济的持续低迷，政府采取了一系列积极的财政策略来刺激经济复苏和增长。为了缓解经济下行的压力，中国政府将财政赤字率从3%提升至3.8%左右，以此加大财政支出力度，确保经济稳定增长。这一政策旨在通过扩大政府投资和支持关键领域的支出，促进内需增长，同时也显示了中国政府对于经济恢复的信心，向外界释放了积极的信号。在减税降费方面，政府推出了一系列措施，目的是为企业和个人减压，提升居民的消费能力，增强企业的发展信心，促进经济数量和质量的合理增长。这些措施包括提高研发费用的税前加计扣除比例，延续对创投企业的税收优惠政策，激励企业增加研发投入，提升技术创新能力。减税降费政策的持续推进有效减轻了企业的税收负担，激活了市场主体，为经济的持续增长提供了动力。根据国家税务总局的最新数据，2023 年 1～11 月，全国新增减税降费及退税缓费总额达到了 18125.09 亿元，其中民营经济纳税人受益最大，新增减税降费及退税缓费 13371 亿元，占比 73.8%；中小微企业的新增减税降费及退税缓费为 11203.37 亿元，占比 61.8%。

同时，政府还继续实施了包括沪港通、深港通在内的多项税收优惠政策，并对证券交易印花税实施了减半征收，以激发资本市场活力，增强投资者信心。此外，政府还推出了支持服贸会等重大展会的税收政策，以及支持跨境电商出口退运商品的税收政策，进一步促进了外贸和外资的稳定。这些财政政策的实施，加上提高赤字率、增加地方政府专项债券和发行超长期特别国债等措施，共同构成了在中国经济持续低迷后政府扩大财政支出的框架。然而，财政扩张带来的债务增长也不容忽视。截至 2023 年末，全国政府法定债务余额达到 70.77 万亿元，对应的政府法定负债率为 56.1%[①]。在后金融危机时代，如何降低和化解不断增长的政府债务，成为了各国共同面临的挑战，也是未来政策制定需要重点关注的方向。

刺激经济需要财政政策工具，化解财政扩张带来的高额政府债务同样需要财政政策的支持。不同的偿债方式通过什么渠道作用于经济？在实行过程中对政府债务产生了多大的影响？对政府财政政策效果产生了多大的影响？这些都是大家所关心的问题。对此，本章尝试在一个内生化企业进入选择的动态随机一般均衡框架下，分析政府支出增加、削减消费税率、企业红利税率、资本所得税率和劳动收入税率等不同财政刺激政策的传导路径与财政支出乘数，并以政府支出增加的刺激政策为例，考虑了不同偿债方式对于财政乘数的影响。本章本着从简单到复杂、循序渐进的建模思路，分步骤地展开：首先，在内生化企业进入选择的一般均衡框架下，分析和比较政府支出增加、削减消费税率、企业红利税率、资本所得税率和劳动收入税率等不同财政刺激政策的传导路径和支出乘数；其次，在考虑政府不同的偿债方式下，进一步分析政府支出增加刺激政策的财政支出乘数，并将各种偿债方式的偿还债务时间考虑进去，综合对不同偿债方式的效果进行评估；最后，利用中国实际数据通过贝叶斯估计得到中国的现实财政融资规则，并和可能的

① 国务院关于 2023 年度政府债务管理情况的报告 [EB/OL]. 全国人大网，2024 – 09 – 13，http：//www.npc.gov.cn/c2/c30834/202409/t20240913_439617.html.

124

最优偿债方式进行对比分析，利用反事实方法评估中国财政融资规则政策的福利损失。

本章研究发现削减劳动收入税和企业红利税对于经济的刺激效果比较明显。在政府支出刺激下，采用增加消费税的方式进行偿还政府债务的方式相对于其他偿债方式扭曲性较小，采用增加劳动收入税和企业红利税两种方式的偿债扭曲最大。基于反事实对比分析结果，提出在偿还债务时，中国应该降低企业红利税和劳动收入税对产出和债务反应的弹性。

本章的安排如下，6.2 节为研究综述，6.3 节对模型进行描述，6.4 节对参数进行校准，6.5 节分析不同财政政策的传导路径，6.6 节计算不同财政融资方式的政府支出乘数和债务偿速度，6.7 节利用贝叶斯估计方法估计中国的财政融资规则，分析现实财政融资规则和最优偿债方式下的传导路径和财政乘数，6.8 节为本章总结。

6.2　财政融资规则的相关研究综述

财政融资规则是目前财政领域的热点问题，对于财政融资规则的研究目前主要是从经济增长和经济波动两个大方向进行研究。对于财政融资规则对经济增长的影响，阿格诺和伊尔马兹（Agenor and Yilmaz，2006）在一个跨期最优化模型中，研究发现不同财政融资规则会产生不同的经济增长路径和不同的政府债务积累动态路径。布兰查德和贾瓦齐（Blanchard and Giavazzi，2004）发现通过政府发债的形式对公共资本投资进行融资，会促进经济增长。该规则也被称为黄金财政规则（golden fiscal rule）。贾俊雪和郭庆旺（2011）在一个两部门的内生经济增长模型中，考察了在平衡预算规则（Annicchiarico and Giammarioli，2004；Moraga and Vidal，2004）、黄金财政规则（Blanchard and Giavazzi，2004）、原始赤字规则（Agenor and Yilmaz，2006）和原始黄金赤字规则这四种财政融资规则下经济的长期增长率和政府债务规模，发现允许发行公债为公共物质资本投资融资的原始赤字规则更有利于长期经济增长和改善政府财政状况。

财政融资规则对经济波动影响方面的研究，一部分主要关注财政融资规则对均衡稳定性的影响。沙伯特和塔登（Schabert and Thadden，2009）发现在货币规则外生下，被动的财政融资规则会产生多重均衡，除非当名义利率变化与通货膨胀率一比一变动，被动的比例税规则才存在唯一均衡。利珀（Leeper，1991）和皮耶加里尼（Piergallini，2005）研究了在内生化货币规则下，财政规则导致的系统稳定性问题。张佐敏（2013）研究了在政府购买规则、融资规则和自动稳定规则之间的相互作用下经济系统的稳定性，发现当扭曲税率依据上期债务规模调整时，在保证经济具有唯一均衡情况时，税率弹性的变化空间最大；自动稳定规则也可以拓宽税率的弹性空间。另一部分研究集中于分析财政融资规则对产出、消费等宏观经济变量的影响。利珀、普兰特和特劳姆（Leeper，Plante and Traum，2010）估计了美国的财政融资规则，发现政府支出、税率等财政政策均对债务进行反应的财政规则对美国经济的模拟效果最好。张佐敏（2014）利用贝斯估计和方差分解的方法研究了中国财政规则存在性问题，发现财政规则可以解释政府投资、有效税率、政府一般性支出等变动的大部分，提高财政政策的规则性有利于提高社会福利。另一方面，利珀和杨（Leeper and Yang，2008）发现，通过增加政府债务实现的短期减税措施很可能起不到刺激作用。胡永刚和郭长林（2013）考察在以产出和通货膨胀为反应变量的财政支出规则下财政政策对居民消费的影响，发现当居民预期到政府会采用扩大政府支出的方式调节经济带动经济复苏时，居民会提高消费水平，这和以往研究中政府支出增加带来居民财富下降进而使得消费下降的财富效应完全不同。郭长林、胡永刚和李艳鹤（2013）研究了借新债还旧债、增加税收和缩减支出三种偿债方式对居民消费的影响。这些研究都极大地丰富了对财政规则的理解。

在关注财政规则对产出、消费等宏观经济变量的影响的同时，也应该看到中国经济中存在频繁的企业进退出行为。根据工业企业数据库计算可以发现，1999～2007 年中国所有制造业的平均进入率和退出率分别为40.9% 和 24.3%。如此高的企业数目波动，是中国经济不可忽视的一个重要特征。而且财政政策的变化直接影响到企业进入行为，进而对投资、产出产生影响。比尔比耶、吉罗尼和梅里兹（2012）将企业进退出机制引入宏观模型，建立了一个内生化企业数目的动态随机一般均衡模型，发现企业进退出行为的引入能很好地解释顺周期的企业利润和逆周期的价格加成现象。在此基础上，楚格和吉罗尼（Chugh and Ghironi，2015）、托特泽克和温克勒（Totzek and Winkler，2010）分别分析了在考虑内生化企业进入选择行为后最优财政政策和税收的乘数效应。田磊和陆雪琴（2021）则构建嵌入进入退出机制的异质性企业动态一般均衡模型，量化研究削减在位企业税费、降低潜在进入企业市场进入费用对全要素生产率、企业动态等宏观经济变量的长期影响。需要注意的是，这些文献对于财政扩张所带来债务的上升，通过何种财政政策工具进行化解以及债务的偿债速度都没有进行细致的讨论。

6.3　理　论　模　型

本章的模型是在比尔比耶、吉罗尼和梅里兹（2012）框架下，引入政府部门，考虑政府的税收行为和支出行为，具体而言考虑了劳动收入税、资本所得税、企业红利税和消费税，以及政府支出和转移支付行为。模型主要包括居民部门、生产部门和政府部门三个部分。居民通过提供劳动和出租资本获得劳动收入和资本所得，并将这些收入主要用来消费和进行资本投资、建新厂和购买政府债券。在生产部门中，企业可以自由进入，但是需要支付一定的进入成本。政府部门依靠税收和发行债券获得收入，并通过财政政策干预经济，维持财政预算平衡。和比尔比耶、吉罗尼和梅里兹（2012）不同的是，本章将资本引入生产过程，可以更好地刻画资本投资和建新厂两种投资行为。

6.3.1　居民

假定经济体是由代表性居民组成，居民 i 在区间 $[0，1]$ 均匀分布。代表性居民最大化效用为 $E_s\left[\sum_{t=s}^{\infty}\beta^{t-s}U(C_t，L_t)\right]$，其中，$\beta\in(0，1)$ 是主观贴现因子。即时效用函数为

$$U(C_t, L_t) = \frac{1}{1-\gamma}(C_t - hC_{t-1})^{1-\gamma} - \frac{L_t^{1+\eta}}{1+\eta} \tag{6.1}$$

其中，C_t 为居民的总消费，L_t 为劳动供给，h 是消费习惯参数，γ 为风险厌恶系数，η 是 Frisch 劳动供给弹性的倒数。

代表性居民一方面通过持有政府债券获得本息和 $R_t B_{t-1}$ 以及政府转移支付 Z_t；另一方面，通过向企业提供劳动力 l_t 和资本 K_{t-1}，获得税后工资收入 $(1-\tau_t^w)w_t L_t$ 和税后资本收益 $(1-\tau_t^k)(r_t^k - \delta^k)K_{t-1} + \delta^k K_{t-1}$。此外，居民还持有 x_t 比例的共同基金①，t 期共同基金价值为 $v_t N_t x_t$，同时获得税后共同基金分红 $(1-\tau_t^d)d_t N_t x_t$。居民将这些收入主要用来购买政府债券 B_t 和消费 $(1+\tau_t^c)C_t$，投资下一期的共同基金份额 $v_t(N_t + N_{E,t})x_{t+1}$ 和资本 I_t。因此，居民每期面临的预算约束为：

$$
\begin{aligned}
B_t + v_t(N_t + N_{E,t})x_{t+1} + (1+\tau_t^c)C_t + I_t = {} & R_{t-1}B_{t-1} + v_t N_t x_t + (1-\tau_t^d)d_t N_t x_t \\
& + (1-\tau_t^w)w_t L_t + (1-\tau_t^k)(r_t^k - \delta^k)K_{t-1} \\
& + \delta^k K_{t-1} + Z_t \tag{6.2}
\end{aligned}
$$

对于经济中的企业，每期都面临着外生 δ 概率被强行退出市场，也就是说，当期现存企业 N_t 和新建的企业数目 $N_{E,t}$，只有 $(1-\delta)(N_t + N_{E,t})$ 个可以存活到下期进行生产。对于资本而言，居民投资面临调整成本 $\kappa/2(1-I_t/I_{t-1})^2 I_t$（Christiano，Eichenbaum and Evans，2005），现存资本的折旧率为 δ^k，从而企业数目 N_t 和资本 K_t 的转移方程为

$$N_{t+1} = (1-\delta)(N_t + N_{E,t}) \tag{6.3}$$

$$K_t = (1-\delta^k)K_{t-1} + [1 - \kappa/2(1 - I_t/I_{t-1})^2]I_t \tag{6.4}$$

居民在预算约束式（6.2）以及企业数目 N_t 和资本 K_t 的转移方程式（6.3）、式（6.4）下，最大化效用 $E_s\left[\sum_{t=s}^{\infty} \beta^{t-s}U(C_t, L_t)\right]$，可得到下列一阶条件：

$$(C_t - hC_{t-1})^{-\gamma} - \lambda_t(1+\tau_t^c) + \beta(C_{t+1} - C_t)^{-\gamma}(-h) = 0 \tag{6.5}$$

---

① 这里引入共同基金，主要是为了简化新厂商获得进入成本投资的渠道以及厂商所有者归属问题。共同基金的运行机制为，每期将基金投资于所有厂商包括新建立的厂商，然后下期将所有厂商的利润返还给基金持有者，基金价值等于它所投资的所有厂商的厂商价值之和。

$$-\lambda_t + \beta\lambda_{t+1}R_t = 0 \tag{6.6}$$

$$-L_t^{\eta} + \lambda_t(1-\tau_t^w)w_t = 0 \tag{6.7}$$

$$-\lambda_t + q_t[1 - \kappa/2 (1-I_t/I_{t-1})^2 + \kappa(1-I_t/I_{t-1})I_t/I_{t-1}]$$
$$+\beta q_{t+1}[-\kappa(1-I_{t+1}/I_t)(I_{t+1}/I_t)^2] = 0 \tag{6.8}$$

$$\beta\lambda_{t+1}[(1-\tau_{t+1}^k)(r_{t+1}^k-\delta^k)+\delta^k]+\beta q_{t+1}(1-\delta^k) = q_t \tag{6.9}$$

$$\beta(1-\delta)\lambda_{t+1}[v_{t+1}+(1-\tau_{t+1}^d)d_{t+1}] = \lambda_t v_t \tag{6.10}$$

其中，λ_t 是居民预算约束乘数，代表收入的边际效用，q_t 是资本转移方程乘数，是资本的影子价格。式（6.5）和式（6.6）分别为消费和债券的欧拉方程，式（6.7）为居民的劳动供给方程，式（6.8）和式（6.9）分别为投资 I_t 和资本的欧拉方程，式（6.10）为共同基金份额的一阶条件，通过式（6.10）进行迭代，可以得到企业价值 v_t 与企业利润 d_t 间的关系式（如果不存在投机泡沫时）$v_t = E_t\sum_{s=t+1}^{\infty}Q_{t,s}d_s$，其中贴现因子为

$$Q_{t,s} = [\beta(1-\delta)]^s \frac{\lambda_{t+s}}{\lambda_t} \tag{6.11}$$

6.3.2　生产部门

生产部门由 N_t 个企业组成，不同企业生产的商品不同，每个企业都具有一定的垄断力。企业 $\omega \in \Omega$ 的生产函数为

$$y_t(\omega) = A_t l_t^{\alpha}(\omega)k_{t-1}^{1-\alpha}(\omega) \tag{6.12}$$

其中，$l_t(\omega)$ 代表企业 ω 的劳动力需求，$k_t(\omega)$ 代表企业 ω 的资本投入，需求 A_t 代表整个经济体的生产技术水平。各个企业生产的商品以 C. E. S. 形式复合成最终商品

$$Y_t = \left[\int_{\omega\in\Omega} y_t(\omega)^{(\theta-1)/\theta}\mathrm{d}\omega\right]^{\theta/(\theta-1)} \tag{6.13}$$

单个企业面临的需求函数为

$$y_t(\omega) = \rho_t^{-\theta}(\omega)Y_t \tag{6.14}$$

商品的价格水平满足

$$1 = \left[\int_{\omega\in\Omega}\rho_t(\omega)^{1-\theta}\mathrm{d}\omega\right]^{1/(1-\theta)} \tag{6.15}$$

其中，$\rho_t(\omega)$ 是企业商品的相对价格，θ 是商品的替代弹性。

企业在实际工资水平 w_t，资本回报 r_t^k 情况下，通过最小化生产成本得到对劳动和资本的需求，即

$$\min_{l,k} w_t l_t + r_t^k k_{t-1}$$
$$\text{s. t.} \quad y_t = A_t l_t^\alpha k_{t-1}^{1-\alpha} \tag{6.16}$$

一阶条件得到

$$w_t = \alpha mc_t \frac{y_t}{l_t} \tag{6.17}$$

$$r_t^k = (1-\alpha) mc_t \frac{y_t}{k_{t-1}} \tag{6.18}$$

$$mc_t = \alpha^{-\alpha}(1-\alpha)^{-(1-\alpha)} w_t^\alpha l_t^{1-\alpha} \tag{6.19}$$

另一方面，企业通过最大化利润 d_t

$$\max_\rho d_t = (\rho_t - mc_t) y_t$$
$$\text{s. t.} \quad y_t = A_t l_t^\alpha k_{t-1}^{1-\alpha} \tag{6.20}$$

得到最优定价为

$$\rho_t = \frac{\theta}{\theta-1} mc_t \tag{6.21}$$

企业利润为

$$d_t = \left(\frac{\theta}{\theta-1} - 1\right) mc_t y_t = \frac{1}{\theta} \rho_t y_t \tag{6.22}$$

由于本章考虑的是对称均衡，生产所需要的总劳动力和资本分别为

$$L_t^c = N_t l_t \tag{6.23}$$

$$K_{t-1} = N_t k_{t-1} \tag{6.24}$$

从而相对价格水平为

$$\rho_t = N_t^{1/(\theta-1)} \tag{6.25}$$

上式表明，企业数量增加使得企业间竞争程度加大，导致价格加成下降，进而价格水平下降。

总产出 Y_t 为

$$Y_t = N_t^{\theta/(\theta-1)} y_t = \rho_t A_t (L_t^C)^\alpha (K_{t-1})^{1-\alpha} \tag{6.26}$$

与此同时，共同基金每期都会投资建新厂，新企业在进入市场时需要支

付 $f_{E,t}$ 单位的有效劳动力。企业是否进入主要取决于企业预期的未来所有收益的贴现值是否大于等于进入成本。也就是说，当企业价值 v_t 小于进入成本 $f_{E,t}w_t/A_t$ 时，企业将选择不进入；当企业价值 v_t 大于进入成本 $f_{E,t}w_t/A_t$ 时，进入市场将是可以获得超额收益，大量企业进入，但随着企业数目的增加，企业利润 $d_t = \rho_t y_t/\theta = Y_t/(\theta N_t)$ 将会下降，这就使得进入市场不再那么有吸引力，直到企业价值刚好等于进入成本，从而得到企业自由进入条件（free entry condition）：

$$v_t = f_{E,t}\frac{w_t}{A_t} \tag{6.27}$$

6.3.3 政府

政府的收入主要来自征税和发行债券。对消费以 τ_t^c 征税获得消费税收入 $T_t^c = \tau_t^c C_t$、以税率 τ_t^w 对劳动进行征税获得劳动税收入 $T_t^w = \tau_t^w w_t L_t$，同时还对企业分红 d_t 征收企业利得税 τ_t^d，$T_t^d = \tau_t^d d_t N_t$。对于资本所得税稍微有所不同，由于在现实中固定资产的折旧部分可以用来抵扣税款，在模型中政府只对资本扣除折旧后的收益 $(r_t^k - \delta^k)K_{t-1}$ 进行征税，资本收入税税率为 τ_t^k，得到资本所得税 $T_t^k = \tau_t^k(r_t^k - \delta^k)K_{t-1}$。同时，政府每期还以 R_t 利率发行 B_t 的债券。政府支出一部分用来偿还上期债券本息和 $R_{t-1}B_{t-1}$，另一部分用来满足政府支出 G_t 和转移支付 Z_t，从而政府面临的预算约束为

$$B_t + \tau_t^k(r_t^k - \delta^k)K_{t-1} + \tau_t^c C_t + \tau_t^l w_t L_t + \tau_t^d d_t N_t = R_{t-1}B_{t-1} + G_t + Z_t \tag{6.28}$$

6.3.4 均衡

均衡时劳动力市场出清，其中劳动力需求由生产商品所需劳动力 L_t^C 和新企业建立所需劳动力 L_t^E 两部分构成。新企业建立所需劳动力 L_t^E 与新建企业数目和进入成本 $f_{E,t}$ 以及整个经济体的生产率水平相关。

$$L_t^E = N_{E,t}f_{E,t}/A_t \tag{6.29}$$

均衡时劳动力供给等于需求，即

$$L_t = L_t^C + L_t^E \tag{6.30}$$

另一个是商品市场出清，企业生产的最终商品 Y_t 一部分被居民消费 C_t，

另一部分被用来进行政府支出 G_t，还有一部分进行资本投资。从而得到商品市场出清方程

$$Y_t = C_t + G_t + I_t \tag{6.31}$$

6.4 参 数 校 准

本章根据乌利希（1995）方法对模型进行对数线性化，并对模型中的参数进行赋值，运用 Matlab 软件进行数值模拟。本章是在比尔比耶、吉罗尼和梅里兹（2012）模型的基础上进行拓展，研究在内生化企业进入选择框架下的政府支出效率和财政融资规则，因此，在参数校准时一方面主要参考比尔比耶、吉罗尼和梅里兹（2012）研究内生化企业进入对经济周期影响时相应的参数设定；另一方面也借鉴利珀、普兰特和特劳姆（2010）关于财政融资规则的设定。同时，对于一些税收参数采用中国的现实数据进行估计。

对于居民部门的参数，主要根据已有的文献和公认的参数取值进行校准。对于居民的主观季度贴现率 β，将其设定为 0.99，这也意味着年度利率为 4%。居民的消费习惯参数 h 取 0.2（参照 Christiano，Motto and Rostagno，2007），居民的风险厌恶系数 γ 取 2，实证文献对劳动供给弹性的估计值主要在 0.5 ~ 6 之间，本章将劳动供给弹性 $1/\eta$ 取 2。生产部门的参数主要包括 $\{\alpha, \delta^k, \kappa, \delta, \theta\}$，生产函数中的劳动份额 α 取 0.67，资本的折扣率 δ^k 取 0.025，相当于资本每年以 10% 的折旧率进行折旧，资本投资的调整系数 κ 取 2。对于每个企业生产商品之间的替代弹性 θ，参见比尔比耶、吉罗尼和梅里兹（2012）将其设为 3.8[①]。此外，根据张静等（2013）对 1999 ~ 2007 年工业企业数据库中的不同的制造业行业进行计算，得到平均的企业退出率为 24.3%，企业的退出率范围在 11.1% ~ 26.8%，因此本章将企业每期面临的死亡概率 δ 取 0.06，相当于每年企业的退出率为 24%。均衡时的经济生产率 A 和进入成本 f_E 都校准为 1。

[①] 将每个企业生产商品之间的替代弹性 θ 取 6 或者其他合适的范围，对于本章的定性结果不产生影响。

关于政府部门的参数主要是税率参数和均衡时政府支出和债券的占比。在国内不直接征收消费税，是通过增值税、营业税等附加到消费品上，本章将消费税 τ_t^c 大致设为 0.1。中国的个人所得税采用的是累进制税收，在模型中将劳动收入税率 τ_t^w 校准为 0.15。根据个人所得税的规定，对于利息、股息、红利所得以 20% 税率进行征税，所以本章将企业分红利得税率 τ_t^d 和资本收益税率 τ_t^k 都校准为 0.2。政府支出一直是中国产出的重要组成部分，在经济中起着重要作用，参照张佐敏（2014）中的校准方法，用政府一般性支出作为模型中政府支出 G 的衡量标准，将均衡时政府支出占总产出比 G/Y 校准为 0.15。由于这里的债务相当于是债务存量的概念，所以将债务占总产出比 B/Y 取 0.3 是比较合理的。具体的参数校准见表 6 – 1。

表 6 – 1　　　　　　　　　　　　基准模型主要参数赋值

参数	β	h	γ	η	α	δ^k	κ	θ	δ
赋值	0.99	0.2	2	0.5	0.67	0.025	2	3.8	0.06
参数	A	f_E	τ_t^c	τ_t^w	τ_t^d	τ_t^k	G/Y	B/Y	
赋值	1	1	0.1	0.15	0.2	0.2	0.15	0.3	

6.5　不同财政刺激政策的财政乘数

为了比较增加政府支出和降低各种税率对经济的影响，本章采用乌利希（Uhlig，2010）的方法，将这些刺激政策标准化为政府预算约束 1% 的债券变动。以资本所得税和消费税为例进行说明，根据政府的预算约束方程

$$B_t + \tau_t^k(r_t^k - \delta^k)K_{t-1} + \tau_t^c C_t + \tau_t^l w_t L_t + \tau_t^d d_t N_t = R_{t-1}B_{t-1} + G_t + Z_t$$

记均衡时

$$A_1 = B/(\tau^k(r^k - \delta^k)K)\,;\ A_2 = B/(\tau^c C)$$

则在模拟时资本所得税发生 A_1 个百分比变化，消费税发生 A_2 个百分比变化，这样就使得不同刺激政策带来的债务水平变化幅度相同。

在下面的脉冲分析中，首先报告不同财政刺激政策的传导路径，并将其

与 RBC 模型进行对比分析。另外，为了在数量上更加精确地衡量不同财政刺激政策的效果，本章还计算各种财政刺激政策的财政乘数，在此基础上进行分析比较。

6.5.1 政府支出增加

图 6-1 是政府支出 G 增加的脉冲响应图，其中实线代表包含内生化企业进入选择模型的脉冲反应，虚线代表 RBC 模型的脉冲反应，横坐标表示时间（季度），纵坐标表示变量的变化幅度（百分比）。假定政府支出 G 冲击服从 AR（1）过程：$G_t - G = \rho_G (G_{t-1} - G) + \varepsilon_{G,t}$，其中，$\varepsilon_{G,t}$ 服从正态独立同分布。政府支出 G 增加带来总产出的上升，也挤出了居民消费 C。居民的劳动力供给增加，实际工资水平 w_t 下降。同时，工资水平下降使得企业的进入成本 $f_{E,t} w_t / A_t$ 下降，从而使得更多的企业可以进入市场，新建企业数目 $N_{E,t}$ 增加，整个市场企业数目 N_t 增加。根据式（6.26）知总产出 $Y_t = N_t^{\theta/(\theta-1)} y_t$，企业数目 N_t 增加又进一步带来总产出 Y_t 增加。和 RBC 模型相比，可以看到内生化企业进入选择渠道，减少了政府支出增加对资本投资和消费的挤出效应，同时企业数目 N_t 增加，一方面意味着商品的多样性增加，另一方面企业数目增加也放大了总产出的增加幅度，改善了整个社会福利。此外，政府支出 G 上升也带来政府债务水平的上升，通过借新债还旧债的方式偿还由政府债务，会使得政府债券发行规模 B 在较长时间都维持在高位。

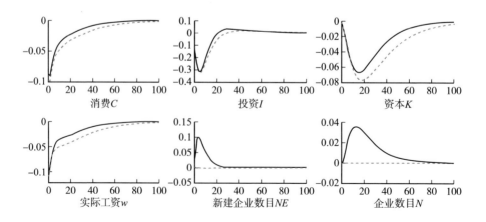

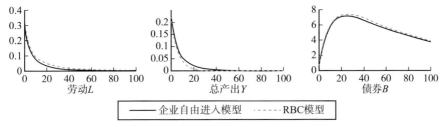

图 6-1　政府支出增加冲击的脉冲响应图

6.5.2　消费税下降

图 6-2 是消费税下降的脉冲响应图，可以看到消费税 τ_t^c[①]下降刺激了私人消费 C_t，使得居民将更多资源用来消费，带来 C_t 上升，资本投资 I 相对应的出现下降，资本 K 下降。居民消费增加，使得企业利润上升，吸引更多的企业进入，新建企业数目 $N_{E,t}$ 和进行生产的企业数目 N_t 都增加。同样根据式（6.26）知总产出 $Y_t = N_t^{\theta/(\theta-1)} y_t$，企业数目 N_t 增加也可以进一步带来总产出 Y_t 的增加。和 RBC 模型相比，内生化企业进入选择渠道，使得经济体拥有更多的投资渠道，扩大对新建企业的投资，从而对产出增长有进一步的促进作用。由于消费税率下降，政府的税收下降，为了平衡预算约束，政府将发行更多政府债券，政府债券水平需要较长时间才能回到平衡状态。消费税下降和政府支出上升都是直接刺激需求，不同的是一个刺激的是私人消费，另一个刺激的是公共消费，但对于产出、资本和企业数目的影响都是一样的，都带来了企业数目增加，丰富了商品的多样性，放大了总产出的增加幅度，对资本投资产生了一定的挤出效应。

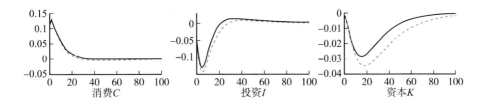

---

① 消费税冲击满足 AR（1）过程：$\tau_t^c - \tau^c = \rho_c(\tau_{t-1}^c - \tau^c) + \varepsilon_t^c$，其中，$\varepsilon_t^c$ 满足 $N(0,1)$ 分布。下面的企业红利税、资本所得税、劳动收入税冲击均满足 AR（1）过程，不再赘述。

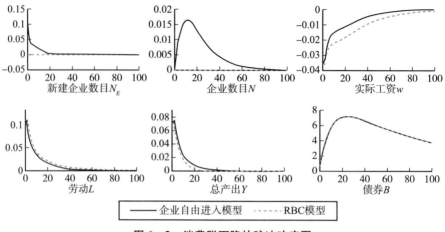

图 6-2 消费税下降的脉冲响应图

6.5.3 企业红利税下降

图 6-3 是企业红利税下降的脉冲响应图，可以看到企业红利税 τ_t^d 下降，使得进行新建企业投资变得更加有吸引力，鼓励了居民建立新企业，新建企业数目 $N_{E,t}$ 上升，从而生产的企业数目 N_t 也上升，商品种类增加。同时，新建企业需要一定的有效劳动力作为进入成本进行投入，这样就加大了对劳动力 L_t 的需求，带来了工资水平 w_t 上升。居民收入的增加，使得居民拥有更多的资源进行消费 C_t 和资本投资 I_t，从而使得资本存量 K_t 增加。总的来说，企业红利税下降刺激了新企业的发展，也带来了总产出 Y_t、消费 C_t 以及资本存量 K_t 的增加。而且由于企业红利税下降，直接刺激了新企业的建立，相比较于政府支出增加和消费税下降，带来的企业数目 N_t 增加幅度更大，总产出 Y_t 上升幅度更大。和削减消费税一样，企业红利税下降，也使得政府的税收收入下降，政府通过发行更多债券维持预算约束平衡，债券水平会在相当长时间内处于高位。由于在 RBC 模型中居民不存在对企业数目的选择，企业的红利相当于转移支付给居民，企业红利税的下降，不对经济动态产生影响，只会对政府预算约束产生影响。在 RBC 模型中，企业红利税对经济的刺激作用微弱，政府债务水平相比于内生化企业进入选择模型则会在高位持续更长时间。

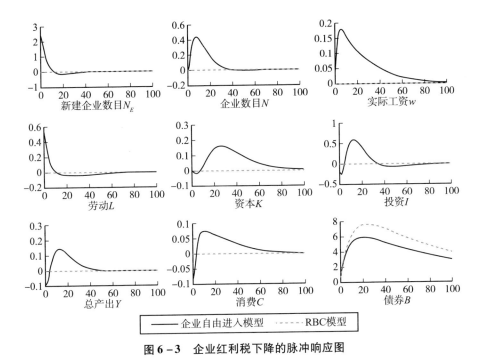

图 6 - 3 企业红利税下降的脉冲响应图

6.5.4 资本所得税下降

图 6 - 4 是资本所得税下降的脉冲响应图,可以看到资本所得税 τ_t^k 下降刺激了资本投资 I_t,带来了资本 K_t 上升。为了更好地利用资本所得税带来的福利改善,居民初期通过减少消费和增加劳动供给来增加收入进行资本投资。一方面,劳动力供给增加,使得工资水平 w_t 下降,降低了企业的进入门槛 $f_{E,t} w_t / A_t$,吸引了更多新企业进入,新建企业数目 $N_{E,t}$ 上升,生产企业数目 N_t 上升,放大了产出上升的幅度。但另一方面,由于资本和劳动以科布多克拉斯生产函数形式生产商品,随着资本存量 K_t 上升,增加了对于劳动 L_t 的需求,又带动了工资水平 w_t 的上升。所以可以看到之后新建企业数目 $N_{E,t}$ 下降,生产企业数目 N_t 下降。总的来说,资本所得税下降带动了资本投资和新企业的建立,带来了产出和消费上升。相比较于 RBC 模型,企业进入选择渠道放大了资本所得税带来的福利改进。同样,资本所得税下降,政府税收水平下降,使得政府债务水平上升,且

在较长时间维持在高位。

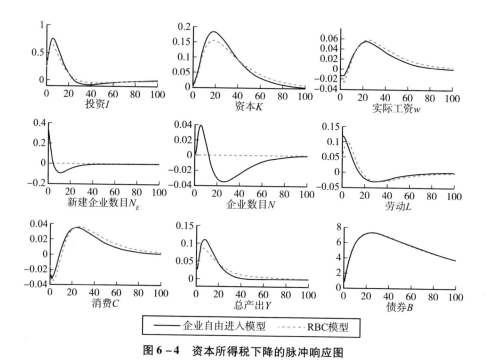

图 6 - 4　资本所得税下降的脉冲响应图

6.5.5　劳动收入税下降

图 6 - 5 是劳动收入税下降的脉冲响应图，可以看到劳动收入税 τ_t^w 下降直接刺激了居民的劳动力供给。劳动力供给水平 L_t 上升，使得工资水平 w_t 下降，进而使得新建企业的进入门槛 $f_{E,t}w_t/A_t$ 下降，刺激了新企业的建立，新建企业数目 $N_{E,t}$ 上升，企业总数 N_t 增加。同样根据式（6.26）总产出 $Y_t = N_t^{\theta/(\theta-1)}y_t$，企业数目 N_t 增加也可以进一步带来总产出 Y_t 的增加。另一方面，劳动收入税 τ_t^w 下降意味着居民收入的增加，使得居民拥有更多的资源进行消费和投资，从而带来了消费 C_t、资本投资 I_t 以及资本存量 K_t 上升。相比较于 RBC 模型，企业进入选择渠道，增加了新建企业的投资，丰富了商品的多样性，同时也放大了劳动收入税 τ_t^w 下降带来的福利改进，使得产出、消费以及资本存量都大幅上升。劳动收入税下降，使得政府收入下

降，为了维持政府预算约束平衡，政府将发行更多债券，政府债务规模在较长时间都维持在高位。

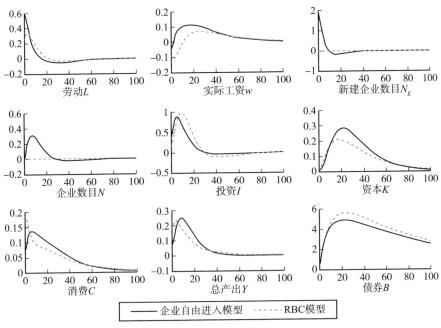

图 6 – 5　劳动收入税下降的脉冲响应图

6.5.6　比较五种财政刺激政策乘数

图 6 – 1 至图 6 – 5 描述了五种财政刺激政策的影响路径，为了对这五种财政刺激政策的效果进行比较，本章计算了五种财政刺激政策对产出、消费、投资、企业数目等多个变量的乘数效应。参照芒特福德和乌利希（Mountford and Uhlig，2009）、乌利希（2010）的方法，将乘数的定义如下

$$Multiplier(T) = \frac{E_t \sum_{s=0}^{T} R^{-s} \hat{X}_{t+s}}{E_t \sum_{s=0}^{T} R^{-s} \hat{G}_{t+s}} \tag{6.32}$$

其中，$\hat{X}_{t+s}$ 代表要研究的乘子所对应的宏观变量对均衡值的偏离。具体而言，在下面的分析中，$\hat{X}_{t+s}$ 分别代表产出、消费、资本投资和新建企业数目

对于均衡值的偏离，$\hat{G}_{t+s}$ 代表政府支出对均衡值的偏离，这样使得各个乘子之间更具有可比较性。

首先，本节计算了五种财政刺激政策的产出乘数（见表6-2）。从即期影响来看，政府支出增加对于产出的影响最直接也是最大的，其次是劳动收入税下降。从长期来看，劳动收入税率下降对产出的刺激作用最大，其次是政府支出。企业红利税下降的即期产出乘数最小且为负值，这主要是因为企业红利税下降鼓励了新建企业，大量资源被用来建新厂使得总产出短暂下降。企业红利税的长期产出乘数为正，且远大于消费税和资本所得税下降的产出乘数。从数值上来看，劳动税率下降的长期产出乘数是政府支出增加刺激政策的近2.4倍，资本所得税对产出的影响不论是短期还是长期都很小。

表6-2　　　　　　　　　五种财政刺激政策的产出乘数

时间（年）	0	1	2	5	10	15	20	25	∞
政府支出	0.1081	0.0943	0.0871	0.0829	0.0841	0.0846	0.0847	0.0847	0.0847
消费税	0.0173	0.0188	0.0182	0.0177	0.0180	0.0181	0.0181	0.0181	0.0181
企业红利税	-0.0147	-0.0096	0.0030	0.0331	0.0461	0.0470	0.0469	0.0469	0.0469
资本所得税	0.0015	0.0041	0.0067	0.0097	0.0100	0.0098	0.0098	0.0098	0.0098
劳动收入税	0.0336	0.0688	0.1085	0.1772	0.2018	0.2033	0.2032	0.2031	0.2030

其次，本节关注各个政策对消费的影响，表6-3列出了五种财政刺激政策的消费乘数。由于政府支出增加挤出了居民消费，导致消费水平下降，政府支出的短期消费乘数和长期消费乘数均为负值，且随着时间的推移政府支出对消费的挤出也在累加，在乘数的绝对数值上政府支出的长期消费乘数大于政府支出的短期消费乘数。此外，企业红利税和资本所得税的短期消费乘数也为负，这是因为企业红利税和资本所得税分别刺激了新建企业和资本的投资，存在有投资挤出消费效应。但从长期来看，这两种税率下降对于消费的作用仍然为正，且企业红利税率下降的长期消费乘数远大于资本所得税率下降的长期消费乘数。从整体来看，不论是短期乘数还是长期乘数，劳动收入税的消费乘数都是最大的。

表 6 - 3　　　　　　　　　　五种财政刺激政策的消费乘数

时间（年）	0	1	2	5	10	15	20	25	∞
政府支出	- 0.0440	- 0.0479	- 0.0475	- 0.0514	- 0.0587	- 0.0615	- 0.0622	- 0.0624	- 0.0625
消费税	0.0282	0.0337	0.0352	0.0351	0.0336	0.0331	0.0329	0.0329	0.0329
企业红利税	- 0.0131	- 0.0048	0.0046	0.0197	0.0328	0.0380	0.0395	0.0399	0.0401
资本所得税	- 0.0016	- 0.0019	- 0.0018	0.0001	0.0028	0.0038	0.0041	0.0041	0.0042
劳动收入税	0.0322	0.0524	0.0699	0.1074	0.1491	0.1657	0.1705	0.1718	0.1722

再次，表 6 - 4 列出了五种财政刺激政策的投资乘数。政府支出增加和消费税率下降都挤出了资本投资，从而使得无论短期还是长期政府支出和消费税的资本投资乘数都为负值，且政府支出的投资挤出效应更强。企业红利税率下降短期鼓励了新建企业的投资，降低了对资本的投资，企业红利税的短期资本投资乘数为负，但是长期来看企业红利税的资本投资乘数为正，且大于资本所得税的资本投资乘数。劳动收入税和资本所得税的投资乘数无论短期还是长期均为正值，且劳动收入税的投资乘数大于资本所得税乘数，劳动收入税的长期投资乘数数值达到 0.523。

表 6 - 4　　　　　　　　　　五种财政刺激政策的资本投资乘数

时间（年）	0	1	2	5	10	15	20	25	∞
政府支出	- 0.0717	- 0.1405	- 0.1865	- 0.1960	- 0.1576	- 0.1430	- 0.1390	- 0.1379	- 0.1376
消费税	- 0.0133	- 0.0273	- 0.0370	- 0.0396	- 0.0320	- 0.0290	- 0.0281	- 0.0279	- 0.0278
企业红利税	- 0.0353	- 0.0389	- 0.0011	0.1208	0.1456	0.1290	0.1220	0.1201	0.1194
资本所得税	0.0157	0.0337	0.0487	0.0594	0.0500	0.0448	0.0432	0.0427	0.0426
劳动收入税	0.0707	0.2026	0.3737	0.6389	0.6135	0.5525	0.5310	0.5250	0.5230

最后，本节考察了新建企业数目 N_E 乘数（见表 6 - 5）。新建企业是相对资本投资的另一种投资形式，新建企业数目 N_E 是企业数目 N 变动的直接来源，而企业数目 N 则度量了商品的多样性和市场竞争程度，因此，研究新建企业数目 N_E 乘数是极其重要和必要的。从短期来看，劳动收入税对新

建企业数目的刺激作用最强，其次是企业红利税，而且这两种税收刺激政策对于新建企业数目的影响远大于其他三种刺激政策。从长期来看，仍然是劳动收入税率和企业红利税下降对新建企业数目的影响最大。值得注意的是，资本所得税率下降刺激了资本的投资，挤出了新建企业的投资，对新建企业数目的长期影响为负。

表6-5　　　　　　　　　　五种财政刺激政策的新建企业数目乘数

时间（年）	0	1	2	5	10	15	20	25	∞
政府支出	0.0167	0.0467	0.0565	0.0572	0.0537	0.0532	0.0532	0.0532	0.0532
消费税	0.0241	0.0153	0.0143	0.0131	0.0122	0.0121	0.0121	0.0121	0.0121
企业红利税	0.3969	0.3540	0.2964	0.1918	0.1496	0.1450	0.1445	0.1444	0.1444
资本所得税	0.0180	0.0118	0.0058	−0.0020	−0.0040	−0.0042	−0.0042	−0.0042	−0.0042
劳动收入税	0.7901	0.6418	0.4939	0.2672	0.1881	0.1804	0.1797	0.1796	0.1796

对上面各个乘数分析进行总结，可以发现，劳动收入税率下降的财政刺激政策是最优的。这主要是因为劳动收入税率下降不仅增加了居民的收入，而且劳动收入税率下降降低了新建企业的进入成本，从而降低企业的进入门槛，极大地促进了新建企业投资，带来了企业数目的大幅上升。更重要的是，进入成本的下降意味着整个经济体消耗在进入门槛的资源减少，可以有更多的资源进行消费和投资，所以劳动收入税率下降对经济的促进作用是最大的。其次，可以看到企业红利税次优于劳动收入税，企业红利税率下降刺激了居民对新建企业的投资，企业数目的增加加剧了企业之间的竞争，减少了垄断竞争带来的扭曲，增加了产出和消费。其他的三种财政政策对经济的刺激作用小于劳动收入税和企业红利税下降两者对经济的刺激作用。

6.5.7　比较债券的融资期限

在考虑财政政策对经济的刺激作用的同时，财政刺激政策带来的债务水平上升也是必须要考虑的问题。从图6-1～图6-5分析可以注意到财政刺激政策都带来了政府债务上升，而且债券偏离均衡值的时间较长。为了比较五种财政刺激政策对于债务的影响，本节从偿还债务速度进行分析。

根据政府预算约束方程式（6.28），并将其对数线性化可以得到

$$S/B\hat{S}_t - R\hat{R}_t = R\hat{B}_{t-1} - \hat{B}_t \qquad (6.33)$$

其中，$S_t = \tau_t^k(r_t^k - \delta^k)K_{t-1} + \tau_t^c C_t + \tau_t^l w_t L_t + \tau_t^d d_t N - G_t - Z_t$ 代表政府支出缺口，S、R 和 B 分别代表政府支出缺口、利率和债券的均衡值，$\hat{S}_t$、$\hat{R}_t$ 和 $\hat{B}_t$ 则分别代表它们对均衡值的偏离百分比，且利率的均值 $R = 1/\beta$。将式（6.33）累加可以得到债券被政府收入和利率变动偿还后剩余的部分。记

$$PV_t(T) = E_t \sum_{j=1}^{T} \beta^j \left[\left(\frac{S}{B} \right)\hat{S}_{t+j} - \left(\frac{1}{\beta} \right)\hat{R}_{t+j-1} \right] \qquad (6.34)$$

代表了 T 期债券未偿还部分。图 6-6 是五种政策的债券偿还期限。

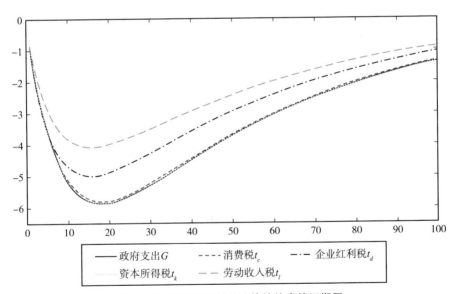

图6-6 五种财政刺激政策的债券偿还期限

从图6-6可以看到劳动收入税下降的刺激政策带来的政府债务水平上升幅度最小，偿还速度也是最快的。其次是企业红利税率下降的刺激政策。政府支出 G 增加、消费税率下降和资本所得税下降对于债务的影响相当。

6.6 不同偿债方式下的财政支出乘数

上一节分析了五种刺激政策对于经济的影响路径、财政乘数以及债务的偿还期限，其中，财政刺激政策带来的债务水平上升主要通过政府借新债还旧债的方式进行偿还，所以债券会在较长时间维持在高位。但在现实中，政府不可能在较长时间维持较高债务水平，债务水平的上升势必会影响接下来的财政政策。政府会通过减少财政支出或者增加税收来减轻债务压力。为了分析简便，在此仅以政府支出增加的财政刺激政策为例分析①不同的财政融资规则对经济的影响。具体的财政融资规则如下：

$$\hat{G}_t = -\varphi_g \hat{Y}_t - \gamma_g \hat{B}_{t-1} + \hat{u}_t^g, \quad \hat{u}_t^g = \rho_g \hat{u}_{t-1}^g + \sigma_g \varepsilon_t^g \tag{6.35}$$

$$\hat{\tau}_t^i = \varphi_i \hat{Y}_t + \gamma_i \hat{B}_{t-1} + \hat{u}_t^i, \quad \hat{u}_t^i = \rho_i \hat{u}_{t-1}^i + \sigma_i \varepsilon_t^i, \quad i = \{c, d, k, l\} \tag{6.36}$$

其中，$\varphi_j, j = \{g, c, d, k, l\}$ 是对产出的反应系数，代表产出的自动稳定器的效应。$\gamma_j, j = \{g, c, d, k, l\}$ 是对政府债务水平的反应系数，反映了债务水平对财政政策的反向作用。ρ_j 是冲击的自相关系数，冲击 ε_t^i 满足 $i.i.d. N(0, 1)$ 分布，σ_j 反应冲击的大小。

通过前面的政府支出增加的刺激政策的脉冲图分析可以看到，政府支出带来了产出增加 0.2 个百分比左右。由于产出的增加比例很小且产出稳定器的系数 φ_j 小于 0.2（Blanchard and Perotti, 2002；Yang, 2005），这样财政融资规则中产出的反向作用大致在 0.04 左右，影响非常微弱。所以，在进行财政融资规则分析时我们取 $\varphi_j = 0$，专注于债务水平对财政融资规则的影响。此外，在计算乘数时，为了比较方便，只考虑外生的政府支出变动，不考虑政府支出的内生变化。

6.6.1 政府支出财政融资规则

首先，本节考查利用缩减政府支出的方式来偿还债务，具体的财政融资

---

① 本章只以政府支出的财政刺激政策为例进行分析，对于其他的消费税、企业红利税、劳动收入税和资本所得税财政刺激政策带来的债务偿还问题，可以类似的方法分析不同的财政融资规则对经济的影响，本章不再赘述。

规则为 $\hat{G}_t = -\gamma_g \hat{B}_{t-1} + \hat{u}_t^g$，$\hat{u}_t^g = \rho_g \hat{u}_{t-1}^g + \sigma_g \varepsilon_t^g$，上一期的债务水平会反过来
影响当期的政府支出，图 6 - 7 为政府支出增加冲击的脉冲响应图。可以看
到通过缩减政府开支来偿还债务后，政府债务水平下降的速度明显增快，且
反应系数 φ_g 越大，债务的变化幅度越小，债务水平回到均衡的时间越短。
通过比较借新债还旧债方式（$\varphi_g = 0$）和政府支出财政融资规则（$\varphi_g = 0.1$
和 $\varphi_g = 0.3$）两种情形，可以看到采用缩减政府支出的方式偿还债务，会带
来资本投资和新建企业的投资减少，新建企业数目 $N_{E,t}$ 和生产企业数目 N_t
下降。通过式（6.26）知总产出 $Y_t = N_t^{\theta/(\theta-1)} y_t$，企业数目的下降又会加快
总产出的下降，总产出 Y_t 甚至会出现下降的情况。

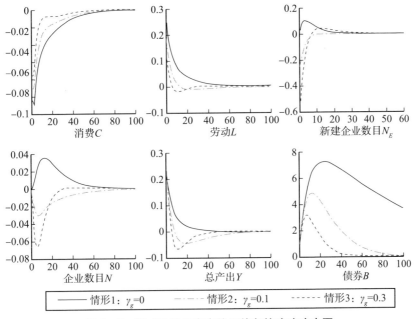

图 6 - 7　缩减政府支出来偿还债务的脉冲响应图

为了进一步从数值上比较，采用缩减政府支出偿还债务对经济的影响，
表 6 - 6 列出了不同反应系数的财政乘数。从即期乘数来看，新建企业乘数
由借新债还旧债方式（$\gamma_g = 0$）的 0.0167 变为了 - 0.1193（$\gamma_g = 0.1$）和
- 0.2562（$\gamma_g = 0.3$）。对于消费乘数而言，虽然仍为负值，但是绝对值明

显变小。从长期乘数来看,财政支出刺激的产出乘数不再为正,分别为 -0.0259($\gamma_g = 0.1$)和 -0.0270($\gamma_g = 0.3$),政府支出刺激对于产出的影响从长期来看是不利的。对于新建企业乘数,采取缩减政府支出偿还债务后不仅短期乘数为负值,长期乘数也仍然为负值,但长期来看对于新建企业的挤出影响会变小。总而言之,采取政府支出财政融资规则后,政府支出的产出乘数和新建企业乘数都变小了,但消费乘数变大。

表6-6　　　　　　　　　缩减政府支出来偿还债务的财政乘数

$\gamma_g = 0$	0 年	1 年	2 年	5 年	10 年	15 年	20 年	25 年	∞
产出乘数	0.1081	0.0943	0.0871	0.0829	0.0841	0.0846	0.0847	0.0847	0.0847
消费乘数	−0.0440	−0.0479	−0.0475	−0.0514	−0.0587	−0.0615	−0.0622	−0.0624	−0.0625
资本投资乘数	−0.0717	−0.1405	−0.1865	−0.1960	−0.1576	−0.1430	−0.1390	−0.1379	−0.1376
新建企业乘数	0.0167	0.0467	0.0565	0.0572	0.0537	0.0532	0.0532	0.0532	0.0532
$\gamma_g = 0.1$	0 年	1 年	2 年	5 年	10 年	15 年	20 年	25 年	∞
产出乘数	0.1103	0.0837	0.0603	0.0186	−0.0115	−0.0216	−0.0247	−0.0255	−0.0259
消费乘数	−0.0376	−0.0393	−0.0369	−0.0365	−0.0410	−0.0430	−0.0435	−0.0437	−0.0437
资本投资乘数	−0.0855	−0.1739	−0.2408	−0.2766	−0.2328	−0.2112	−0.2047	−0.2029	−0.2023
新建企业乘数	−0.1193	−0.0797	−0.0584	−0.0407	−0.0398	−0.0404	−0.0406	−0.0406	−0.0406
$\gamma_g = 0.3$	0 年	1 年	2 年	5 年	10 年	15 年	20 年	25 年	∞
产出乘数	0.1144	0.0704	0.0333	−0.0132	−0.0259	−0.0269	−0.0270	−0.0270	−0.0270
消费乘数	−0.0318	−0.0304	−0.0254	−0.0216	−0.0239	−0.0249	−0.0252	−0.0252	−0.0253
资本投资乘数	−0.0849	−0.1652	−0.2134	−0.1963	−0.1370	−0.1242	−0.1220	−0.1216	−0.1215
新建企业乘数	−0.2562	−0.1774	−0.1199	−0.0587	−0.0468	−0.0460	−0.0460	−0.0460	−0.0460

6.6.2　消费税财政融资规则

当采取消费税融资规则 $\hat{\tau}_t^c = \gamma_c \hat{B}_{t-1} + \hat{u}_t^c$，$\hat{u}_t^c = \rho_c \hat{u}_{t-1}^c + \sigma_c \varepsilon_t^c$ 时，即采用增加消费税来偿还政府债务。政府支出增加的财政刺激带来的债务水平上升，会使得消费税率上升。从图 6-8 的脉冲响应图，可以看到采取消费税规则后，消费税率上升带来了居民消费 C_t 下降，由此带来的产出下降，使得劳动需求也下降了。与此同时，对于新企业的投资也下降，新建企业数目 $N_{E,t}$ 和生产企业数目 N_t 均下降，通过 $Y_t = N_t^{\theta/(\theta-1)} y_t$，使得产出下降速度更快。总而言之，当消费税率对上期债务水平反应系数 γ_c 的反应越大，债务偿还的速度越快，同时消费下降幅度越大，产出和企业数目增加幅度越小。

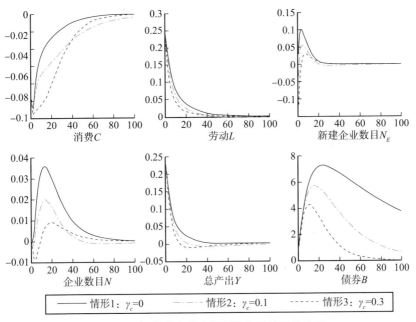

图 6-8　提高消费税来偿还债务的脉冲响应图

从财政乘数大小来看（见表 6-7），由于消费税率是对上一期债务水平进行反应，可以看到采取增加消费税率偿债和借新债还旧债两者的即期产出、消费、投资乘数差别不大。但是对于新建企业乘数而言，采用消费税融资规则后，新建企业数目下降了，使得新建企业乘数为负值。从长期来看，增加消费税来偿还债务，使得消费的挤出效应非常明显，长期消费乘数在绝对数值上增加了近一倍，由借新债还旧债方式的 -0.0625 变为 -0.1108 （$\gamma_c = 0.1$）和 -0.1304 （$\gamma_c = 0.3$）；而长期产出乘数变小了近一倍，由借新债还旧债方式的 0.0847 变为 0.0463 （$\gamma_c = 0.1$）和 0.0347 （$\gamma_c = 0.3$）。总而言之，采用提高消费税来偿还债务，使得各项财政乘数与借新债还旧债相比都变小了。

表 6 - 7   提高消费税来偿还债务的财政乘数

$\gamma_c = 0$	0 年	1 年	2 年	5 年	10 年	15 年	20 年	25 年	∞
产出乘数	0.1081	0.0943	0.0871	0.0829	0.0841	0.0846	0.0847	0.0847	0.0847
消费乘数	-0.0440	-0.0479	-0.0475	-0.0514	-0.0587	-0.0615	-0.0622	-0.0624	-0.0625
资本投资乘数	-0.0717	-0.1405	-0.1865	-0.1960	-0.1576	-0.1430	-0.1390	-0.1379	-0.1376
新建企业乘数	0.0167	0.0467	0.0565	0.0572	0.0537	0.0532	0.0532	0.0532	0.0532
$\gamma_c = 0.1$	0 年	1 年	2 年	5 年	10 年	15 年	20 年	25 年	∞
产出乘数	0.1083	0.0918	0.0808	0.0663	0.0562	0.0509	0.0484	0.0472	0.0463
消费乘数	-0.0428	-0.0493	-0.0530	-0.0690	-0.0916	-0.1026	-0.1073	-0.1093	-0.1108
资本投资乘数	-0.0754	-0.1499	-0.2026	-0.2241	-0.1905	-0.1760	-0.1718	-0.1705	-0.1700
新建企业乘数	-0.0146	0.0160	0.0274	0.0297	0.0245	0.0226	0.0218	0.0215	0.0212
$\gamma_c = 0.3$	0 年	1 年	2 年	5 年	10 年	15 年	20 年	25 年	∞
产出乘数	0.1087	0.0882	0.0722	0.0494	0.0381	0.0354	0.0349	0.0348	0.0347
消费乘数	-0.0416	-0.0532	-0.0635	-0.0927	-0.1199	-0.1280	-0.1299	-0.1303	-0.1304
资本投资乘数	-0.0783	-0.1562	-0.2109	-0.2273	-0.1818	-0.1638	-0.1591	-0.1580	-0.1577
新建企业乘数	-0.0560	-0.0212	-0.0037	0.0093	0.0102	0.0102	0.0103	0.0103	0.0103

6.6.3　企业红利税财政融资规则

图 6 – 9 是采取企业红利税融资规则 $\hat{\tau}_t^d = \gamma_d \hat{B}_{t-1} + \hat{u}_t^d$，$\hat{u}_t^d = \rho_d \hat{u}_{t-1}^d + \sigma_d \varepsilon_t^d$ 的脉冲响应图。采用增加企业红利税来偿还政府债务，一方面降低了债务水平的增加幅度，另一方面使得债务水平回到均衡状态时间缩短。但与此同时，根据企业红利税融资规则，增加政府支出的财政刺激政策带来的债务水平上升，会使得企业红利税率上升，进而带来新建企业的投资明显下降，新建企业数目 $N_{E,t}$ 和生产企业数目 N_t 下降。企业红利税率的增加使得居民由新建企业投资转向资本投资，可以看到投资 I_t 相比较于借新债还旧债情况明显上升。同样根据产出 $Y_t = N_t^{\theta/(\theta-1)} y_t$ 可以看到，企业数目 N_t 的下降加剧了产出的下降速度。利用企业红利税来偿还债务存在着一定的扭曲性，消费下降幅度也随着反应系数 γ_d 的增大而增大。

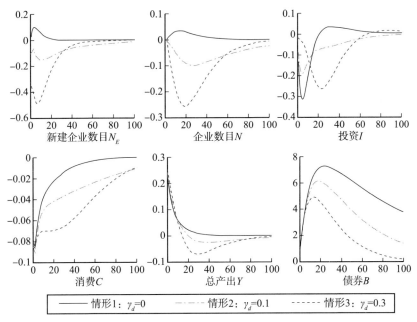

图 6 – 9　增加企业红利税来偿还债务的脉冲响应图

从财政乘数的角度看（见表6-8），采取企业红利税融资规则影响最大的是新建企业数目乘数，无论是即期乘数还是长期乘数都大幅下降，企业红利税融资规则下的新建企业数目乘数为负值，且长期新建企业乘数是借新债还旧债情况下的近5倍，由借新债还旧债方式的0.0532变为-0.2634（γ_d=0.1）和-0.4860（γ_d=0.3）（见表6-8）。当企业红利税对债务水平反应系数较大（γ_d=0.3）时，我们看到长期产出乘数由正变为负，也就是说从长期来看如果采用增加企业红利税的方式进行偿还债务，会使得政府支出刺激政策对产出的影响为负。企业红利税融资规则对消费影响也非常显著，长期消费乘数相比较于借新债还旧债情形下降了近2倍，由-0.0625（γ_d=0）变为-0.1289（γ_d=0.1）和-0.1827（γ_d=0.3）。总而言之，企业红利税融资规则通过影响新建企业的投资进而对产出、消费等都产生了明显的负向影响。

表6-8　　　　　　　增加企业红利税来偿还债务的财政乘数

γ_d=0	0 年	1 年	2 年	5 年	10 年	15 年	20 年	25 年	∞
产出乘数	0.1081	0.0943	0.0871	0.0829	0.0841	0.0846	0.0847	0.0847	0.0847
消费乘数	-0.0440	-0.0479	-0.0475	-0.0514	-0.0587	-0.0615	-0.0622	-0.0624	-0.0625
资本投资乘数	-0.0717	-0.1405	-0.1865	-0.1960	-0.1576	-0.1430	-0.1390	-0.1379	-0.1376
新建企业乘数	0.0167	0.0467	0.0565	0.0572	0.0537	0.0532	0.0532	0.0532	0.0532
γ_d=0.1	0 年	1 年	2 年	5 年	10 年	15 年	20 年	25 年	∞
产出乘数	0.1129	0.1026	0.0968	0.0837	0.0607	0.0449	0.0360	0.0313	0.0259
消费乘数	-0.0428	-0.0481	-0.0502	-0.0628	-0.0872	-0.1049	-0.1157	-0.1218	-0.1289
资本投资乘数	-0.0471	-0.0887	-0.1155	-0.1428	-0.1813	-0.2037	-0.2125	-0.2160	-0.2188
新建企业乘数	-0.0483	-0.0518	-0.0769	-0.1421	-0.2009	-0.2302	-0.2457	-0.2540	-0.2634

续表

$\gamma_d = 0.3$	0 年	1 年	2 年	5 年	10 年	15 年	20 年	25 年	∞
产出乘数	0.1211	0.1148	0.1082	0.0725	0.0135	−0.0146	−0.0249	−0.0284	−0.0302
消费乘数	−0.0395	−0.0471	−0.0536	−0.0804	−0.1265	−0.1571	−0.1722	−0.1787	−0.1827
资本投资乘数	−0.0110	−0.0176	−0.0304	−0.1372	−0.3059	−0.3495	−0.3487	−0.3430	−0.3369
新建企业乘数	−0.1822	−0.2389	−0.3104	−0.4249	−0.4732	−0.4826	−0.4850	−0.4857	−0.4860

6.6.4 资本所得税财政融资规则

资本所得税财政融资规则 $\hat{\tau}_t^k = \gamma_k \hat{B}_{t-1} + \hat{u}_t^k$，$\hat{u}_t^k = \rho_k \hat{u}_{t-1}^k + \sigma_k \varepsilon_t^k$ 对于资本投资 I_t 影响最大（见图 6 – 10）。政府支出上升带来的债务上升，根据资本所得税财政融资规则，资本所得税率上升，居民对于资本投资 I_t 减少；且对债务的反应系数 γ_k 越大，资本所得税率上升幅度越大，资本投资下降幅度越大。资本所得税率上升的同时，对于新建企业数目的投资下降，从而新建企业数目 $N_{E,t}$ 和生产企业数目 N_t 均下降。由于产出 $Y_t = N_t^{\theta/(\theta-1)} y_t$，企业数目 N_t 下降也加快了产出下降速度。值得注意的是，尽管采用资本所得税融资规则后，债务水平增加幅度随着 γ_k 增大而减小，但是债务水平仍然在较长时间维持在高位。

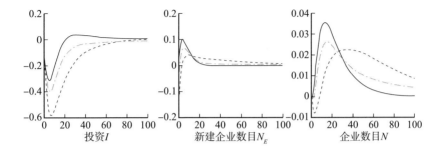

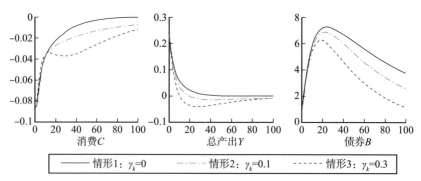

图 6 - 10　提高资本所得税来偿还债务的脉冲响应图

　　从财政乘数大小看，资本所得税规则使得产出、消费和资本投资乘数下降，其中，对资本投资乘数和产出乘数的影响较大（见表 6 - 9）。当采用借新债还旧债（$\gamma_k = 0$）时，长期资本投资乘数为 - 0. 1376，1% 的政府支出最终会带来资本投资下降 0. 14%，而当采用提高资本所得税来偿还债务后，长期资本所得税的资本投资乘数变为 - 0. 3857（$\gamma_k = 0.1$），是借新债还旧债时的近 3 倍。长期产出乘数由借新债还旧债时的 0. 0847 变为 0. 0255（$\gamma_k = 0.1$），当资本所得税对债务水平反应系数 γ_k 较大（$\gamma_k = 0.3$）时，长期产出乘数甚至为负值，为 - 0. 0402。但从长期来看，资本所得税财政融资规则对新建企业乘数影响不大。

表 6 - 9　　　　　　　　　　　　　　资本所得税规则乘数

$\gamma_k = 0$	0 年	1 年	2 年	5 年	10 年	15 年	20 年	25 年	∞
产出乘数	0. 1081	0. 0943	0. 0871	0. 0829	0. 0841	0. 0846	0. 0847	0. 0847	0. 0847
消费乘数	- 0. 0440	- 0. 0479	- 0. 0475	- 0. 0514	- 0. 0587	- 0. 0615	- 0. 0622	- 0. 0624	- 0. 0625
资本投资乘数	- 0. 0717	- 0. 1405	- 0. 1865	- 0. 1960	- 0. 1576	- 0. 1430	- 0. 1390	- 0. 1379	- 0. 1376
新建企业乘数	0. 0167	0. 0467	0. 0565	0. 0572	0. 0537	0. 0532	0. 0532	0. 0532	0. 0532

续表

$\gamma_k = 0.1$	0 年	1 年	2 年	5 年	10 年	15 年	20 年	25 年	∞
产出乘数	0.1075	0.0912	0.0803	0.0648	0.0508	0.0413	0.0352	0.0315	0.0255
消费乘数	−0.0424	−0.0460	−0.0455	−0.0510	−0.0651	−0.0749	−0.0809	−0.0846	−0.0904
资本投资乘数	−0.0823	−0.1683	−0.2377	−0.3098	−0.3364	−0.3534	−0.3654	−0.3731	−0.3857
新建企业乘数	−0.0093	0.0225	0.0351	0.0427	0.0461	0.0498	0.0524	0.0541	0.0567
$\gamma_k = 0.3$	0 年	1 年	2 年	5 年	10 年	15 年	20 年	25 年	∞
产出乘数	0.1063	0.0855	0.0680	0.0342	−0.0002	−0.0196	−0.0297	−0.0348	−0.0402
消费乘数	−0.0395	−0.0424	−0.0419	−0.0504	−0.0757	−0.0954	−0.1073	−0.1138	−0.1208
资本投资乘数	−0.1017	−0.2187	−0.3292	−0.5018	−0.6075	−0.6430	−0.6549	−0.6592	−0.6623
新建企业乘数	−0.0544	−0.0187	0.0000	0.0226	0.0406	0.0516	0.0576	0.0607	0.0640

6.6.5 劳动收入税财政融资规则

从采取劳动收入税融资规则 $\hat{\tau}_t^w = \gamma_w \hat{B}_{t-1} + \hat{u}_t^w$，$\hat{u}_t^w = \rho_w \hat{u}_{t-1}^w + \sigma_w \varepsilon_t^w$ 的政府支出增加刺激的脉冲响应图 6 – 11 可以看到，采用增加劳动收入税来偿还债务，使得新建企业数目 $N_{E,t}$、生产企业数目 N_t、资本投资 I_t、消费 C_t 以及产出 Y_t 都大幅下降，且随着反应系数 γ_w 变大，各变量的下降幅度也越大。劳动收入税率随着债务水平上升而上升，使得居民收入下降，消费减少。同时，工资水平的上升，也使得企业的进入成本上升，新建企业数目下降。当劳动收入税对债券的反应系数 γ_w 较大时，企业数目 N_t 不再是增加而是大幅下降，使得总产出 $Y_t = N_t^{\theta/(\theta-1)} y_t$ 也大幅下降。与资本所得税融资规则相比，可以看到在劳动收入税融资规则下债务水平可以更快回到均衡水平。

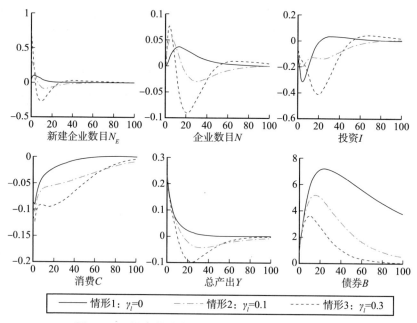

图 6-11　提高劳动收入税来偿还债务的脉冲响应图

从表 6-10 劳动收入税融资规则的财政乘数可以发现，与借新债还旧债相比，通过提高劳动收入税率来偿还债务会使得长期产出乘数和新建企业乘数都由正变负，长期产出乘数由 0.0847（$\gamma_w = 0$）变为 -0.0038（$\gamma_w = 0.1$）和 -0.0727（$\gamma_w = 0.3$），长期新建企业乘数由 0.0532（$\gamma_w = 0$）变为 -0.0133（$\gamma_w = 0.1$）和 -0.0628（$\gamma_w = 0.3$）。劳动收入税融资规则，通过增加劳动税率来偿还债务，使得居民消费水平和资本投资均下降，长期消费乘数和资本投资乘数都变小。

表 6-10　　　　　　　　提高劳动收入税来偿还债务的财政乘数

$\gamma_l = 0$	0 年	1 年	2 年	5 年	10 年	15 年	20 年	25 年	∞
产出乘数	0.1081	0.0943	0.0871	0.0829	0.0841	0.0846	0.0847	0.0847	0.0847
消费乘数	-0.0440	-0.0479	-0.0475	-0.0514	-0.0587	-0.0615	-0.0622	-0.0624	-0.0625
资本投资乘数	-0.0717	-0.1405	-0.1865	-0.1960	-0.1576	-0.1430	-0.1390	-0.1379	-0.1376

续表

$\gamma_l = 0$	0 年	1 年	2 年	5 年	10 年	15 年	20 年	25 年	∞
新建企业乘数	0.0167	0.0467	0.0565	0.0572	0.0537	0.0532	0.0532	0.0532	0.0532
$\gamma_l = 0.1$	0 年	1 年	2 年	5 年	10 年	15 年	20 年	25 年	∞
产出乘数	0.1062	0.0956	0.0899	0.0706	0.0335	0.0122	0.0028	-0.0011	-0.0038
消费乘数	-0.0508	-0.0561	-0.0584	-0.0758	-0.1097	-0.1331	-0.1456	-0.1515	-0.1562
资本投资乘数	-0.0545	-0.0980	-0.1232	-0.1684	-0.2536	-0.2861	-0.2908	-0.2896	-0.2867
新建企业乘数	0.1629	0.1401	0.0946	0.0154	-0.0122	-0.0140	-0.0137	-0.0135	-0.0133
$\gamma_l = 0.3$	0 年	1 年	2 年	5 年	10 年	15 年	20 年	25 年	∞
产出乘数	0.1028	0.0928	0.0825	0.0286	-0.0436	-0.0668	-0.0718	-0.0726	-0.0727
消费乘数	-0.0586	-0.0656	-0.0723	-0.1079	-0.1648	-0.1965	-0.2090	-0.2132	-0.2149
资本投资乘数	-0.0426	-0.0742	-0.1096	-0.2919	-0.4958	-0.5045	-0.4819	-0.4696	-0.4630
新建企业乘数	0.3403	0.2060	0.0669	-0.0854	-0.0841	-0.0691	-0.0643	-0.0632	-0.0628

6.6.6　五种财政融资规则比较

为了分析比较五种不同的财政融资规则的影响，本节将五种财政融资规则的反应系数均取为 0.1，比较在政府支出增加刺激后各个财政融资规则对主要变量的影响。从表 6-11 可以看到不同财政融资规则对于不同财政乘数的影响各不相同。从产出乘数来看，当采用借新债还旧债方式时，政府支出增加冲击带来的产出乘数为 0.0847。如果采取政府支出融资规则，产出乘数大小下降最快，为 -0.0259。消费税融资规则对产出乘数的影响最小，为 0.0463，是借新债还旧债方式的约 1/2。企业红利税融资规则和资本所得税融资规则的产出乘数大小接近，分别为 0.0259 和 0.0255，也就是说，如果关注政府支出刺激政策对产出的影响，采取消费税融资规则是比较好的选择。对于消费乘数而言，政府支出融资规则的消费乘数比借新债还旧债方式的消费乘数更大。当政府支出对债务进行反应后，政府会缩减政府支出来偿还债务，从而使得政府支出对于居民消费的挤出效应减小，从而相对于借新债还旧债方式而言，消费乘数增大了。劳动收入税融资规则对消费乘数的负向影响最大，为 -0.1562，是借新债还旧债方式的近 2.5 倍。对资本投资乘数而言，五种财政融资规则均使得资本投资乘数变小，其中，资本所得税融资规则的影响最显著。资本所得税率上升直接对资本投资产生影响，所以对于资产投资的影响也最大，为 -0.3857，是借新债还旧债方式的 2.8 倍。对资本投资乘数影响最小的是消费税融资规则。消费税率上升使得居民减少消费增加投资，从而使得对于资本投资的影响比较小。对于新建企业数目乘数而言，采用缩减政府支出、提高企业红利税或劳动收入税来偿债都对新建企业数目产生负向影响，其中企业红利税的负向影响最大。企业红利税减少了新建企业的动机，使得新建企业数目下降，企业红利税规则的新建企业数目乘数为 -0.2634。消费税融资规则和资本所得税融资规则的新建企业数目为正值，分别为 0.0212 和 0.0567。资本所得税融资规则使资本所得税率上升，居民将资本投资转向新建企业投资，使资本所得税融资规则的新建企业数目乘数比借新债还旧债方式的新建企业数目乘数略大。

表 6-11   五种财政融资规则的财政乘数

财政融资规则	长期产出乘数	长期消费乘数	长期资本投资乘数	长期新建企业乘数
政府支出融资规则	-0.0259	-0.0437	-0.2023	-0.0406
消费税融资规则	0.0463	-0.1108	-0.1700	0.0212
企业红利税融资规则	0.0259	-0.1289	-0.2188	-0.2634
资本所得税融资规则	0.0255	-0.0904	-0.3857	0.0567
劳动收入税融资规则	-0.0038	-0.1562	-0.2867	-0.0133
借新债还旧债	0.0847	-0.0625	-0.1376	0.0532

注：这里的财政融资规则的反应系数均取 0.1。

综合来看，消费税融资规则对于产出和资本投资乘数的影响较小，政府支出融资规则对于消费乘数影响较小，资本所得税融资规则对新建企业数目乘数的影响较小。而企业红利税融资规则和劳动收入税融资规则带来的扭曲性较大，这与之前研究不同财政刺激政策的效果的结论不同。由于降低企业红利税率和劳动收入税的财政刺激政策对于经济的刺激作用较大，反过来当用这些税收来偿还债务时扭曲性也越大。

从不同财政融资规则偿还债务的速度来看（见图 6 - 12），政府支出融资规则的偿还速度最快，其次是劳动收入税融资规则，最慢的是资本所得税融资规则。利用消费税融资规则偿还政府支出增加刺激带来的债务上升，相比其他规则更优。

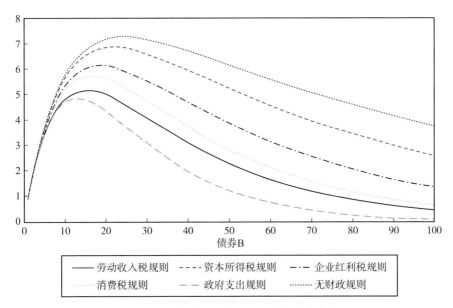

图 6 - 12　五种财政融资规则的债券脉冲响应图

注：这里的财政融资规则反应系数均取 0.1。

6.7　贝叶斯估计

6.6 节对不同的财政融资规则的乘数进行了细致的比较和分析。本节将在上面分析的基础上，首先利用现实数据采用贝叶斯估计方法，估计中国复合财政融资规则，其次将其与前面分析的最优的偿债方式进行反事实分析，讨论两者的脉冲图和财政乘子。

6.7.1 数据和参数先验分布

本章的参数主要涉及居民部门、生产部门和政府部门三部分。由于本节主要是要估计政府部门的财政融资规则，所以参照张佐敏（2014）、利珀、普兰特和特劳姆（2010）等的估计策略，居民和生产部门参数我们采用校准的方式，只对政府部门的财政融资规则参数进行估计。假定政府的财政融资规则如下：

$$\hat{G}_t = -\varphi_g \hat{Y}_t - \gamma_g \hat{B}_{t-1} + \hat{u}_t^g, \quad \hat{u}_t^g = \rho_g \hat{u}_{t-1}^g + \sigma_g \varepsilon_t^g \tag{6.37}$$

$$\hat{Z}_t = -\varphi_z \hat{Y}_t - \gamma_z \hat{B}_{t-1} + \hat{u}_t^z, \quad \hat{u}_t^z = \rho_z \hat{u}_{t-1}^z + \sigma_z \varepsilon_t^z \tag{6.38}$$

$$\hat{\tau}_t^i = \varphi_i \hat{Y}_t + \gamma_i \hat{B}_{t-1} + \hat{u}_t^i, \quad \hat{u}_t^i = \rho_i \hat{u}_{t-1}^i + \sigma_i \varepsilon_t^i, \quad i = \{c, d, k, l\} \tag{6.39}$$

在进行贝斯估计时，除了财政融资规则中的参数 φ_i 和 γ_i，$i = \{g, z, c, d, k, l\}$ 以外，其他的参数取值都和前面 6.4 节的参数校准值一致（见表 6 – 1）。

首先，对财政融资规则参数的先验分布进行设定，假定财政融资规则中的反应系数满足 Gamma 先验分布。利珀、普兰特和特劳姆（2010）估计了美国财政政策，将 φ_i 和 γ_i 分布假定为 Gamma 分布，张佐敏（2014）也做了类似的假定。其次，设定参数先验分布的均值和方差，这些先验信息对于贝叶斯估计的有效性极其重要。张佐敏（2014）将所有的财政融资规则参数都假定为 $\Gamma(1, 0.5)$，并没有从先验信息里区分财政融资规则中的产出弹性和债务弹性。本章根据之前的研究，将政府支出对产出的弹性 φ_g 设定为 $\Gamma(0.1, 0.05)$，γ_g 设定为 $\Gamma(0.2, 0.1)$。消费税率和转移支出对于产出和债务的变动反应较小，为此将消费税和转移支出对产出弹性 φ_c 和 φ_z 均设定为 $\Gamma(0.2, 0.1)$，消费税和转移支出对债务的弹性 γ_c 和 γ_z 也设为 $\Gamma(0.2, 0.1)$。对于资本所得税、劳动收入税和企业红利税对于产出的弹性均值，均设为 1。资本所得税率对债务的反应弹性 γ_k 均值取 0.2，劳动收入税率对债务的反应弹性 γ_l 均值小于资本利得税率对债务的反应弹性 γ_k，所以取 0.1。企业红利税率对债务的反应取 1。因为相对于其他税种，企业红利税对应于经济中的利得税，范围很广，有些界定不清晰，调整的弹性更大，所以将企业红利税对债务的弹性的均值设定为 1。具体的参数先验分布见表 6 – 12。

表 6 – 12　　　　　　　　　　　贝叶斯估计结果

参数	先验分布	事后均值	90%事后区间	参数	先验分布	事后均值	90%事后区间
φ_g	$\Gamma(0.1, 0.05)$	0.1646	$[0.0445, 0.2709]$	φ_c	$\Gamma(0.2, 0.1)$	0.3106	$[0.0564, 0.5216]$
γ_g	$\Gamma(0.2, 0.1)$	0.0876	$[0.0149, 0.1435]$	γ_c	$\Gamma(0.2, 0.1)$	0.1315	$[0.0240, 0.2287]$
φ_k	$\Gamma(1, 0.3)$	1.0937	$[0.6295, 1.5445]$	φ_d	$\Gamma(1, 0.3)$	0.8695	$[0.4161, 1.2327]$
γ_k	$\Gamma(0.2, 0.1)$	0.1555	$[0.0313, 0.2803]$	γ_d	$\Gamma(1, 0.2)$	1.4375	$[1.1470, 1.8303]$
φ_l	$\Gamma(1, 0.25)$	1.3718	$[0.7971, 1.9103]$	φ_z	$\Gamma(0.2, 0.1)$	0.2609	$[0.0324, 0.4711]$
γ_l	$\Gamma(0.1, 0.05)$	0.0902	$[0.0158, 0.1470]$	γ_z	$\Gamma(0.2, 0.1)$	0.1136	$[0.0222, 0.1923]$

为了更好地估计参数，本节在模型中引入了生产技术冲击、进入成本冲击、居民偏好冲击、劳动供给冲击、资本投资冲击、政府支出、转移支出、资本税率、消费税率、企业红利税率、劳动收入税率共 11 种冲击。贝叶斯估计采用的数据为 1992 ~ 2012 年的总产出、消费、政府支出、固定资本投资的季度数据。为了进行贝叶斯估计，首先利用 Eviews 剔除数据的季节性因素，其次将剔除季节性因素后的数据进行对数差分，得到估计使用的观测值。

6.7.2 贝叶斯估计结果

表 6 – 13 为贝叶斯估计结果。研究发现对于产出的反应弹性较大的是劳动收入税，为 1.37。对于债券的反应弹性最大的是企业红利税，事后均值为 1.44。政府支出对于产出和债券的反应弹性都比较小，分别为 0.16 和 0.09。资本所得税对产出的反应弹性为 1.09，对于债券的反应弹性为 0.16。消费税和转移支出对债务的反应弹性类似，分别为 0.13 和 0.11。自此，获得了政府部门的复合财政融资规则。这样的财政融资规则的乘数如何，与前面分析的最优的偿债方式的差别多大则有待进一步研究。

表 6 – 13　　估计的财政融资规则和反事实财政融资规则的财政乘数

估计的财政规则	0 年	1 年	2 年	5 年	10 年	15 年	20 年	25 年	∞
产出乘数	0.1268	0.1020	0.0674	− 0.0172	− 0.0664	− 0.0725	− 0.0726	− 0.0724	− 0.0723
消费乘数	− 0.0287	− 0.0460	− 0.0653	− 0.1093	− 0.1569	− 0.1771	− 0.1833	− 0.1850	− 0.1856
资本投资乘数	− 0.0021	− 0.0459	− 0.1546	− 0.4615	− 0.5502	− 0.5005	− 0.4742	− 0.4660	− 0.4631
新建企业乘数	− 0.7225	− 0.7582	− 0.7212	− 0.5497	− 0.4325	− 0.4118	− 0.4090	− 0.4086	− 0.4086
反事实财政规则	0 年	1 年	2 年	5 年	10 年	15 年	20 年	25 年	∞
产出乘数	0.1027	0.0763	0.0532	0.0122	− 0.0119	− 0.0163	− 0.0168	− 0.0168	− 0.0168
消费乘数	− 0.0443	− 0.0492	− 0.0504	− 0.0619	− 0.0823	− 0.0917	− 0.0949	− 0.0958	− 0.0961
资本投资乘数	− 0.0883	− 0.1843	− 0.2660	− 0.3552	− 0.3452	− 0.3177	− 0.3054	− 0.3014	− 0.2998
新建企业乘数	− 0.1251	− 0.0809	− 0.0631	− 0.0416	− 0.0246	− 0.0199	− 0.0190	− 0.0188	− 0.0188

6.7.3　反事实分析

通过贝叶斯估计，可以发现财政融资规则中劳动收入税和企业红利税对于产出和债务的反应弹性较大。在 6.6 节对五种偿债方式的分析中，可以发现劳动收入税和企业红利税的扭曲性是最大的。为了更好地对实际估计出的财政融资规则进行分析，本书做一个反事实试验，将估计得到的财政融资规则与理论上更优的财政融资规则进行比较。将贝叶斯估计得到的财政融资规则中劳动收入税和企业红利税的产出和债券反应系数均设为 0，其他的税收和支出弹性保持不变，作为反事实的财政融资规则。

图 6-13 是估计得到的财政融资规则和反事实财政融资规则在增加政府支出冲击下的脉冲反应图。可以看到当采取贝叶斯估计得到的财政融资规则时，新建企业数目 $N_{E,t}$ 大幅下降，带来企业数目 N_t 大幅下降，资本存量 K_t 和消费 C_t 均下降，但总产出上升。当采用反事实财政融资规则时，各变量的变化方向基本没有发生变化。但是因为企业红利税和劳动收入税对产出和债务的反应系数为 0，企业红利税率和劳动收入税率不变，相比于贝叶斯估计得到的财政融资规则，反事实财政融资规则对新建企业投资的挤出效应下降，新建企业数目 $N_{E,t}$ 下降的幅度明显减少，企业数目 N_t 变化幅度很小，居民的消费水平下降的幅度也下降。企业数目 N_t 变化幅度较小，也使得总产出 $Y_t = N_t^{\theta/(\theta-1)} y_t$ 下降速度变缓慢。但是由于缺少企业红利税和劳动收入税两种税收反应来偿还债务，债务上升的幅度更大、持续时间更长。为了更好地比较两种财政融资规则的影响，本节还计算了两种规则下的财政乘数。

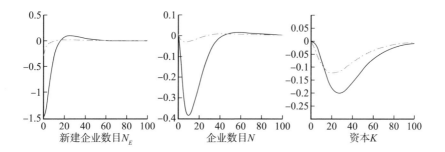

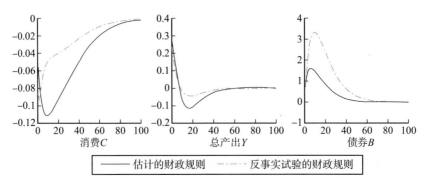

图 6 - 13　估计的财政融资规则和反事实财政融资规则的脉冲响应图

　　表 6 - 13 是两种财政融资规则的财政乘数。从即期乘数来看，贝叶斯估计的财政融资规则扭曲性较小，其产出、消费、资本投资乘数大于反事实财政融资规则。唯一不同的是，反事实财政融资规则的新建企业数目乘数要远大于贝叶斯估计的财政融资规则。这主要是因为贝叶斯估计的财政融资规则中的企业红利税对产出和债券的反应弹性都较大，分别为 0.87 和 1.44。而企业红利税直接影响居民对于新建企业的投资，从而使得新建企业数目下降幅度较大。从长期财政乘数来看，贝叶斯估计的财政融资规则无论是产出、消费、资本投资还是新建企业数目乘数都远小于反事实财政融资规则，这说明劳动收入税和企业红利税的财政融资方式长期的扭曲性非常大。当采用反事实财政融资规则时，政府支出的财政乘数为 - 0.0168，这意味着政府支出增加 1% 带来的产出下降 0.0168%，这只有贝叶斯估计的实际财政融资规则下降幅度的大约 1/4。此外，反事实财政融资规则下的消费乘数为 - 0.0961，只有贝叶斯估计的实际财政融资规则下的 1/2。两种财政融资规则差别最大的为新建企业数目乘数，在贝叶斯估计的财政融资规则下新建企业数目乘数为 - 0.4086，是反事实财政融资规则的 21.7 倍。也就是说在贝叶斯估计的财政融资规则下，政府支出增加刺激政策长期来看抑制了新建企业数目的投资，使得企业数目下降了大约 0.41%。而新建企业数目不仅涉及整个经济体的投资水平，同时新建企业数目的变化也意味着经济体中企业数目和商品多样性的变化，影响到居民的商品多样性的福利。通过比较两种财政融资规则的脉冲图和财政乘数，可以发现劳动收入税和企业红利税的融资方式扭曲

性很大，大幅降低了居民福利。所以从政策建议来看，应该降低劳动收入税和企业红利税的反应弹性。

6.8 本章小结

本章在比尔比耶、吉罗尼和梅里兹（2012）的框架下，引入政府部门，在内生化企业进入选择的一般均衡模型里，首先分析了增加政府支出、削减消费税率、削减企业红利税率、削减资本所得税率和削减劳动收入税率共五种财政刺激政策的传导路径与财政乘数，在此基础之上，以政府支出增加刺激政策为例考虑了五种不同偿债方式的传导路径和财政乘数，并通过贝叶斯估计方法估计了中国的复合财政融资规则，并与理论上更优的财政融资规则进行对比分析。研究发现降低劳动收入税率和企业红利税率的财政刺激政策效果最为显著，在政府支出增加刺激下，消费税融资规则相对优于其他财政融资规则，其中劳动收入税融资规则和企业红利税融资规则的扭曲性最大。对中国的财政融资规则提出降低企业红利税和劳动收入税对产出和债务反应弹性的政策建议。

本章的创新主要以下几个方面：第一，本章在一般均衡框架下考虑了内生化企业的进入选择，可以对新建企业数目和企业总数进行分析。企业数目越大意味着商品的种类越多，商品的多样性可以提高居民福利，此外，新建企业数目变化可以用来度量经济的外延扩张，这在以往代表性企业模型中是无法考虑的。第二，本章通过与 RBC 模型进行对比分析，给出了增加政府支出、削减消费税率、削减企业红利税率、削减资本所得税率和削减劳动收入税率共五种财政刺激政策在包含有企业进入选择渠道和不考虑企业进入选择两种情况下的传导路径，清晰地展示了企业进入选择渠道对经济的影响，并且通过计算了五种不同刺激政策下的财政乘数，从数值上对财政刺激政策效果进行分析。第三，以往研究财政乘数的文章，通常只考虑了财政刺激政策的影响，而没有考虑财政刺激政策带来的债务水平上升，以财政融资方式对财政刺激政策效果的反向影响。本章考察了缩减政府支出、提高消费税、企业红利税、资本所得税以及劳动收入税这五种债务偿还方式下，政府支出刺激政策的财政乘数，更全面地分析了财政刺激政策的效果。第四，本章利用贝叶斯估计方法估计了中国的复合财政融资规则，对比理论上更优的财政融资规则，给出了降低企业红利税和劳动收入税对产出和债务反应弹性的政策建议。

本章也存在许多不足之处。首先，本章是在一个完全价格弹性的框架下进行分析，没有考虑货币政策的影响，现实生活中货币政策和财政政策往往相互作用。其次，本章的贝叶斯估计数据量有限，如果利用更细致的数据，进行更详细的分析将更有意义。最后，如果能将企业的生产效率的异质性引入模型，分析不同的财政刺激对不同生产效率的企业的影响，将会更有前景。

第7章

出口退税政策效应评估：
基于金融摩擦视角的分析

本章将伯南克等（Bernanke et al., 1999）模型推广到开放经济中并引入财政政策，在一般均衡的框架下分析了出口退税政策的福利效应，并将其与政府购买、资本所得税、消费税等各种财政政策进行比较。研究发现，出口退税的政策效果与金融市场不完备直接相关。当金融市场完备时，出口退税对出口、产出及其他经济变量和社会福利影响很小；当金融市场不完备存在摩擦时，出口退税增加使得企业净值上升，企业净值的增加通过金融加速器效应降低了企业的融资成本，带来了产出、消费的上升和社会福利的改进。金融市场越不完备，与其他财政政策相比，出口退税带来的福利改进越大。

7.1 引 言

2002年加入世界贸易组织以来，我国对外贸易发展迅猛，贸易规模迅速扩大，2023年货物进出口总额达5.94万亿美元，相较于2001年5097.7亿美元的总额，增长了11.6倍，已连续15年保持全球第一大出口国、第二大进口国。① 当前，对外贸易在中国经济发展中扮演着非常重要的角色，它的健康发展关系着未来中国经济增长的持续性。税收作为政府调节和作

---

① 国务院新闻办就2023年全年进出口情况举行发布会 [EB/OL]. 中国政府网，https://www.gov.cn/lianbo/fabu/202404/content_6945047.htm，2024 – 01 – 12.

用经济的一种方式，在保证我国对外贸易健康和高速发展中扮演着不可或缺的角色。在所有影响进出口的税收中，出口退税最具代表性，力度最大，调整最频繁，也是学者们重点关注的具体税收（苏东海，2009）。1994～2000 年中国出口退税额一直低于 1000 亿元，2002 年以后伴随着出口规模的快速增长，出口退税额增长速度明显加快，从 2001 年的 1259 亿元急剧上升到 2010 年的 7328 亿元，年增长率超过 21%，到 2023 年出口退税额已达到 1.8 万亿元。① 如此高额的出口退税通过什么渠道作用经济，对经济产生怎样的效果，带来多大的福利改进，受到学术界和政策制定者的普遍关注。

陈平和黄健梅（2003）从实际有效汇率的角度阐述了出口退税对出口盈利性和出口规模的作用。他们基于误差修正模型和面板数据的实证研究都发现，我国出口退税政策通过影响实际有效汇率对出口有显著的拉动作用。陈等（Chen et al.，2006）对相同期间的样本进行 Spearman 等级相关性检验，也发现中国出口退税与出口额、外汇储备存在显著的正相关关系。刘穷志（2005）基于 1985～2001 年的数据研究却发现出口退税只是影响中国出口的短期因素，长期因素是汇率、中国商品生产能力及其相对价格，这与赵等（Chao et al.，2001）、陈平和黄健梅（2003）得到的结论不同。王孝松等（2010）对 2008 年 7 月至 2009 年 5 月中国多次上调纺织品出口退税率的政策效应进行评估，结果显示该政策调整短期内确实提高了纺织品对美的出口增长率，这也进一步表明短期内出口退税政策对出口存在显著促进作用。卢冰和马弘（2024）研究发现出口退税效率提升显著促进了企业出口，出口退税延迟率每降低 10 个百分点，企业出口平均增长 15.3%。

经济中包含多个经济主体，出口的扩张本身并不必然意味着国民福利的上升。因此，仅仅考察出口退税对出口和经济增长的作用还不够，更重

---

① 刘美玉. 人民币对美元年平均汇价及出口退税额对我国出口总额影响的研究 [J]. 经济论坛，2011，(11)：16 - 19；中国新闻网报道 2010 年中国税收收入完成 77390 亿实现稳定增长 [EB/OL]. 中国新闻网，https：//www. chinanews. com/cj/2011/01 - 09/2775119. shtml，2011 - 01 - 09；2023 我国办理出口退税约 1.8 万亿元 [EB/OL]. 新华社，https：//m. gmw. cn/2024 - 02/17/content_1303662271. htm，2024 - 02 - 17.

要的是要理解其福利含义。越来越多的研究开始关注出口退税产生的福利效应。赵书博（2008）在对出口退税的静态和动态福利效应进行理论分析后认为，对于贸易弱国，如果别国都实行出口退税政策，它最好选择"从众"，否则会降低本国福利；而对于贸易强国，出口退税的福利效应取决于减少的退税支出与损失的生产者剩余的对比。谢科进和尹冰（2008）基于产品局部均衡和国内一般均衡的研究显示，产品需求和供给弹性的差异导致了产品出口量、生产量和国内消费量变动对出口退税率调整的反应程度不同。基于福利考虑，他们认为应当优先选取供给弹性和需求弹性小的产品进行出口退税率调整，以保障我国企业发展，减少社会福利损失。不过，以上学者并没有对出口退税产生的福利影响进行具体的测算。显然，出口退税对不同经济利益集团、国家的福利影响是不同的。一般情况，出口退税增加了国内厂商的收入，但是可能不利于本国消费者和国外竞争性厂商。例如，林龙辉等（2010）基于局部均衡 COMPAS 模型的模拟发现，出口退税率每提高 1 个百分点，中国纺织品对美国出口量将增加 2.86% 左右，全行业收入大约增加 1.83%；而美国纺织行业的产出减少 1.9%，全行业收入减少 2.2%。向洪金和赖明勇（2010）将出口退税政策变量纳入全球模拟模型（GSIM），并基于 2007 年全球纺织品生产与贸易数据进行模拟，其实证结果也发现，提高纺织品出口退税率将使国内该行业生产者和国外消费者的福利都有所增加，但使得国内消费者和国外同行业生产者的福利受损。

　　上面这些研究对于理解出口退税对中国出口的作用，以及对我国经济中各个行为主体的福利改进，具有重要的意义。另外一个需要注意的是，现实中金融市场是存在摩擦的，企业都面临融资约束。钱尼（Chaney，2005）把出口成本融资约束整合进梅里兹（2003）的异质性企业模型中研究表明，当出口成本存在融资约束时，一部分在梅里兹（2003）的模型中可以从出口中获利的企业，由于无法为出口筹集成本，而不能出口。马诺瓦（Manova，2008）把国家和产业融资环境的异质性整合进梅里兹（2003）的异质性企业模型，发现金融市场越不发达的国家，融资约束越强的产业，出口企业和出口额越少。穆尔斯（Muuls，2008）的研究则表明，受到融资约束越小的企业，出口可能性越大，出口的地区越多。

这些都是微观模型，信贷约束和金融市场的不完备对宏观经济也有重要的影响，其中伯南克等（Bernanke et al.，1999）提出的金融加速器模型（以下简称BGG）最具代表性和总结性。该模型强调由于信贷市场上信息的不对称，企业的外部融资成本高于内部融资成本，而外部融资成本的高低与企业金融健康状况呈反比。一般而言，企业的金融健康状况与经济周期同方向变化，这样最初的冲击通过信贷市场影响企业的外部融资成本，进而造成企业的投资和产出产生较大的波动。尽管已有大量研究将金融摩擦引入宏观模型中分析经济波动、货币政策和汇率制度选择等问题（Brunnermeier et al.，2012），但从金融摩擦角度讨论财政政策传导机制的研究却相对较少①。

对上面的文献进行总结，可以看到这些研究对出口退税政策效果的分析大部分是实证研究，一些理论研究受制于模型，主要是局部均衡分析。有些虽然是一般均衡分析（如CGE模型），但主要是静态模型，缺乏对出口退税政策调整后各个经济变量的动态特征分析。除此之外，对于信贷约束或金融市场不完备在政策评估的作用都缺乏考虑。对此，本章将伯南克等（1999）模型推广到开放经济中，在一个金融市场不完备的模型中刻画出口退税政策，分析了出口退税的传导路径，对相关经济变量的影响程度及取决的因素，并对出口退税的政策效果进行了综合的评估。与之前的研究相比，本章的研究存在下面几个方面的创新。

首先，将伯南克等（1999）推广到开放经济中，引入出口退税、政府购买等财政政策，分析了这些财政政策在开放经济中的传导路径，拓展了金融加速器模型的研究范围。基于建立的小国开放经济模型，从一般均衡的角度分析了出口退税等财政政策的政策效应。其次，模型中引入了金融加速器机制，将钱尼（2005）、马诺瓦（2008）等企业微观层面的信贷约束纳入宏观模型，讨论信贷市场不完备性对出口退税及其他财政政策传

---

① Fernández-Villaverde（2010）在BGG模型中讨论了政府支出和各种税收冲击的经济效应，但该文主要是理论模型的讨论。

递路径和福利效应的影响。由于金融市场不完备，企业借贷存在借贷约束，出口退税能够通过影响企业的净值来改善企业的融资状况。金融市场越不完备，企业面临的信贷约束越大，出口退税带来的福利效应越大。最后，根据 DSGE 模型本身的特点，综合运用多个指标，多维度地对出口退税的政策效果进行评估。为了综合评价出口退税的福利效应，本章一方面选取产出、消费、出口等多个指标衡量社会福利，另一方面在模型中引入政府购买、资本所得税、劳动所得税等各种财政政策，并将出口退税政策与这些财政政策进行比较。

本章剩余部分组织如下：7.2 节给出分析的基本模型；7.3 节用中国的参数对模型进行校准后，7.4 节通过数值模拟分析出口退税对产出、消费以及居民、企业福利的影响；7.5 节对本章研究进行总结。

7.2　理论模型

该模型中存在五类经济主体，居民、金融中介、企业、政府和国外。部门居民在劳动力市场上提供劳动获得工资收入，储蓄和持有债券获得利息收入，将获得的收入用于消费，购买国内政府发行的债券和国外债券，剩余部分存储在金融中介。为了分析的方便，参考新凯恩斯模型的标准设定，将企业划分成成四个部门：企业家、资本品生产商、中间品生产商和最终商品生产商。资本品生产商利用国内和国外的商品作为投入生产资本品。金融中介从居民获得存款，然后借贷给企业家；企业家依靠自身的自有资金和借贷资金购买资本品，并将其租赁给中间品生产商。中间品生产商雇佣劳动和利用租赁的资本生产中间品。最终商品生产商购买中间品并将其进行复合生产为最终商品。居民、企业、政府和国外购买最终商品生产商生产的复合商品。政府制定货币和财政政策，对居民的消费、劳动收入、资本收益征税，将所获得的税收用于出口退税补贴和政府购买，不足部分通过发行债券进行弥补。基本经济结构如图 7-1 所示。

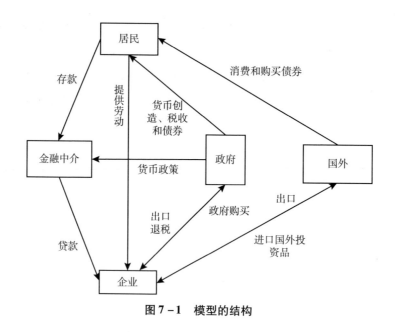

图 7 - 1　模型的结构

7.2.1　居民

该经济中居民生存无限期，代表性居民最大化终身效用：

$$\max E_t \sum_{s=t}^{+\infty} \beta^{s-t} \left[\frac{C_t^{1-\sigma}}{1-\sigma} + \chi \ln\left(\frac{M_t}{P_t}\right) - \frac{\xi}{1+\nu} L_t^{1+\nu} \right] \tag{7.1}$$

其中，E 表示预期，M_t 为居民持有的货币量，则 M_t/P_t 为居民持有的实际货币余额，L_t 表示提供的劳动；$\chi > 0$，$\xi > 0$ 分别刻画了实际货币余额和提供劳动对居民福利的影响；ν 用来衡量劳动的供给弹性；β 是主观贴现因子。C_t 是居民的消费，由国内商品 $C_{H,t}$ 和进口的国外商品 $C_{F,t}$ 以 CES 形式复合，复合方式见式（7.2），参数 a 反映一国居民对国外商品的偏好，ρ 衡量了国内消费品对国外消费品的替代弹性。该经济中一价法则成立，国外商品在国外的价格单位化为 1，则其在国内 t 期的名义价格即为名义汇率 S_t。国内消费品的价格为 $P_{H,t}$，这样消费一单位复合商品的最小花费 P_t 由式（7.3）给出。

$$C_t = \left[(1-a)^{\frac{1}{\rho}} (C_{H,t})^{\frac{(\rho-1)}{\rho}} + a^{\frac{1}{\rho}} (C_{F,t})^{\frac{(\rho-1)}{\rho}} \right]^{\frac{\rho}{\rho-1}} \tag{7.2}$$

$$P_t = \left[(1-a)(P_{H,t})^{1-\rho} + a(S_t)^{1-\rho} \right]^{1/(1-\rho)} \tag{7.3}$$

居民每期持有货币，提供劳动获得工资收入，持有上一期的储蓄、国内和国外债券获得利息收入，所获得的收入中一部分消费，一部分存在金融中介机构，一部分用于购买下一期的国内和国外债券。因此，代表性居民面临的预算约束方程为：

$$
\begin{aligned}
(1 + \tau_{c,t})P_t C_t + B_{t+1} + D_{t+1} + S_t B_{t+1}^* + M_t = {} & (1 - \tau_{l,t})W_t L_t + (1 + (1 - \tau_{r,t})(R_{t-1}^n - 1))D_t \\
& + (1 + (1 - \tau_{r,t})(R_{t-1}^{*n} - 1))S_t B_t^* \\
& + R_{d,t-1}^n B_t + M_{t-1} + T_t + \pi_t \qquad (7.4)
\end{aligned}
$$

其中，W_t 为名义工资，D_t 是 $t-1 \sim t$ 期居民存在银行的以本国商品计价的存蓄，R_{t-1}^n 是 $t-1 \sim t$ 期居民储蓄无风险的名义毛利率。B_t 是政府发行的债券，$R_{d,t-1}^n$ 是 $t-1 \sim t$ 期政府债券的无风险回报率[①]。B_t^* 是 $t-1 \sim t$ 期居民持有的国外债券，R_{t-1}^{*n} 是 $t-1 \sim t$ 期国外债券的名义毛利率。$\tau_{c,t}$ 表示政府对居民消费征收的消费税税率，$\tau_{l,t}$ 表示政府对居民劳动收入征税的税率，$\tau_{r,t}$ 是政府对居民金融资产收益征税的税率。T_t 表示居民的一次性收入（a lump-sum transfer），它来自政府通过公开市场业务干预货币市场获得的收入。居民是企业的最终拥有者，π_t 是企业部门的利润。

居民在预算约束式（7.4）下最大化终身效用式（7.1），定义 λ_t 为预算约束方程的拉格朗日乘子，得到下面的最优性条件：

$$
\frac{C_{H,t}}{C_{F,t}} = \left(\frac{1-a}{a}\right)\left(\frac{P_{F,t}}{P_{H,t}}\right)^{-\rho} \qquad (7.5)
$$

$$
(1 + \tau_{c,t})\lambda_t = \frac{1}{C_t} \qquad (7.6)
$$

$$
\lambda_t = \beta E_t\left\{\lambda_{t+1}\frac{(1 + (1 - \tau_{r,t+1})(R_t^n - 1))}{\pi_{t+1}}\right\} \qquad (7.7)
$$

$$
\lambda_t = \beta E_t\left\{\lambda_{t+1}\frac{R_{d,t}^n}{\pi_{t+1}}\right\} \qquad (7.8)
$$

$$
\xi l_t^v = (1 - \tau_{l,t})w_t\lambda_t \qquad (7.9)
$$

$$
E_t\left\{\frac{1}{\lambda_{t+1}}\left[R_t^n - \frac{S_{t+1}}{S_t}(R_t^n)^*\right]\right\} = 0 \qquad (7.10)
$$

---

① 这里假定政府对自身发行的债券是不征税的。

7.2.2　金融中介

金融中介风险中性，居民每期将储蓄存在金融中介，金融中介支付居民无风险的利率，并向企业家发放贷款收取贷款利息，同时承担企业违约的风险。与伯南克等（1999）的标准假设一样，在信贷市场存在摩擦的情况下，信贷双方制定契约：当企业的收益大于一定界限时，企业以约定的利率归还银行贷款，而如果企业经营失败或隐瞒收益，金融中介就会支付一定的成本对企业审查清算，并且获得企业的剩余资产。当企业自有资产很少，主要依靠贷款获得融资时，企业破产和违约给金融中介造成的损失就越大，为达到资金供求平衡，金融中介要求企业家支付更高的利息。由此得到金融中介的名义贷款利率满足：

$$R_{t+1}^r = f(Q_t^k K_t / N_t) R_t^n, \quad f(1) = 1, \quad f'(\cdot) > 0 \tag{7.11}$$

其中，R_{t+1}^r 是 $t+1$ 期企业支付给金融中介的名义贷款利率，N_t 是 t 期末企业拥有的净资产，Q_t^k 是 t 期末企业购买的资本实际价格。$f(\cdot)$ 表示金融中介信贷的风险溢价，由 $f'(\cdot)$ 可知，当企业净值越少，越依靠外部融资时，风险溢价越高。经济冲击会使得企业净资产或资本的实际价格发生变化，影响企业的外部融资成本，进而影响企业的投资和产出，这就是金融加速器机制。参照塞斯佩德斯等（Cespedes et al.，2004），假定 $f(x) = x^u (u \geqslant 0)$。当 $u = 0$ 时 $f(x) = 1$，企业贷款利率等于无风险利率，此时金融加速器机制被关闭。

7.2.3　企业

企业由最终商品生产商、中间品生产商、资本品生产商和企业家四个部分构成。

1. 最终商品生产商

最终商品生产商 z 在区间 [0，1] 分布，它们从中间品生产商手中购买中间品，并以下面形式复合生产最终商品：

$$Y_{H,t} = \left(\int_0^1 Y_t(z)^{\frac{\varepsilon-1}{\varepsilon}} \mathrm{d}z \right)^{\frac{\varepsilon}{\varepsilon-1}}, \quad (\varepsilon > 1) \tag{7.12}$$

ε 是不同中间品间的替代弹性。在中间品 z 价格 $P_{H,t}(z)$ 和最终商品价格 $P_{H,t}$ 给定的情况下，最终商品生产商追求利润最大化，得到对中间品 z 的需求函数和一单位最终商品的价格指数：

$$Y_t(z) = \left(\frac{P_{H,t}(z)}{P_{H,t}}\right)^{-\varepsilon} Y_{H,t}, \quad P_{H,t} = \left(\int_0^1 P_{H,t}(z)^{1-\varepsilon} \mathrm{d}z\right)^{\frac{1}{1-\varepsilon}} \qquad (7.13)$$

2. 中间品生产商

中间品生产商 i 在区间 $[0,1]$ 中连续分布，每期雇佣劳动 L_{it}，用上一期末购买的资本品 K_{it-1} 进行生产，生产函数为：

$$Y_{it} = A_t K_{it-1}^{\alpha} L_{it}^{1-\alpha}, \quad 0 < \alpha < 1 \qquad (7.14)$$

α 表示资本在产出中的份额，A_t 表示技术进步率。定义 r_t 为一单位资本的租赁价格，在生产函数约束下，企业最小化成本，得到单位产出的边际成本和资本劳动选择方程：

$$mc_t = \left(\frac{1}{1-\alpha}\right)^{1-\alpha} \left(\frac{1}{\alpha}\right)^{\alpha} \frac{r_t^{\alpha} w_t^{1-\alpha}}{A_t} \qquad (7.15)$$

$$\frac{K_{it-1}}{L_{it}} = \frac{\alpha}{1-\alpha} \frac{w_t}{r_t} \qquad (7.16)$$

由于每个企业互相对称，将区间内所有企业对资本和劳动的需求加总，得到总量的资本和劳动需求方程满足：

$$K_t = \int_0^1 K_{it} \mathrm{d}i, \quad L_t = \int_0^1 L_{it} \mathrm{d}i$$

$$\frac{K_t}{L_t} = \frac{\alpha}{1-\alpha} \frac{w_t}{r_t} \qquad (7.17)$$

每个中间品生产商生产的商品不能完全替代，厂商具有一定的垄断力。与标准的引入价格粘性的方式一样，假定中间品生产商采取卡尔沃（Calvo，1983）形式设定价格。每期只有 $1-\theta$ 比例的厂商可以调整价格，其余的厂商依照上一期的价格不能进行调整。这样厂商 i 在 t 期制定价格 $P_{H,t}^*(z)$ 最大化利润：

$$E_t \sum_{k=0}^{+\infty} \theta^k \Delta_{t,t+k} \left(\frac{P_{H,t}^*(z)}{P_{H,t+k}} - mc_t\right) Y_t^*(z), \quad 其中 \Delta_{t,t+k} = \beta^k \left(\frac{C_{t+k}}{C_t}\right)^{-1}$$

零售商 z 对应的商品需求曲线为：

$$Y_t^*(z) = \left(\frac{P_{H,t}(z)}{P_{H,t}}\right)^{-\varepsilon} Y_{H,t}$$

求解上面的最优化问题，得到下面的最优性条件：

$$E_t \sum_{k=0}^{+\infty} \theta^k \Delta_{t,t+k} \left\{ \frac{1}{P_{H,t}^*(z)} \left(\frac{P_{H,t}^*(z)}{P_{H,t+k}}\right)^{-\varepsilon} Y_{t+k}^*(z) \left[\frac{P_{H,t}^*(z)}{P_{H,t+k}} - \left(\frac{\varepsilon}{\varepsilon-1}\right) mc_{t+k}\right]\right\} = 0$$

$$(7.18)$$

3. 资本品生产商

假定资本品生产商在 t 期末，从企业购买资本品 K_t，并将其与新的投资 I_t 结合，以规模报酬不变的生产函数 $\Phi(I_t/K_{t-1})K_{t-1}$ 生产新的资本品①。由此我们得到资本品的变化路径：

$$K_t = \Phi(I_t/K_{t-1})K_{t-1} + (1-\delta)K_{t-1} \qquad (7.19)$$

投资品 I_t 由本国的投资品 $I_{H,t}$ 和进口国外的投资品 $I_{F,t}$ 以 CES 形式组合而成。$P_{H,t}$ 和 S_t 分别是国内和国外投资品的价格，I_t 的具体形式和单位投资品的对应的价格分别为：

$$I_t = \left[(1-\gamma)^{\frac{1}{\eta}}(I_{H,t})^{\frac{\eta-1}{\eta}} + \gamma^{\frac{1}{\eta}}(I_{F,t})^{\frac{\eta-1}{\eta}}\right]^{\frac{\eta}{\eta-1}}, \ 0<\gamma<1, \ \eta>0$$

$$P_{I,t} = \left[(1-\gamma)(P_{H,t})^{1-\eta} + \gamma(S_t)^{1-\eta}\right]^{1/(1-\eta)}$$

其中，η 是国内投资品对国外投资品的替代弹性，γ 表示投资品中使用国外投资品的比例。资本品生产商在约束式（7.19）下选择投资最大化利润：$\max\limits_{I_t} E_0 \sum\limits_{t=0}^{\infty} \Lambda_t \left\{Q_t^k K_{t+1} - Q_t^k K_t - \frac{P_{I,t}}{P_t} I_t\right\}$，折现因子 $\Lambda_t = \beta^t(C_t/C_0)$。由此得到资本品的实际价格：

$$Q_t^k = \left[\Phi'(I_t/K_t)\right]^{-1} P_{I,t}/P_t \qquad (7.20)$$

4. 企业家

企业家风险中性，每期期末利用拥有的实际净资产 N_t 和从金融中介获得的贷款 B_{t+1}，从资本品生产商中购买用于下一期进行生产的资本 K_t：

$$N_t + B_{t+1}/P_t = Q_t^k K_t \qquad (7.21)$$

企业家每期期初将资本以 r_{t+1} 的回报率租给中间品生产商，在每期期末

---

① 具体形式一般设定成 $\left| I_t/K_t - \frac{\phi}{2}(I_t/K_t - \delta)^2 \right| K_t$。

将折旧后的资本品卖给资本品生产商。这样，资本预期的回报率由资本的租金成本和资本价格上升的资本利得两部分构成：

$$E_t R_{t+1}^k = E_t \left\{ \frac{1}{X_{t+1}} \frac{\alpha Y_{t+1}}{K_{t+1}} + (1-\delta) Q_{t+1}^k \right\} \Big/ Q_t^k \qquad (7.22)$$

其中，δ 是资本的折旧率。企业家在选择购买资本时，要求资本预期的实际收益率要与贷款的实际利率相等：

$$E_t R_{t+1}^k = E_t (R_{t+1}^r P_t / P_{t+1}) \qquad (7.23)$$

参考塞斯佩德斯等（Cespedes et al.，2004），企业每期都将获得的收入中的 $1-\phi$ 比例用于消费国外商品。根据出口退税的定义[①]，为了分析出口退税政策对企业行为的影响，假定政府根据企业出口的数量以税率 $\tau_{ex,t}$ 的比例返还部分收入，则 t 期末企业拥有的净资产为：

$$N_t = \phi \left\{ R_t^k Q_{t-1}^k K_t - R_{t-1}^n \frac{P_{t-1}}{P_t} f\left(\frac{Q_{t-1}^k K_t}{N_{t-1}} \right) (Q_{t-1}^k K_t - N_{t-1}) \right\} + \tau_{ex,t} EX_t$$

$$(7.24)$$

需要注意的是，其他税收主要从销量和销售额出发进行征收，出口退税则是将这些征收的税收根据出口的数额部分返还给企业，是一种补贴型的税收。其他税收如消费税、资本或者劳动收入税直接影响标的物的成本或者价格，出口退税跟出口有关但并不是直接作用于出口，它对经济的作用更类似于一次性总赋税。而在传统的宏观经济模型中，一次性总赋税不影响微观个体的边际决策，是没有作用的。本模型通过引入金融市场不完备，为出口退税影响经济提供了另一个影响渠道。观察式（7.24），t 期末企业拥有的净资产由两部分构成：一部分是企业在 t 期的自有净值，另一部分来源于出口退税。这样出口退税税率的变化直接影响了企业的净值，更高的出口退税，意味着出口退税额越大，企业净值上升越大。企业净值的上升，通过金融加速器效应使得企业向金融中介借贷的风险溢价下降，降低了企业的融资成本；使得企业购买更多的资本品，带来产出和资产收益的上升，使得下一期的净值进一步上升。这样一单位的出口退税增加通过金融加速器效应使得外

[①]　出口退税又称出口货物退税，是指对出口货物退还其在国内生产和流通环节实际缴纳的产品税、增值税等各种税收。

部融资成本下降，产出不断扩张。

7.2.4 政府行为

政府依靠税收和发行债券为自己的开支 G_t 融资，政府的跨期预算约束方程为：

$$\frac{B_t}{P_t} = G_t + R_{d,t-1}^n \frac{B_{t-1}}{P_t} - tax_t \tag{7.25}$$

其中，G_t 为政府的支出，主要包括出口退税和政府购买 Gp_t 两部分：

$$G_t = \tau_{ex} EX_t + Gp_t \tag{7.26}$$

结合上面的分析，政府总的税收收入由消费税、劳动收入税和资本收入税构成：

$$tax_t = \tau_{c,t} C_t + \tau_{l,t} w_t L_t + \tau_{r,t}(R_{t-1}^n - 1)\frac{D_t}{P_t} + \tau_{r,t}(R_{t-1}^{*n} - 1)\frac{S_t B_t^*}{P_t} \tag{7.27}$$

此外，假定政府的支出满足下面的自回归过程

$$\hat{Gp}_t = \gamma_g \hat{Gp}_{t-1} + d_g \frac{D_{t-1}}{P_t Y_{H,t}} + \sigma_{gb}\varepsilon_{gb,t} \qquad \hat{Gp}_t = \ln\left(\frac{Gp_t}{Gp}\right), \ d_g < 0 \tag{7.28}$$

式（7.28）中系数 d_g 决定了上一期政府债务的数量对本期政府购买的影响，d_g 小于 0 意味着上一期较高的政府债务使得政府降低当期的政府购买，同时 d_g 小于 0 保证模型在求解过程中存在唯一的均衡。

因为本章讨论的是出口退税及其他税收对经济的影响，为了规避汇率波动对结果的影响，结合中国实行盯住美元汇率的实际，假定政府的货币政策目标是维持固定的汇率：

$$S_t = S_{t-1} = S \tag{7.29}$$

7.2.5 出口和贸易余额

EX_t 表示出口，即国外对本国商品的需求，由上一期以及国内外商品相对价格决定（Gertler，2007），具体形式如下：

$$EX_t = EX_{t-1}^\tau (P_{H,t}/P_{F,t})^\vartheta \qquad 0 < \nu < 1, \ \vartheta < 0 \tag{7.30}$$

其中，τ 刻画了出口受上一期的影响程度，ϑ 是出口的价格弹性。由此可以

得到整个经济的资源约束方程：

$$Y_t^H = C_t^H + I_t^H + Gp_t + EX_t \qquad (7.31)$$

根据上面的经济关系，国内居民和企业进口国外的消费品和投资品，同时国外进口本国企业生产的商品，由此发生贸易联系，经济中贸易余额（trade balance）可以写成：

$$TB_t = P_{H,t}EX_t - P_{F,t}C_{F,t} - P_{F,t}I_{F,t} \qquad (7.32)$$

这样，税收和政府购买政策通过对国内外商品的相对价格以及居民和企业的消费投资决策产出作用，进而对商品的进出口和贸易余额产生影响。

7.3　参数校准

为了对上面的模型进行求解，首先根据乌利格（Uhlig，1995）的方法对模型进行对数线性化，然后对模型中的参数进行赋值。本模型是将伯南克等（Bernanke et al.，1999）模型推广到小国开放经济中研究出口退税及其他财政政策对经济的影响。因此在参数校准时一方面参考费尔南德斯－比利亚韦德（Fernández－Villaverde，2010）、伯南克等（1999）在研究信贷渠道时相应的参数设定，另一方面也借鉴塞斯佩德斯等（Céspedes et al.，2004）、德弗罗（Devereux et al.，2006）和格特勒等（Gertler et al.，2007）等在研究新兴市场经济国家时的一些设定，同时对于一些主要的经济和贸易特征，我们用中国的现实数据进行估计。

主观贴现率季度值 β 取 0.99（则无风险的季度利率为 $r^n = 1/\beta$）；季度折旧率 δ 取 0.025，相当于年折旧率为 0.1；劳动力供给弹性 v 一般在 1~2 之间，我们取 1.3；价格粘性 θ 设为 0.75，意味着所有商品价格每年调整一次，这些参数的取值都和标准的宏观经济模型一样。为了不失一般性，居民部门的风险规避系数取 1，企业的消费率 ϕ 设为 0.03，投资需求对边际产出的参数 ϖ 取 0.81[①]。在塞斯佩德斯等（2004）、德弗罗等（2006）和格特勒等（2007）等模型中，风险溢价弹性系数 u 一般在 0~0.4 中取值，为了考

---

① 实际上只要这些数值取值在合理的范围内，它们的取值不影响模型数值模拟的结论。

虑金融加速器效应的不同对经济的影响，u 分别取（0，0.1，0.2），其中 $u=0$ 时金融加速器机制关闭。

生产函数中资本品的份额 α 取 0.4，进口的国外资本品的份额在总资本品的比例 γ 取 0.6，消费品中国外的消费品的比例 a 取 0.04。在这样的设定下，均衡时模型中进出口占 GDP 的比例为 58%，消费占总产出的比例 55%，进口的商品中消费品的比例为 6%。这与现实中中国的数据基本吻合。2005~2013 年中国消费占 GDP 的比例在 50%~59%，进出口占 GDP 的比例在 60% 左右，根据联合国 BEC 的分类，2005~2013 年中国的消费品进口占总进口比例在 4%~6%。

对于出口方程的相关系数的设定，将中国出口的数据用 HP 滤波剔除趋势后，对剩余的残差用 AR（1）过程拟合，得到 τ 系数为 0.59。资源约束方程中的出口占总支出的比例，中国这几年一直在 30% 左右，因此取 0.3。国内外消费品的替代弹性 ρ 和投资品的替代弹性 η，参考格特勒等（2007）的研究均取 1。模型中各种外生冲击均服从一阶自回归过程（AR（1）），不失一般性，下面的数值模型中各个冲击的自回归系数均取 0.9。需要强调的是，由于本章的研究提供的是较为定性的结果，在下面的数值模拟中，我们将这些参数的取值所得到的结果作为一个基准的参照，并对于那些影响模型定性结论的参数会进行敏感性（robust）分析。主要的参数取值见表 7-1。

表 7-1　　　　　　　　　　基准模型主要参数赋值

参数	β	σ	δ	φ	v	θ	ϖ	ρ	η	a	γ	τ	ϑ
赋值	0.99	1	0.025	0.25	1.3	0.75	0.81	1	1	0.04	0.6	0.59	1

7.4　数值模拟

为了分析出口退税及其他财政政策所起的作用，需要在模型中模拟不同政策冲击下各个经济变量的脉冲响应图。下面模拟图中，横坐标表示以季度为单位的时期，纵坐标表示相应变量偏离均衡值的百分比。

7.4.1　出口退税的福利效应

图 7 - 2 展示了不同金融加速器效应下，出口退税税率上升影响经济的传导路径及对相关变量的影响。若不考虑金融市场的不完备，即模型中不存在金融加速器效应（$u = 0$），此时出口退税增加虽然使得企业净值上升，但对企业资本投入的边际收益不产生影响，这样就不影响企业的投资决策，对产出、消费、出口的影响也不明显，此时出口退税对经济带来的福利效应很小①。需要提到的是，出口退税是有机会成本的。在政府收入固定的情况下，出口退税的增加挤占了其他政策的支出，其他政策对经济中的产出和消费可能存在正面影响，如政府购买支出的增加能够直接刺激总需求，使得产出上升（见后文对图 7 - 4 的分析）。出口退税带来的福利收益很小，意味着此时出口退税的成本大于其带来的福利。

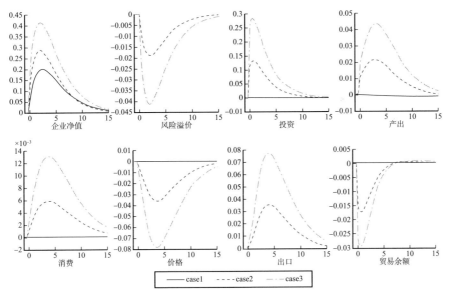

图 7 - 2　不同金融加速器效应下，出口退税的传导路径

注：case1（$u = 0$，无金融加速器），case2（$u = 0.1$，金融加速器较弱），case2（$u = 0.2$，金融加速器效应较强）。

---

①　图 7 - 2 中的情况 1（$u = 0$，无金融加速器），各个变量的脉冲反应图仍有变化只是变化很小，由于刻度的原因在图中很难观察出。

当考虑金融市场的不完备时，此时出口退税提高使得企业净值增加，一方面增加了企业的净值，提高了企业的自有资金，改善了企业的流动性，另一方面自有资金的增加，通过金融加速器效应使得企业外部融资的风险溢价下降，降低了企业的融资成本。u 是企业外部融资的风险溢价对杠杆率反应的弹性。u 越大意味着金融市场越不完备，企业融资状况的变化对企业外部融资风险溢价的影响越大。u 越大，净值增加带来的企业外部融资风险溢价下降越显著。企业外部融资成本的下降，降低了企业的投资成本，使得企业用于下一期的投资和购买的资本越多。投资上升带来了产出的上升，产出的上升和更多的商品供给一方面使得居民的收入上升，另一方面也使得本国商品的价格水平下降。居民收入的上升使得居民消费上升，而价格水平的下降则直接使得本国商品相对于外国商品的价格下降，使得出口增加。

当然，出口退税对贸易余额及其他变量的影响与某些参数联系紧密。例如，出口的价格弹性直接决定了价格下降对出口的影响，投资品的替代弹性决定了相对价格变化对国外投资品的进口带来的替代效应。为了考察出口退税对主要经济变量的影响，本节将参数赋值中的参数取值作为基准，对于影响模型结果的关键变量进行敏感性分析，图 7-3 对敏感性分析的结果进行了展示。

在情况 1，此时出口的价格弹性较大，出口退税带来的本国商品价格水平的下降，使得出口上升明显。同时由于相对价格的下降使得进口的投资品和消费品上升较少。这样出口增加较大，进口增加较小，贸易余额扩大。需要提到的是，姚枝仲（2010）估计发现中国出口价格弹性低于 1。对此在情况 2 和情况 3 分别将出口的价格弹性取为 0.65 和 0.1，同时为了分析国内外资本品的进出口与价格变化的关系，在情况 3 将国内外资本品间的弹性设成 0.1。在情况 1 和情况 2，由于出口弹性较低，价格下降使得出口的增加有限，出口退税带来的投资和消费增加，使得进口增加较快，贸易余额下降。尤其是情况 3，由于资本品间价格替代弹性较小，本国商品价格下降对国外商品的进口影响较小，此时贸易余额下降很多。

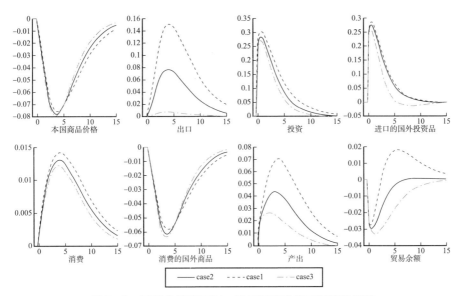

图 7 - 3　不同参数取值下，出口退税政策对经济的影响

注：case1（出口的价格弹性 $\vartheta = 2$，投资品进口的价格弹性 $\eta = 1$），case2（$\vartheta = 1$，$\eta = 1$），case3（$\vartheta = 0.1$，$\eta = 0.1$）。

对上面的分析进行总结，可以看到在不考虑金融加速器效应下，出口退税的增加对经济中的产出、消费、出口和贸易余额影响都很微弱，带来的福利改进也非常小。但存在金融加速器效应时，由于出口退税增加了企业的净值，改善了企业的融资状况，降低了企业的外部融资成本，出口退税对产出、消费和出口的影响都较大，这即使是在对关键参数取不同的数值进行敏感性分析仍成立。与直观的理解不同，出口退税不一定使得贸易余额扩大，其对贸易余额的影响程度与某些关键的参数有关。

7.4.2　出口退税和其他财政政策的福利比较

需要提到的是，政府刺激经济的政策工具很多，出口退税只是众多政策工具中的一种。因此，要全面客观地评价出口退税的福利效应，应与其他的经济政策进行比较。政府购买是现实中普遍实行和模型中普遍关注的政策，图 7 - 4 将出口退税政策与其他政策进行比较。

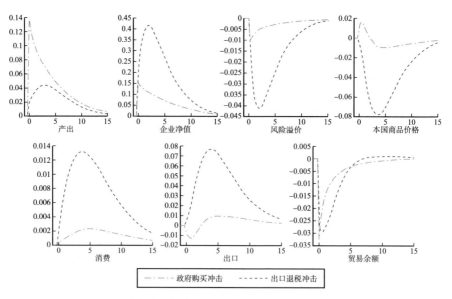

图7-4   政府购买与出口退税政策对经济的影响（$u=0.2$）

政府购买政策的传导路径与出口退税不同，政府购买增加总需求，使得产出和价格水平上升。产出的上升提高了居民的收入，但商品价格水平的上升降低了居民的购买力，两种力量在一定程度上冲抵，对居民消费的影响不大。同时价格水平的上升，使本国商品相对国外商品的价格上升，出口下降，贸易余额扩大。

观察图7-4，与出口退税政策相比，政府购买直接作用于总需求，使得产出增加最大最直接，但总需求急剧扩张带来的价格水平上升则降低了居民的购买力使得居民的消费上升较小，同时价格水平的上升也使得出口下降，贸易余额下降。虽然政府购买带来的产出上升，也使得企业净值上升，风险溢价下降，但相比于出口退税直接补贴企业，政府购买带来的净值上升的幅度和风险溢价的下降幅度都小很多。

图7-4中金融加速器效应较强（u取0.2），图7-5进一步考察了金融加速器效应较弱时（u取0.1），出口退税与政府购买政策的福利改进。结合图7-4和图7-2的分析，图7-5中由于金融加速器效应较弱，出口退税增加带来的外部风险溢价上升较少，相比于政府购买，出口退税政策带来

的产出增加很少，同时出口退税带来的价格水平的下降幅度也在减少。较低的风险溢价也使财政政策对企业借贷利率的影响较小，政府开支和出口退税对消费带来的增加幅度都大幅下降。此时，出口退税相对于政府购买政策，福利改进非常有限。

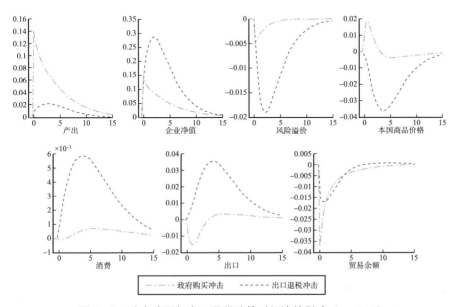

图 7 - 5　政府购买与出口退税政策对经济的影响（$u = 0.1$）

模型中引入了资本收入税和消费税，与出口退税直接将税收返还给企业相对应，政府还可以通过降低资本收入税和消费税税率来刺激经济。图 7 - 6 是出口退税增加、资本收入税税率和消费税税率下降冲击下主要经济变量的脉冲响应图，这三种政策传导路径和影响的效果差异很大。

结合图 7 - 6，资本收入税的下降，降低了资金的成本，使得企业生产的边际成本下降。企业边际成本的下降直接使得产品的价格水平下降，价格水平的下降使得出口增加。需要注意的是，资本收入税的下降，使得金融资产的回报率上升，这会影响居民的消费储蓄决策，使居民将更多的收入用于购买资本和债券，导致消费的下降。消费的下降抑制了总需求。减弱了资本收入税的下降对产出带来的刺激作用。但由于其直接作用于企业的要素成本，价格下降显著，带来的出口上升也相对较多。

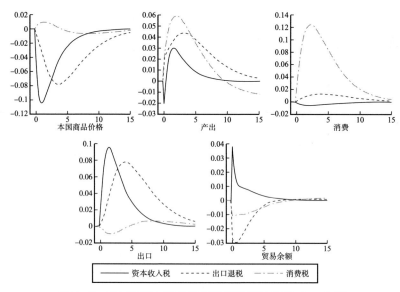

图 7 - 6　出口退税与其他降低税率政策的比较（$u = 0.2$）

消费税的下降，直接带来了居民消费的急剧上升，提升了总需求。总需求的大幅上升带来了产出的上升，拉升了价格水平，使得企业出口下降，贸易余额进一步下降。与其他的政策相比，消费税税率的削减对消费和产出的影响最大最直接，对居民和企业福利改进最大，但可能带来价格水平的上升和贸易逆差。

7.4.3　出口退税及其他财政支出乘数估计

上面的脉冲分析给出了出口退税及其他财政政策影响经济的动态路径及示意图，为了更具体地考察各种财政政策效果，并在数值上进行比较，参考乌利格（Uhlig，2010）的研究，根据下式计算各种财政政策的支出乘数，即政策导致的相应变量累计增加值。

$$\varphi_t = \sum_{s=0}^{t} (\beta^s \mathrm{d}y_s) \Big/ \sum_{s=0}^{t} (\beta^s \mathrm{d}g_s)$$

其中，φ_t 是政策支出乘数，β 是贴现因子，$\mathrm{d}g$ 是政策的变动量，$\mathrm{d}y$ 是

政策导致的相应变量的变动，变量可以是产出、消费或者价格水平。下面本节选取多个指标分别考察各个财政政策的效果。

表 7 - 2 中报告了不同财政政策对经济变量产出、消费、价格水平和贸易余额的乘数效应。可以看到，在存在金融加速器效应时，从产出刺激角度来看，政府购买刺激效果最好，出口退税次之；从消费增加角度来看，消费税削减最好，出口退税次之；从价格变化幅度来看，出口退税带来的价格水平下降最大，资本收入税削减次之，相反，在金融加速器效应较弱的情况下，政府支出带来了价格水平上升最多。

表 7 - 2　　　　　　　　　　　不同财政政策的支出乘子

	产出	消费	价格
金融加速器效应较强（$u = 0.2$）			
出口退税	0.022405	0.007287	- 0.03752
政府购买	0.045037	0.001439	- 0.00366
资本收入税	0.005684	- 0.00221	- 0.02618
消费税	0.017981	0.0518	- 0.0015
金融加速器效应较弱（$u = 0.1$）			
出口退税	0.010539	0.003191	- 0.01678
政府购买	0.042561	0.001422	0.000563
资本收入税	0.003995	- 0.00112	- 0.01664
消费税	0.013365	0.044883	0.00002

随着市场不完备带来的金融加速器效应由弱变强，各个政策变量的政策效果变化很大。从具体数值的变化可以看到，出口退税政策带来的价格水平下降从 0.01678 增加到 0.03752，产出增加也从 0.010539 上升到 0.022405，对居民福利的改善幅度均超过 100%，远大于政府购买、消费税削减等其他财政政策带来的正向效应。可以看到，当金融加速器较强，此时出口退税增加在带来产出、消费较大上升的同时，又能带来价格水平的下降和出口的增长，与其他政策相比，带来的福利改进更加全面。

7.5 本 章 小 结

本章结合费尔南德斯－比利亚韦德（Fernández－Villaverde，2010）的研究，将伯南克等（1999）拓展到小国开放经济中，分析出口退税对经济带来的福利效应，并将其与政府购买、资本收入税和消费税带来的福利效应进行对比。模型的数值模拟结果表明，在金融市场完备时，企业与金融中介不存在信息不对称，出口退税的增加对居民、企业和社会的福利影响很小。但在考虑了金融市场不完备的金融加速器模型中分析发现，出口退税的增加，使企业净值上升，改善了企业的融资状况，使企业投资成本下降，投资和产出上升，产出的上升带来的价格水平下降，使出口增加。金融加速器效应越强烈，出口退税带来的福利改善越大，这在取不同的参数进行敏感性分析后仍然成立。

同时，将出口退税政策与其他的财政政策相比后发现，政府开支对产出的影响最大，但政府开支带来的价格水平上升，在一定程度上抑制了消费的增加，同时也使出口和贸易余额下降。资本收入税税率下降带来的价格水平下降最大，对出口的影响最大，但由于其提高了资本的回报、抑制了消费的扩张，使得它对产出的影响相对较小。而消费税税率的下降，直接刺激了居民的消费需求，在拉升产出的同时，也带动价格水平上升抑制了出口的增加。

巨额的出口退税给我国政府带来严重的财政负担，如何在提高出口退税政策效果的前提下，调整出口退税的结构是政策决策者关心的焦点问题。之前的研究较多的从商品的重要性、技术特征和价格弹性出发，本章则提供了另一个思路。本章的研究表明，出口退税应面向受到融资约束的企业，最优的出口退税额应与企业面临的融资约束直接相关。对于融资约束很强的企业，出口退税能够缓解它的流动性，降低其流动成本，带来的福利效应更大，对于此类企业要给以较高的退税率；而对于融资约束很低的企业，出口退税只能增加企业利润和净值，对其福利改善有限，应给予少量或者不给予出口退税补贴。

　　就各个行业而言，马诺瓦（Manova，2012）使用详实的数据估计了 27 个行业的金融受约束程度，发现各个行业所受融资约束存在极大的差异。具体而言，科学设备、电气及器材制造、自动数据处理等行业受金融约束程度最强，烟草和皮革制品所受金融约束程度最弱，纺织品、塑料制品和造纸虽然所受金融约束程度高于烟草和皮革制品，但远低于科学设备和电气机械①。虽然服装、玩具、橡胶等商品仍然占据我国出口商品中很大的份额，但近些年来比重不断下降，在这种情况下通过出口退税对这些商品进行补贴，带来的出口增量很小，对经济的拉动也很小，社会福利改进非常有限；而对于电气机械以及器材制造此类商品，随着我国之前的技术积累和产业优化，现在在我国出口行业中增长最快，成为对外贸易中重要的优势产品，但这类行业所受金融约束程度较强，通过出口退税对这些企业进行补贴，不但能够增加出口，提高我国的出口技术密集度，同时能带来较大的福利改进，应该成为未来出口退税补贴的重要对象。

---

　　① 贵斌威等（2013）基于中国的行业数据估计也发现了类似的结论。

第8章

保房价还是稳汇率：基于金融摩擦和土地财政视角的分析

在全球避险情绪升温和中国经济处于下行周期的背景下，中国会面临短期资本外流的压力。在此情形下，政策当局会面临"稳汇率"还是"保房价"的政策抉择。对此，本章建立了一个小国开放经济模型，在一般均衡的框架中对这两个政策进行了比较分析。研究表明，"稳汇率"即提高利率采取紧缩性的货币政策遏制资本的外流，会直接导致投资下降。在土地出让收入进入地方政府预算约束的背景下，利率上升导致的房价和地价下降，会降低地方政府的收入，使其对基础设施建设的支出下降，进而导致 GDP 的下降。"保房价"即维持当前的货币政策以汇率贬值来应对外部冲击，虽然能够促进出口，但在企业存在外币债务的情形下，汇率贬值会使得债务水平上升和企业净值下降，并通过金融加速器效应，对投资和产出带来负面影响。将这两种情形下直接比较，由于"稳汇率"的负面效果被地方政府的土地财政行为进一步放大，且我国企业外债水平相对较低，"保房价"相对优于"稳汇率"。

8.1 引　　言

中国经济的可持续增长面临国内和国外两方面的压力。一方面，全球金融市场的动荡导致全球金融风险上升，造成一些新兴经济体再次面临资本外流和本币贬值的压力。同时世界经济增长乏力，贸易摩擦频发，导致外需持续走弱。另一方面，在去杠杆和化解系统性风险的进程中，企业债券违约现象明显增多，金融风险逐渐显现，使得商业银行不良贷款率持续上升。在全球避险情绪升温和中国经济处于下行周期的大环境下，我国跨境资金流动有可能面临较大波动，资本外流和人民币贬值压力加大。为了降低外部不确定性和国内金融风险对汇率和资本流动带来的冲击，一种政策是加强资本管制，这与当前扩大金融业开放的政策导向相背离；另一种是维持一个高的利率，实行紧缩性的货币政策。需要提到的是，过去十几年中国一二线城市房价大幅上涨，在此背景下，如果国内加息采用紧缩性的货币政策，势必会影响房地产的发展，一些学者担心这会刺破房地产的泡沫，重创宏观经济。那么是否应该保房价而放弃汇率稳定呢？

支持"稳汇率"的学者认为人民币大幅贬值将导致资本外流，这一方面将影响人民币国际化的进程，另一方面汇率贬值将恶化具有美元外债的国内企业的资产负债表，从而影响宏观经济的稳定。现有文献对开放经济中，一国存在负债美元化时，面对外部不利冲击应该维持汇率固定还是让汇率自由贬值进行了较多的探讨。塞斯佩德斯等（Cespedes et al.，2004）将伯南克等（1999）的金融加速器推广到开放经济中，并考虑新兴经济国家存在负债美元化，发现尽管负债美元放大了稳定汇率的收益，但贬值仍在总的福利上优于固定汇率。在塞斯佩德斯等（2004）的基础上，埃莱克塔格和查卡罗夫（Elekdag and Tchakarov，2007）基于二阶的福利分析发现，企业负债美元化的存在极大地提高了稳定汇率下的社会福利水平，外债比例在一定水平下可得到固定汇率优于自由浮动的福利排序。弗纳罗（Fornaro，2015）探讨了金融危机时汇率政策的选择，发现是否贬值取决于国际借贷的外部性和信贷摩擦。塞斯佩德斯等（2017）通过理论模型对实际汇率、金融摩擦以及利率之间的关系进行梳理，发现实际汇率对国际借贷约束的渠道包括净值效应和杠杠比率效应，汇率的贬值通过影响国内金融部门和企业的净值直接冲击宏观经济。科里内克（Korinek，2018）认为新兴市场的国际借贷具有负的外部性，加上外币债务偿还具有顺周期性，因此宏观经济将陷入汇率贬值加大债务偿还金额、国际资本外逃加重、汇率更加贬值的恶性循环。刘芸、许志伟和王鹏飞（2022）构建了一个具有资本管制的动态汇率模型，从理论角度证明，汇率的多重均衡和贬值预期可能导致贬值螺旋，要稳定预期引起的贬值，关键在于改变汇率的自我实现动态。梅冬州、宋佳馨和谭小芬（2023）构建了一个开放宏观经济模型，研究发现新兴经济体的国内金融市场摩擦和资本流动顺周期特征是影响准备金政策应对外部冲击有效性的重要因素。当一国的金融开放水平更高以及更倾向于使用固定汇率制度时，逆周期的准备金政策在遏制外部冲击传导上的作用效果也更强，从而将更有效地"熨平"宏观经济的波动。可见在这些研究中，国内金融摩擦程度和负债美元化对一国汇率政策的影响很大。基于这些研究，一些学者认为不应任由人民币汇率贬值，应当提高资本管制或者维持高的利率遏制资本外流，以维持汇率的稳定。

然而，其他学者却认为应弃汇率而保房价，其原因在于我国房地产业与宏观经济联系紧密，房价下降对宏观经济影响巨大。如果为了稳定人民币汇率，我国央行提高利率采用紧缩性的货币政策，则有可能刺破房地产泡沫，触发系统性金融风险。但是，为什么房地产业会与宏观经济如此紧密地绑定在一起呢？一些学者注意到房地产通过与银行信贷的紧密联系增强了其与宏观经济的联动性。何青等（2015）通过一个包含价格刚性和抵押约束的DSGE模型，深入分析了房地产市场与宏观经济波动之间的关系，研究发现房地产业和抵押约束的相互影响放大了各类经济冲击的影响，并成为驱动经济波动的重要因素。文凤华等（2012）探讨了房地产市场波动对金融脆弱性的影响，研究发现房地产价格和金融脆弱性具有双向的因果关系，且银行部门对房价冲击的反应更为敏感。除此之外，许多学者关注到了土地财政在其中的特殊作用。分税制改革导致地方政府财权与事权不匹配，地方政府存在巨大的财政资金缺口，使得地方政府除寻求中央政府的财政转移支付外，对债务融资有巨大需求。面对投资驱动的经济增长模式引发的巨额基建投资资金需求，地方政府选择了"土地出让收入"和"土地抵押借款"相结合的"土地融资"模式（刘守英和蒋省三，2005）。为了追求政绩的提升和GDP的增长，大多市县政府将所获土地出让收入投向了城市建设、产业园区等基础设施建设（贾康和刘微，2012）。许多城市基础设施投资资金的60%~70%是土地融资贷款。高然和龚六堂（2017）在一个DSGE模型框架中刻画了土地财政在宏观经济波动传导中的作用，其发现土地财政的存在加大了房地产的波动，同时通过将房地产波动传导到实体经济而放大宏观经济的波动。梅冬州等（2018）将地方政府的土地出让行为和支出结构嵌入到一个包含金融加速器的多部门 DSGE 模型，分析了房价与 GDP 绑定的渠道和机制，其研究表明地方政府土地出让行为、地方政府对基础设施投资的偏好放大了房价对投资和整个经济的影响。这些研究都发现，房价与宏观经济的关系紧密，使政策决策者陷入"控房价"和"稳增长"难以取舍的政策困境。

综上所述，无论是"弃房价而稳汇率"还是"弃汇率而保房价"，都各有利弊。现有文献虽然也对其中的一方面或者一些问题进行分析，但是很少在一般均衡的框架下将两方面同时考虑，从而定量地比较这两种政策选择的利弊，并找出其中的关键影响因素。对此，本章建立了一个小国开放经济模型，在模型中引入地方政府的土地财政行为，同时为了分析债务美元化对经济的影响，模型假定政府持有一部分国外债务，并引入了金融加速器效应。数值模拟结果表明，在资本自由流动的情形下，国内外风险增加会导致资本外流和汇率贬值。如果货币政策当局提高利率遏制资本外流，这会直接降低居民对住房的需求，以及对非房地产部门的投资。由于房地产和非房地产部门的生产都需要土地，在土地出让收入进入地方政府预算约束的背景下，土地需求减少带来的土地价格下降会使得地方政府的收入下降。这样通过地方政府的土地财政行为，使得基建支出减少，进而导致 GDP 的下降。如果为了稳定房价，则需要汇率贬值以应对外部的冲击。汇率贬值虽然对出口有正面影响，但在企业存在外国债务的时候，汇率贬值提高了企业的名义债务存量，这会使得企业的净值下降。企业净值下降会通过金融加速器效应影响企业的外部融资成本，进而对企业的投资和生产产生负面影响。企业持有的外国债务越多，汇率贬值带来的负面影响越大。将这两种情形进行对比后发现，稳定汇率时利率上升直接导致投资下降，并且利率上升导致的房价下降和地价下降，会通过地方政府的土地财政行为放大对 GDP 的负面影响，因而从对 GDP 或投资的影响来看，维持当前的货币政策保持房价的稳定同时以贬值应对外部冲击对经济的负面影响更小。

8.2 理 论 模 型

本模型在伯南克等（1999）的 BGG 模型中引入房地产和非房地产部门，同时为了刻画土地财政，引入了地方政府，并将其推广到小国开放经济中。模型中地方政府是土地的唯一供给方，房地产和非房地产部门进行生产以及地方政府进行基础设施建设都需要土地。这样模型中主要包含六类经济主体：家庭、金融中介、资本品生产商、房地产部门、非房地产部门和地方政府。此外，为了引入价格粘性，本模型还引入了零售商。

家庭在劳动力市场上提供劳动获得工资收入，并从金融中介分得上一期所放存款的利息收入，将这些收入一部分用于购买消费品和住房，另一部分继续留存在国内的金融中介。为了讨论金融市场的不完备在经济波动中的作用，本章在模型中引入金融中介，金融中介每期从家庭获得存款，并将其借贷给生产部门。金融中介无法观察到生产部门的行为，两者之间存在信息不对称。生产部门包括房地产和非房地产两个部门，他们都利用自身的净资产和从金融中介获得的贷款，从地方政府购买土地，雇佣家庭提供的劳动，以及从资本品生产商手中购买资本等生产要素，进行生产。为了引入价格粘性，参考新凯恩斯模型的标准设定，引入零售商。零售商从非房地产生产商中购买商品，将其分类形成差异后进行复合，居民、企业和政府购买复合后的商品。资本品生产商利用投资生产资本品。地方政府根据中央政府的转移支付和卖出土地获得收入，将获得的收入用于政府消费和基础设施建设。该经济中中央政府每期预算约束平衡，通过发行货币和一次性总赋税为地方政府的转移支付融资，并制定货币政策。

8.2.1 代表性家庭

遵循标准宏观模型设定的范式，代表性家庭生存无限期，每期选择购买消费品 C_t 及住房 h_t，提供了劳动 N_t 并持有一定的货币，来最大化终身效用：

$$E_0 \sum_{t=0}^{\infty} \beta^t \Big[\frac{C_t^{1-\sigma}}{1-\sigma} + \chi \ln \frac{M_t}{P_t} + j_t \ln h_t - \kappa \frac{N_t^{1+\varphi}}{1+\varphi} \Big] \tag{8.1}$$

其中，E 表示预期，M_t 是货币持有量，P_t 是价格水平，则 M_t/P_t 为居民持有的实际货币余额。σ 是家庭的风险厌恶系数，β 为贴现因子，j_t 为房地产需求冲击（Iacociello，2005），劳动供给弹性是 φ 的倒数，参数 $\chi > 0$，$\kappa > 0$ 分别刻画了实际货币余额和提供劳动对居民福利的影响。与开放经济模型的标准设定一样，C_t 是居民消费的一单位复合商品，由国内商品 $C_{H,t}$ 和进口的国外商品 $C_{F,t}$ 以 CES 形式复合而成：

$$C_t = \left[\alpha_1^{1/\rho_1} (C_{H,t})^{(\rho_1-1)/\rho_1} + (1-\alpha_1)^{1/\rho_1} (C_{F,t})^{(\rho_1-1)/\rho_1} \right]^{\rho_1/\rho_1-1} \tag{8.2}$$

参数 α_1 反映一国居民对本国商品的偏好，α_1 越大消费品中消费本国商品的比重越高，进口的国外消费品越低，ρ_1 衡量了国内外消费品的替代弹性。该经济自由贸易一价法则成立，S_t 是两国货币在 t 期的名义汇率，国外商品的价格为 $P_{F,t}^*$，这样 F 国商品在 H 国的价格满足 $P_{F,t} = S_t P_{F,t}^*$。$P_{c,t}$ 是国内消费品的价格，最小化一单位复合消费品的支出，得到一单位复合商品的价格水平和相应的需求方程为：

$$P_t = \left[\alpha_1 P_{c,t}^{1-\rho_1} + (1-\alpha_1) P_{F,t}^{1-\rho_1} \right]^{1/1-\rho_1}$$

$$\frac{C_{H,t}}{C_{F,t}} = \left(\frac{\alpha_1}{1-\alpha_1} \right) \left(\frac{P_{c,t}}{P_{F,t}} \right)^{-\rho_1} \tag{8.3}$$

代表性家庭向房地产部门和非房地产两个部门分别提供劳动 $n_{h,t}$ 和 $n_{c,t}$，这样总的劳动供给由两者复合而成（Iacociello，2010）：

$$N_t = \left[(n_{h,t})^{1+\xi} + (n_{c,t})^{1+\xi} \right]^{1/1+\xi}$$

两个部门的劳动在消费者效用函数中的存在异质性，用 ξ 进行刻画。ξ 越大，两个部门劳动力替代弹性越大，当 ξ 等于 0 时，两个部门的劳动完全替代。

居民每期提供劳动获取工资报酬，同时获得上一期储蓄和持有外国债券带来的利息，将所获得的这些收入用于对一般商品的消费，增加新的住房需求，并将剩下一部分存在金融中介机构 D_t，另一部分借贷给国外以债券形式持有 B_t，同时还要向中央政府上交一次性总赋税 T_t。参考一般的设定，持有外国债券存在二次型调整成本[①]。这样家庭的预算约束为：

[①]　为了避免效果模型中世界利率外生给定造成的单位根过程，参考 Schmitt – Grohé 和 Uribe（2003），我们做如此设定。

$$P_t C_t + Q_{h,t} \left[h_t - (1 - \delta) h_{t-1} \right] + D_t + S_t B_t + M_t$$

$$= W_{c,t} n_{c,t} + W_{h,t} n_{h,t} + R_{t-1}^n D_{t-1} + R_{t-1}^{n*} S_t B_{t-1} + P_t \frac{\psi}{2} (B_t - \bar{B})^2 + M_{t-1} + \Pi_t - T_t$$

$$(8.4)$$

定义家庭预算约束式的拉格朗日乘子为 λ_t，家庭在预算约束下，最大化其目标函数式（8.1），整理得到下面的最优性条件：

$$\lambda_t = 1 / P_t C_t^\sigma$$

$$\beta E_t R_t \lambda_{t+1} = \lambda_t \qquad (8.5)$$

$$0 = E_t \beta (1 - \delta_h) Q_{h,t+1} \lambda_{t+1} + \frac{j_t}{h_t} - Q_{h,t} \lambda_{t+1} \qquad (8.6)$$

$$\frac{W_{h,t}}{P_t C_t^\sigma} = \kappa_t N_t^\varphi (\gamma_n N_t)^{-\xi} (n_{h,t})^\xi \qquad (8.7)$$

$$\frac{W_{c,t}}{P_t C_t^\sigma} = \kappa_t N_t^\varphi ((1 - \gamma_n) N_t)^{-\xi} (n_{c,t})^\xi \qquad (8.8)$$

$$E_t \left\{ \frac{1}{P_{t+1} C_{t+1}^\sigma} \left[R_t^n \left(1 - \psi \frac{P_t}{S_t} (B_t - \bar{B}) \right) - \frac{S_{t+1}}{S_t} R_t^{*n} \right] \right\} = 0 \qquad (8.9)$$

式（8.5）是家庭消费的欧拉方程，决定居民的消费和储蓄行为；式（8.6）为居民对房地产需求的最优性条件；式（8.7）和式（8.8）分别是家庭在房地产和非房地产部门劳动供给方程，式（8.9）是开放经济中未抵补的利率平价。

8.2.2　金融中介

为了分析金融市场不完备在经济波动中的作用，本章在模型中引入风险中性的金融中介。居民每期将剩余收入存入以获得无风险利率带来的收益，中介将这些存款借贷给企业家。在信贷市场信息不对称存在摩擦的情况下，与伯南克等（1999）的标准假设一样，借贷双方制定契约：当企业的收益大于一定界限时，企业以约定的利率归还银行贷款及相应的利息，而如果企业经营失败或隐瞒收益，金融中介就会对企业审查清算，企业剩余资产则归金融中介所有，审查要耗费一定的成本。当企业自有资产很少，企业有很强的动力申请破产或违约，这给金融中介造成的审计成本和损失也越大，故为达到资金供求平衡，金融中介会在借贷时对这类企业家要求更高的偿还利息[①]。由此我们可以得到金融中介的名义贷款利率为：

$$R_{j,t+1}^d = \eta_{j,t} R_t^n = f(B_{j,t}/NW_{j,t}) R_t^n, \ j=h, \ n, \ f(0)=1, \ f'(\cdot)>0$$

$$(8.10)$$

其中，$R_{j,t+1}^d$ 是 $t+1$ 期 j 部门企业借贷需要偿还给金融中介的名义贷款利率，$NW_{j,t}$ 是 t 期末 j 部门企业拥有的净资产，$B_{j,t}$ 是 t 期末 j 部门企业向金融中介融资所得，$B_{j,t}/NW_{j,t}$ 即为 t 期末 j 部门企业的杠杆率。在信贷市场完备的情况下，企业从银行的贷款利率与内部融资成本相等，等于无风险利率 R_t^n。在金融市场不完备时，$\eta_{j,t}=f(\cdot)$ 表示金融中介信贷的风险溢价，$f(0)=1$ 表示当企业对外借贷为 0，完全依赖自有资金融资时，融资成本即为无风险利率。由 $f'(\cdot)>0$ 可知，只要企业需要外部融资，就会存在外部融资溢价，当企业净值很少主要依靠外部融资时，企业家外部融资的风险溢价很高。

8.2.3　生产部门

1. 房地产部门

房地产企业风险中性，在区间 [0，1] 中连续分布，代表性房地产企业 t 期末购买用于下一期生产的资本品 $K_{h,t}$，购买的资金一部分来源于在 t 期末拥有实际净资产数量为 $NW_{h,t}$，另一部分从国内金融中介借贷 $B_{h,t}^H$ 和国外金融中介 $B_{h,t}^H$。记 t 期资本实际价格为 Q_t^k，由于国内和国外商品计价单位不同，将外国资负债用实际汇率（$e_t^r = S_t P_t^*/P_t$）进行换算，这样得到：

$$B_{h,t}^H + e_t^r B_{h,t}^F + NW_{h,t} = Q_{k,t} K_{h,t} \qquad (8.11)$$

式（8.11）是对企业家资产负债表的一个简单刻画，等式的左边是企业负债和企业净值，等式右边是企业家资产。企业家负债由国内和国外两部分构成，由于两国货币计值单位不同，在债务数额不变的情况下，实际汇率的变化影响企业的总负债。企业生产房地产除需要资本外，每期还雇佣劳动 $n_{h,t}$ 和购买土地 $L_{h,t}$，相应的生产函数如下：

---

① 具体分析见 Bernanke 等（1999）、Gertler 等（2007）。

$$Y_{h,t} = \left[\gamma_h^{1/\rho_h} \left[A_{h,t} K_{h,t-1}^{\psi_h} n_{h,t}^{1-\psi_h} \right]^{(\rho_h-1/\rho_h)} + (1-\gamma_h)^{1/\rho_h} (L_{h,t})^{(\rho_h-1/\rho_h)} \right]^{(\rho_h/\rho_h-1)}$$

$$(8.12)$$

上面的生产函数与一般的生产函数的区别在于以 CES 形式加入了土地。其中，$A_{h,t}$ 是房地产部门的技术进步率，$\gamma_h \in (0, 1)$ 是均衡时除土地以外的要素在总的要素份额中的比重，γ_h 越大说明土地在生产函数中起到的作用越小；ψ_h 是除土地外的要素中资本所占的份额；ρ_h 衡量了其他要素对土地的替代弹性，ρ_h 越小表示其他要素对土地的替代性越弱。相比于非房地产部门，土地在房地产部门需要的投入更多，γ_h 更小；相比于其他要素，土地的在房地产部门中的专用性更强，ρ_h 更小。

房地产部门不存在价格粘性，为了分析的方便，我们设定资本的实际拥有者每期使用完资本，会在期末对折旧后的资本进行重新估价，卖给资本品生产商。这样企业购买使用一单位资本的收益除了资本的边际产出外，还包括资本价格上升带来的资本利得。此时，资本的实际收益率为：

$$E_t R_{h,t+1}^k = E_t \left\{ \frac{q_{h,t+1}}{P_{t+1}} \frac{\partial Y_{h,t+1}}{\partial K_{h,t}} + (1-\delta) Q_{t+1}^k \right\} \Big/ Q_t^k \qquad (8.13)$$

$$\frac{\partial Y_{h,t}}{\partial K_{h,t-1}} = \psi_h \left(\frac{\gamma_h Y_{h,t}}{A_{h,t} K_{h,t-1}^{\psi_h} n_{h,t}^{1-\psi_h}} \right)^{1/\rho_c} K_{h,t-1}^{\psi_h-1} n_{h,t}^{1-\psi_h}$$

生产商最小化成本，$P_{L,t}$ 是土地的价格，可以得到：

$$w_{h,t} = \frac{q_{h,t}}{P_t} \frac{dY_{h,t}}{dn_{h,t}} \qquad (8.14)$$

$$\frac{\partial Y_{h,t}}{\partial n_{h,t}} = A_{h,t} (1-\psi_h) \left(\frac{\gamma_h Y_{h,t}}{K_{h,t-1}^{\psi_h} n_{h,t}^{1-\psi_h}} \right)^{1/\rho_c} K_{h,t-1}^{\psi_h} n_{h,t}^{-\psi_h}$$

$$P_{L,t} = \frac{q_{h,t}}{P_t} \frac{\partial Y_{h,t}}{\partial L_{h,t}} \qquad (8.15)$$

$$\frac{\partial Y_{h,t}}{\partial L_{h,t-1}} = \left(\frac{(1-\gamma_h) Y_{h,t}}{L_{h,t}} \right)^{1/\rho_h}$$

$$mc = \left[\gamma_h (mc1)^{(1-\rho_h)} + (1-\gamma_h)(P_{L,t})^{(1-\rho_h)} \right]^{1/(1-\rho_h)} \qquad (8.16)$$

$$mc1 = \psi_h^{-\psi_h} (1-\psi_h)^{-(1-\psi_h)} (R_{c,t+1}^k)^{\psi_h} (w_{h,t})^{1-\psi_h} (A_{h,t})^{-1}$$

式（8.14）和式（8.15）分别是房地产部门企业对劳动和土地的需求方程，式（8.16）是房地产部门一单位产出的边际成本。房地产企业 t 期末从投资中获得回报，同时偿还贷款利息，剩余的部分（$1-\phi_h$）用于消费①，这样房地产企业的净值积累方程满足：

$$NW_{h,t} = \phi_h \{ R^k_{h,t} Q_{k,t-1} K_{h,t-1} - E_t(R^d_{h,t-1}/\pi_t B^H_{h,t-1}) - E_t(e^r_t R^{*d}_{h,t-1}/\pi^*_t B^F_{h,t-1}) \}$$

(8.17)

可以看到，资产价格 Q^K_t、资本实际收益 $R^k_{h,t}$ 和实际汇率 e^r_t 的变动均会影响房地产企业净值。当资产收益下降或者借贷利率上升时，企业家净值会下降，观察式（8.10）可以知道这会带来企业融资风险溢价 $f(\cdot)$ 的上升，一方面企业的投资成本随之增大，另一方面企业下一期需要偿还的贷款利息增加，综合作用下企业净值会进一步地下降。这样循环下去，一个初始的冲击通过影响企业的外部融资成本，带来投资和产出的大幅下降，这就是"金融加速器"效应。

2. 非房地产部门

在本章的模型中非房地产企业与房地产企业存在以下几个方面的不同：第一，非房地产企业存在价格粘性；第二，在生产函数具体的参数构成中，非房地产企业相比于房地产企业对土地的依赖要低，其他要素对土地的替代弹性也较弱。为节省篇幅，对于非房地产企业的基本行为方程，在不影响理解的情况下，进行简要的概述。

同样的，非房地产企业在 t 期末自身拥有的实际净资产数量为 $NW_{c,t}$，并向国内金融中介借贷 $B^H_{c,t}$ 和国外金融中介 $B^H_{c,t}$。以此用于购买下一期生产所需要的资本品 $K_{c,t}$。这样得到：

$$B^H_{c,t} + e^r_t B^F_{c,t} + NW_{c,t} = Q_{k,t} K_{c,t}$$

(8.18)

非房地产企业生产函数如下：

$$Y_{c,t} = \left[\gamma_c^{1/\rho_c} \left[A_{c,t} K_{c,t-1}^{\psi_c} n_{c,t}^{1-\psi_c} \right]^{(\rho_c-1/\rho_c)} + (1-\gamma_c)^{1/\rho_c} (L_{c,t})^{(\rho_c-1/\rho_c)} \right]^{(\rho_c/\rho_c-1)}$$

(8.19)

其中，$n_{c,t}$ 为企业每期雇佣的劳动，$L_{n,t}$ 是购买的土地，$A_{c,t}$ 是非房地产部门的技术进步率。$\gamma_c \in (0, 1)$ 是均衡时除土地以外的要素在总的要素份额

---

① 参考 Bernanke 等（1999）的设定，这样避免企业出现积累起足够的资金以至于资金完全自足的情况。

中的比重，ψ_c 是除土地外资本所占的要素份额，ρ_c 衡量了其他要素对土地的替代弹性。

非房地产部门存在价格粘性，为此在模型中引入零售商。零售商先以批发价向非房地产企业购买其生产出的商品，随后将这些商品分类加工后再以零售价格 P_t 卖出，用 X_t 表示零售价格和批发价格之比（$X_t > 1$），那么非房地产企业批发商品给零售商的价格就为 P_t/X_t。与房地产企业一样，非房地产企业使用一单位资本得到的收益由资本的边际产出和资本价格变动的利得构成，这样非房地产资本的实际收益率为：

$$E_t R_{c,t+1}^k = \frac{E_t \left\{ \dfrac{1}{X_{t+1}} \dfrac{\partial Y_{c,t+1}}{\partial K_{c,t}} + (1-\delta) Q_{t+1}^k \right\}}{Q_t^k} \tag{8.20}$$

$$\frac{\partial Y_{c,t}}{\partial K_{c,t-1}} = A_{c,t} \psi_c \left(\frac{\gamma_c Y_{c,t}}{K_{c,t-1}^{\psi_c} n_{c,t}^{1-\psi_c}} \right)^{\frac{1}{\rho_c}} K_{c,t-1}^{\psi_c - 1} n_{c,t}^{1-\psi_c}$$

非房地产生产商成本最小化，可以得到下列方程：

$$w_{c,t} = \frac{1}{X_t} \frac{\partial Y_{c,t}}{\partial n_{c,t}} \tag{8.21}$$

$$\frac{\partial Y_{c,t}}{\partial n_{c,t}} = A_{c,t} (1 - \psi_c) \left(\frac{\gamma_c Y_{c,t}}{K_{c,t-1}^{\psi_c} n_{c,t}^{1-\psi_c}} \right)^{\frac{1}{\rho_c}} K_{c,t-1}^{\psi_c} n_{c,t}^{-\psi_c}$$

$$P_{L,t} = \frac{1}{X_t} \frac{\partial Y_{c,t}}{\partial L_{c,t}}$$

$$\frac{\partial Y_{c,t}}{\partial L_{c,t-1}} = \left(\frac{(1-\gamma_c) Y_{c,t}}{L_{c,t-1}} \right)^{1/\rho_c}$$

非房地产企业 t 期末从投资中获得回报，同时偿还贷款利息，剩余的部分 $(1 - \phi_h)$ 用于消费，得到非房地产企业的净值积累方程：

$$NW_{c,t} = \phi_h \left\{ R_{c,t}^k Q_{k,t-1} K_{c,t-1} - E_t (R_{c,t-1}^d / \pi_t B_{c,t-1}^H) - E_t (e_t^r R_{c,t-1}^{*d} / \pi_t^* B_{c,t-1}^F) \right\} \tag{8.22}$$

8.2.4　地方政府

对地方政府而言，更多的支出意味着作用于 GDP 的资源力度更大，同时更多的财政收入和支出也是上级考核地方政府的重要指标，因此本章假定地方政府的目标函数为跨期追求政府支出规模的最大化，进一步地将地方政府的支出分解为消费型支出和生产型支出，由于生产型支出主要包括基本建设支出、企业挖潜改造资金、城市维护建设，这三类都可归类为基础设施建设支出（张军，2012）。为了更直观地理解，将生产型支出统称为基础设施建设支出①。这样地方政府的目标函数为：

$$\max E_t \sum_{t=0}^{+\infty} \beta_d^t \big[(1 - \gamma_d) \ln G_{c,t} + \gamma_d \ln G_{f,t} \big] \tag{8.23}$$

其中，γ_d 衡量了地方政府对基础设施建设支出的偏好程度，γ_d 越大代表地方政府越偏好基础设施建设支出。地方政府财政收入包括来源于卖地收入和中央政府的转移支付 Rev_t。LD_t 是每期卖出的土地。需要注意的是，由于政府消费直接购买最终生产的商品，而基础设施建设支出，它的边际成本不断上升而边际收益不断下降，因此模型引入调整成本，这样政府的预算约束可以写成下面的形式：

$$G_{c,t} + P_{f,t}G_{f,t} + \frac{\phi_g}{2}\left(\frac{G_{f,t} - G_{f,t-1}}{G_{f,t-1}} \right)^2 G_{f,t-1} \leqslant P_{L,t}LD_t + Rev_t \tag{8.24}$$

与直接的消费型支出不同，基础设施建设支出需要土地和资本品，对应的生产函数是：

$$G_{f,t} = K_{d,t}^{\alpha_d} L_{d,t}^{1-\alpha_d} \tag{8.25}$$

α_d 是基础设施建设中资本投入在总的要素投入中的比重。一单位基础设施建设相对应的支出成本为：

$$P_{f,t} = MC_{f,t} = \alpha_d^{-\alpha_d} (1 - \alpha_d)^{-(1-\alpha_d)} (R_{d,t+1}^k)^{\alpha_d} (P_{L,t})^{1-\alpha_d} \tag{8.26}$$

定义拉格朗日乘子为 $\lambda_{g,t}$，得到地方政府选择政府消费和基础设施建设投资的最优性条件：

$$\lambda_{g,t} = \gamma_d / G_{c,t} \tag{8.27}$$

$$\gamma_d / G_{f,t} - \lambda_{g,t} P_{f,t}\left[1 + \phi_g\left(\frac{G_{f,t} - G_{f,t-1}}{G_{f,t-1}} \right) \right]$$

$$- \lambda_{g,t+1}\phi_g P_{f,t+1}\left[\frac{1}{2}\left(\frac{G_{f,t} - G_{f,t-1}}{G_{f,t-1}} \right)^2 - \frac{G_{f,t+1}}{G_{f,t}}\left(\frac{G_{f,t+1} - G_{f,t}}{G_{f,t}} \right) \right] = 0 \tag{8.28}$$

---

① 其他行政管理费、文教、科学和卫生事业费等其他费用定义为消费型支出。

8.2.5 资本品生产商

参考标准 DSGE 模型（Christiano et al., 2007；Christensen and Dib, 2008）的设定，引入资本品生产商。t 期末资本品生产商从企业家手中购买折旧剩余的资本品 $(1-\delta)K_t$，并加以投资 I_t 来生产和积累资本品，用于下一期的生产活动，整个的资本品运动过程存在一定的调整成本，参考伊亚科维洛（Iacoviello, 2005）的设定，可以得到资本品的变化路径：

$$K_{t+1} = (1-\delta)K_t + I_t - \frac{\phi_i}{2}\left(\frac{I_t}{K_t}-\delta\right)^2 K_t \tag{8.29}$$

投资品 I_t 由 H 国的投资品 $I_{H,t}$ 和进口 F 国的投资品 $I_{F,t}$ 以 CES 形式组合而成。$P_{H,t}$ 为国内资本品的价格，$P_{F,t}$ 为国外投资品在国内的价格，I_t 的具体形式和单位投资品对应的价格为：

$$I_t = \left[(1-\alpha_3)^{\frac{1}{\rho_3}}(I_{H,t})^{\frac{\rho_3-1}{\rho_3}} + \alpha_3^{\frac{1}{\rho_3}}(I_{F,t})^{\frac{\rho_3-1}{\rho_3}}\right]^{\frac{\rho_3}{\rho_3-1}},$$

$$P_{I,t} = \left[(1-\alpha_3)(P_{H,t})^{1-\rho_3} + \alpha_3(P_{F,t})^{1-\rho_3}\right]^{\frac{1}{1-\rho_3}} \tag{8.30}$$

其中，$\rho_3 > 0$ 是国内投资品对国外投资品的替代弹性，$\alpha_3 \in (0,1)$ 表示投资品中使用国外投资品的比例，α_3 越大投资品中使用国外投资品的比例越大。

资本品生产商在约束（29）下选择投资最大化利润[1]，得到资本品的实际价格：

$$Q_t^k = \frac{1}{1-\phi_i(I_t/K_t-\delta)}\frac{P_{I,t}}{P_t} \tag{8.31}$$

式（8.31）中，资本价格 Q_t^k 是关于投资 I_t 的单调递增函数，即更多的投资会带来资产价格的迅速上升，投资的下降则带来资本价格的下降。

8.2.6 零售商

由上可知，考虑到非房地产部门存在价格粘性，需要在模型中引入零售

---

[1] $\max\limits_{I_t} E_0 \sum\limits_{t=0}^{\infty} \Lambda_t\{Q_t^k K_{t+1} - Q_t^k K_t - P_{I,t}I_t/P_t\}$，折现因子 $\Lambda_t = \beta^t(C_t/C_0)^{-1}$。

商。参考 Christensen 和 Dib（2008）、梅冬州和龚六堂（2011）的设定，零售商在竞争的市场上从非房地产企业手中购买商品后，将产品分类形成差异，居民购买由这些差异商品构成的复合商品。每期只有 $1 - \theta$ 比例的零售商可以调整价格（Calvo，1983），这样可以求解简化得到标准的新凯恩斯菲利普斯曲线：

$$\pi_{H,t} = \beta E_t \pi_{H,t+1} - \lambda x_t, \quad \lambda = (1 - \theta)(1 - \beta\theta)/\theta \tag{8.32}$$

$$\pi_{H,t} = P_{H,t}/P_{H,t-1} - 1$$

8.2.7　市场出清条件与宏观均衡

中央政府每期利用家庭上缴的一次性总赋税和货币的发行，为自己对地方政府的转移支付融资，保持了预算的平衡：

$$M_t - M_{t-1} + T_t = \text{Rev}_t$$

中央政府制定货币政策，假定通过调节短期利率来应对经济的变动，货币政策满足 Taylor 规则：

$$\frac{R_t^n}{R} = \left(\frac{R_{t-1}^n}{R}\right)^{\rho_r} \left(\frac{GDP_t}{GDP}\right)^{\rho_y} \left(\frac{\pi_{H,t}}{\pi_H}\right)^{\rho_\pi} \left(\frac{S_t}{S}\right)^{\rho_s} \varepsilon_{m,t} \tag{8.33}$$

其中，R、GDP 和 π 是稳态的利率、总产出水平和通货膨胀，ρ_r 反映了上期货币政策对现在的影响，ρ_y、ρ_π 和 ρ_s 均大于 0，分别是名义利率对 GDP、国内通货膨胀和名义利率的反应系数。$\varepsilon_{m,t}$ 是货币政策冲击，其标准差为 $\delta_{m,t}$。ρ_s 越大代表货币政策对名义汇率的变动越敏感。当 ρ_s 等于 0 时，此时货币政策不对名义汇率进行任何反应，对应自由浮动；当 ρ_s 趋于无穷大时，此时名义汇率的任何变动都会导致利率的剧烈反应，这对应固定汇率制。

GDP 由房地产和非房地产部门的产出构成：

$$GDP_t = Y_{c,t} + (q_{h,t}/P_t)Y_{h,t}$$

市场均衡时，各个市场均满足出清条件。其中，非房地产部门生产的商品用于居民消费，投资和政府消费型支出，这样非房地产部门市场出清条件为：

$$Y_{c,t} = C_{H,t} + I_{H,t} + G_{c,t} + EX_t \tag{8.34}$$

房地产部门的产出用于满足居民新增的购房需求，对应市场出清条件为：

$$Y_h = h_t - (1 - \delta) h_{t-1} \qquad (8.35)$$

地方政府提供的土地，作为房地产企业、非房地产企业和政府基础设施建设类支出所必需的生产要素，土地市场对应的出清条件为：

$$L_{c,t} + L_{h,t} + L_{d,t} = LD_t \qquad (8.36)$$

资本品生产商生产的资本品，是房地产企业、非房地产企业和政府基础设施建设是所必需的生产要素，这样资本品市场对应的出清条件为：

$$K_{c,t} + K_{h,t} + K_{d,t} = K_t \qquad (8.37)$$

在下面的分析中，参考格特勒等（2007），主要讨论世界利率冲击（风险溢价冲击）和出口冲击，这两个冲击均服从下面的 AR(1) 过程，具体形式如下：

$$\ln R_t^{*n} - \ln R^{*n} = \rho_r (\ln R_{t-1}^{*n} - \ln R^{*n}) + \varepsilon_{r,t}, \ \rho_r \in (0, 1), \ \varepsilon_{r,t} \sim N(0, \delta_{r,t}^2)$$

$$\ln EX_t - \ln EX = \rho_{ex} (\ln EX_{t-1} - \ln EX) + \varepsilon_{ex,t}, \ \rho_{ex} \in (0, 1), \ \varepsilon_{ex,t} \sim N(0, \delta_{ex,t}^2)$$

8.3 参 数 校 准

参考 DSGE 模型求解的一般步骤，对模型的一阶条件进行对数线性化，然后对数值模拟中相应的参数进行赋值和估计。本模型在 BGG 的"金融加速器"模型的基础上引入了房地产部门和非房地产部门，同时还引入地方政府的土地财政行为。对此，在下面的参数赋值时，参考伊亚科维洛和内里（Iacoviello and Neri，2010）的研究，根据参数的性质和分析的需要，将其分成三部分。首先，对于标准的参数我们一方面借鉴伯南克等（1999）、德弗罗（Devereux et al.，2006）和格尔特等（Gertler et al.，2007）等金融加速器模型的标准设定；另一方面，对于房地产部门和非房地产部门引入的参数设定问题，我们参考伊亚科维洛和内里（2010）、兰博蒂尼等（Lambertini et al.，2013）的研究。其次，对于模型中的结构性参数，如房地产投资占总投资的比重，房地产部门产出在整个 GDP 中的比重等指标，利用近几年中国的宏观数据进行估计。最后，对于无法确定的参数，尤其是各个冲击的标准差和自相关系数，参考之前的研究给出先验分布，然后利用中国宏观经济变量的时间序列数据，采用贝叶斯方法进行估计。

　　参数 β 和 β_G 分别是居民和地方政府主观贴现率，均取 0.99[①]；资本品的年折旧率一般为 0.1，这样资本品的季度折旧率取 0.025；劳动力供给弹性的倒数 v 一般在 1~2 之间，本模型取 1.3；价格粘性的参数 θ 设为 0.75，这些参数的取值都和标准的 DSGE 模型一致。为了简化处理，家庭部门的风险规避系数取 1，投资需求对边际产出的参数 ϖ 取 0.81，房地产部门和非房地产部门的消费率 $1 - \phi_c$ 和 $1 - \phi_h$ 均取 0.03，债券的调整成本系数 ψ 取 0.0007，这些参数的取值均来自经典的金融加速器模型（Bernanke et al.，1999；Devereux et al.，2006 et al.，2007）。参考伊亚科维洛和内里（2010）对于房地产部门和非房地产部门的设定，劳动力在两个部门的异质性参数 ξ 取 0.8，住房偏好的均值 j 取 0.2（何青等，2015）。对于非房地产部门，不失一般性，土地对其他要素的替代弹性 ρ_c 取 1；而对于房地产部门，由于土地的专用性强，因此土地对其他要素的替代弹性 ρ_h 取 0.1[②]。

　　对于结构性的参数，结合理论模型得到的最优性条件，求出模型的稳态值，并将稳态点的变量用外生参数表示出来，再根据中国的现实数据得到相应变量的值，进而反推出相应的参数取值。参考许宪春等（2015）的研究，无论从支出法还是收入法，房地产产出占 GDP 的份额一直在 13%～15%，我们取均值 14%；固定资产投资占 GDP 的比例为 45%～53%，我们取均值50%；房地产投资占总投资的比例一直维持在 19% 附近，对此模型中房地产投资占总投资的比例取 19%；参考白重恩和钱震杰（2010）的研究，劳动要素回报占总要素回报的比重取值为 45%。根据张军（2012）的研究，基础设施投资占全社会固定资产投资的比例为 26%，占 GDP 的比例为13%，政府财政支出占 GDP 的比例一直维持在 26% 的比例；基于此，在基准的模型中，均衡时政府用于基础设施建设支出的比重 γ_d 取为 0.5。另外，出口占 GDP 的比例一直在 20%～26%，本模型取均值 23%；根据联合国 BEC 的分类，中国的消费品进口占总进口比例一直在 4%～6%，进口的商

[①]　则无风险的季度利率为 $r^n = 1/\beta$。
[②]　实际上只要这些数值取值在合理的范围内，它们的取值不影响模型数值模拟的结论。

品中消费品的比例为6%。

根据这些基本事实和模型的均衡条件，可以倒推出非房地产部门土地的份额 $1-\gamma_c$ 为0.06，除土地外生产函数中资本品的份额 ψ_c 为0.3；房地产部门土地的份额 $1-\gamma_h$ 为0.3，除土地外生产函数中资本品的份额 ψ_h 为0.4，地方政府基础设施建设中土地的份额 $1-\alpha_d$ 为10%；进口的消费品在总的消费品的份额 $1-\alpha_1$ 为0.04，进口的投资品在总的资本品的份额 α_3 为0.45。

需要强调的是，考虑到本研究的结果较为定性，在后文的脉冲分析中，本章会将以上这些参数取值设定下得到的结果作为一个基准的参照，并调整那些影响模型结论的参数来进行敏感性分析，通过与基准的比较来补充本研究的定性讨论。风险溢价弹性系数 u 一般设定在 $0 \sim 0.2$ 之间[①]，为了比较金融加速器效应的存在与否及其强弱不同对整个经济的影响，本章也分别取 u 为0、0.05和0.1来进行对比，其中，u 等于0时金融加速器机制关闭。主要的参数取值如表8-1。

表8-1　　　　　　　　　　主要的参数赋值

参数含义	参数	取值	参数含义	参数	取值
居民的贴现因子	β	0.99	两部门劳动的异质性	ξ	0.8
地方政府的贴现因子	β_G	0.99	非房地产部门资本份额	ψ_c	0.3
劳动的供给弹性	φ	1.2	非房地产部门土地份额	$1-\gamma_c$	0.06
资产价格对投资的反应系数	ϕ	0.81	非房地产部门土地对其他要素的替代弹性	ρ_c	1
资本折旧率	δ	0.025	房地产部门资本份额	ψ_h	0.4
住房偏好的均值	j	0.2	房地产部门土地份额	$1-\gamma_h$	0.3
政府生产型支出中土地的份额	α_d	0.1	房地产部门土地对其他要素的替代弹性	ρ_h	0.1
消费品中进口品的比重	$1-\alpha_1$	0.04	投资品中进口品的比重	α_3	0.45

---

① 具体参考 Céspedes 等（2004）、Devereux 等（2006）和 Gertler 等（2007）等的研究。

8.4 模型机制分析

为了便于理解下面的脉冲分析，在本节对模型的传导渠道和作用机制进行一个简单直观的阐述。

结合开放经济下的利率平价方程式（8.9），世界利率发生变动时，国内经济政策的调整有两种选择，一种是维持汇率不变（$S_{t+1} = S_t = S$），利率紧跟国外进行调整，也就是完全依靠国内名义利率的变动来应对外部冲击；另一种是让汇率变动，以减少外部冲击下国内名义利率的变动幅度。

在下面的分析中，模型要将稳汇率和保房价两种情形进行对比，那么这两种情形对应的政策规则是什么？稳汇率是保持汇率的稳定，也就是货币政策对汇率的任何偏离都要及时反应，对应的政策应该就是维持汇率固定或者将汇率的波动维持在一个很小的区间内，即货币政策规则式（8.33）当中名义利率对汇率的系数 ρ_s 很大时的情形。

根据式（8.6）房价的变动取决于住房需求和名义利率，如果不考虑住房需求（剔除 j_t/h_t），结合式（8.5），式（8.6）可化简为：

$$Q_{h,t+1}/Q_{h,t} = \lambda_t / \beta(1-\delta_h)\lambda_{t+1} = R_t / (1-\delta_h)$$

该式表明利率的变动是造成房价变动的重要原因，那么如果要稳定房价，就要减少外部冲击造成的利率变动。这要求货币政策不对名义汇率等变动做任何反应，只对国内产出和国内通胀的变动进行反应。也就是稳定房价对应于让汇率自由浮动，以汇率的变动来应对和减缓外部的冲击。

那么在这两种情形下，外部冲击是如何影响经济体的呢？以世界利率上升为例，在保汇率的情形下，国内名义利率必须跟着国外利率上升。更高的利率会直接通过式（8.6）作用于房价，又由于房价又会通过式（8.15）影响地价。因为土地买卖进入地方政府收入，这样通过地方政府预算约束式（8.24），对 GDP 和投资产生影响。

而如果选择稳房价，也就是减少外部冲击下利率的变动，此时汇率会出现大幅贬值。如果企业持有外债，那么汇率的贬值将直接导致企业的净值下降。而企业的净值下降，通过式（8.7）金融加速器效应带来企业融资风险溢价的上升，一方面企业的投资成本随之增大，另一方面企业下一期需要偿还的贷款利息增加，综合作用下企业净值会进一步地下降。这样循环下去，一个初始的冲击通过影响企业的外部融资成本，带来投资和产出的大幅下降。

8.5　脉　冲　分　析

在对模型的参数进行赋值后，本章将讨论稳汇率或者保房价等不同政策选择情形下，外部冲击对国内宏观经济所造成的影响。为此，首先在稳汇率的政策背景下，分析企业在国际市场上融资的风险溢价上升冲击对宏观经济造成不利影响的作用效果和传导机制，以及土地财政和金融加速器在其中所起到的作用。其次在保房价的政策选择下，重新分析风险溢价冲击对宏观经济的影响效果和作用机制，以及土地财政和金融加速器的作用。再次，将稳房价与保汇率的情形进行对比，以直观地反映出两种政策的效果对比。最后，分析经济体在面临出口下降冲击时，保房价与稳汇率的政策如何抉择。

8.5.1　稳汇率情形下风险溢价冲击的影响

稳汇率情形也就是保持汇率不变，让利率自由变动以应对外部的冲击。图8-1给出了在维持汇率不变下风险溢价上升时，各个主要宏观经济变量的脉冲响应图。其中，虚线表示存在土地财政时的情形（case1），而实线对应的是不存在土地财政时的情形（case2）。可以看出，在不存在土地财政的情况下，当汇率保持不变时，根据非抵补的利率平价公式，风险溢价上升势必导致国内利率上升。进一步地，国内利率上升，一方面通过欧拉方程降低居民消费，从而减少非房地产部门的投资和产出；另一方面通过抑制居民住房需求，从而大幅拉低房价，国内利率的上升和房价的下降，使得土地价格下降。当存在土地财政时，对应图中虚线情形，此时房价和地价下降将直接导致地方政府卖地收入降低，并进一步导致地方政府支出下降，由于地方政府的支出主要用于基础设施建设，政府支出的下降将直接导致总投资的下降，最终导致 GDP 大幅下降。而不存在土地财政时，此时政府卖地收入与基建支出等不会受到房价和地价下降的影响，因而产出下降相对较少。

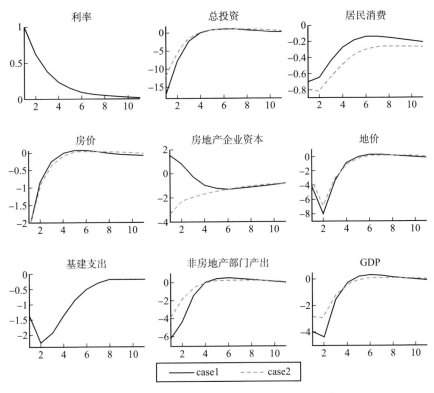

图 8 - 1　维持汇率不变，风险溢价冲击的影响

注：case1 为有土地财政；case2 为无土地财政。

　　资产价格和金融摩擦在经济波动中也扮演了重要的作用，图 8 - 2 分析了金融加速器机制在外部冲击影响经济中的作用。图 8 - 2 中风险溢价上升导致的投资下降，进而导致资产价格下降，由于金融加速器的存在，资产价格的下降导致企业净值下降，并通过金融加速器效应，导致房地产和非房地产部门外部融资的风险溢价上升，这将直接导致非房地产部门企业投资和产出下降。在情形 3 中进一步地将土地财政剔除，此时房价和地价的变动不再影响地方政府的收入，外部冲击对地方政府支出的负面影响减弱，对非房地产部门的产出影响负面影响减少。这些结果表明，土地财政和金融加速器效应均放大了风险溢价冲击的负面影响，而且土地财政和金融加速器所起的放大作用是互相加强的。此外，金融加速器机制的引入导致风险溢价上升对非房地产部门的负面影响变得更大。当土地财政和金融加速器同时存在时（图 8 – 2 中 case1），总投资和 GDP 下降得最多；仅存在土地财政机制而不存在金融加速器时（图 8 – 2 中 case2），总投资和 GDP 的降幅与两种机制都存在时的情形相比改善很多；当两种机制均不存在时（图 8 – 2 中 case3），总投资和 GDP 降幅最小。

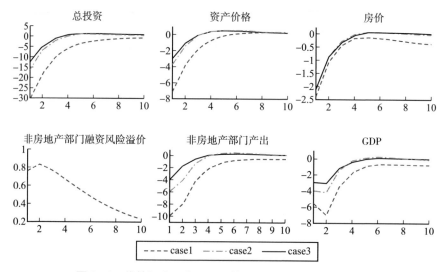

图 8 – 2　维持汇率不变，不同情形下风险溢价冲击的影响

注：case1 为土地财政 + 金融加速器；case2 为无金融加速器，有土地财政；case3 为二者均无。

8.5.2　保房价下风险溢价冲击的影响

上述部分对稳汇率的情形进行了分析，本部分将分析保房价的情形，即货币当局维持利率不变，依靠汇率的变动来应对外部冲击。

正如前文提及的那样，在稳房价的情形下，由于房价和地价的影响被关闭，土地财政的作用不大。为了更好地理解这一结论，本部分从定量的角度给出解释。图 8 – 3 给出了存在土地财政（图 8 – 3 中 case1）与不存在土地财政（图 8 – 3 中 case2），主要宏观经济变量对风险溢价上升冲击的脉冲反应图。从图 8 – 3 可以看出，在汇率自由浮动的情形下，由于外部冲击都被名义汇率的变动所吸收，风险溢价上升导致的本国名义利率上升较少，对投资和房价的负面影响也很低。同时汇率的贬值也使得非房地产部门的出口增加，减缓了非房地产部门的产出下降幅度。较小的房价和非房地产部门产出变动，使得地价的变动也相对较小，这样对地方政府的收入影响也很小。也就是说，在稳房价的情形下，外部冲击对房价和地价的影响都很小，房价变动很小，意味着外部冲击对地方政府土地出让收入的影响很小，这样即使存在地方政府的土地财政行为，其对总投资和 GDP 变化的影响也非常有限。

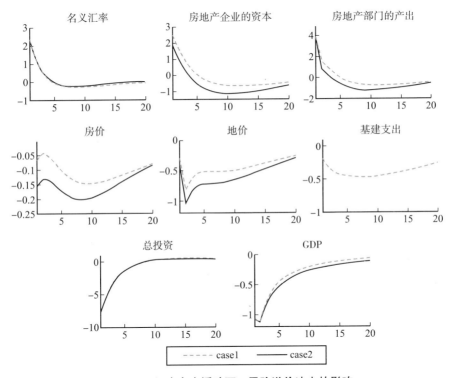

图 8 - 3　汇率自由浮动下，风险溢价冲击的影响

注：case1 为存在土地财政；case2 为不存在土地财政。

由于该情形下有无土地财政的结果对比差异不明显，本部分更多地关注金融加速器机制和企业持有外债的作用。图 8 - 4 展现了在保房价下，国内主要的宏观经济变量对风险溢价上升的脉冲反应图。其中，图 8 - 4 中实线表示存在金融加速器时的情形，而虚线对应不存在金融加速器的情形。在保房价的政策下，此时汇率自由浮动，风险溢价上升带来的紧缩效用在造成汇率大幅贬值的同时，也使得企业净值下降，由于金融加速器的作用，企业净值的下降导致企业外部融资的风险溢价上升，最终导致企业的投资和产出进一步下降。

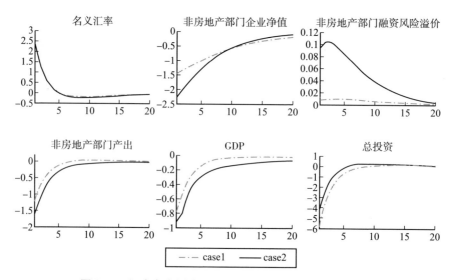

图 8 - 4 汇率自由浮动，不同情形下风险溢价冲击的影响

注：case1 为不存在金融加速器；case2 为存在金融加速器。

由上述分析已知，在保房价的政策背景下，风险溢价上升将导致汇率大幅贬值。企业在国际市场上存在借贷行为，由于债务都以外币标记，这样汇率贬值将极大地提高这些企业的债务水平和杠杆率，很显然，同样的汇率贬值，不同的债务水平，企业影响也不一样。因此，本部分将分析不同的债务水平下，稳房价背景下风险溢价对国内宏观经济的负面影响。图 8 - 5 反映了是否存在外债对风险溢价不利冲击传导的影响。其中，图 8 - 5 中实线表示不存在外债的情形，而虚线表示存在外债。可以看出，存在外债时（图 8 - 5 中case1）与不存在外债的情形（图 8 - 5 中 case2）相比，非房地产企业净值下降得更多，企业融资溢价也上升得更多，这导致该部门产出下降得更多，最终 GDP 也下降得更多。对这一结果的解释如下：风险溢价上升导致汇率贬值，当存在外债时，汇率贬值意味着以本币换算的外债金额变多，此时企业的净值下降更多，杠杆率也上升更多，通过金融加速器效应导致企业外部融资溢价上升得更多，从而导致部门产出的降幅加大，因此 GDP 的下降幅度也变大。

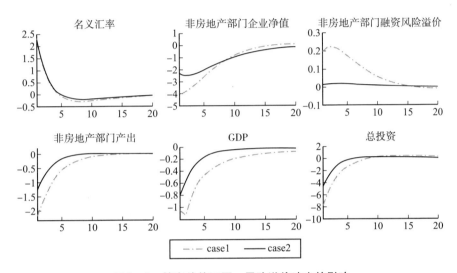

图 8 - 5　持有外债不同，风险溢价冲击的影响

注：均存在金融加速器效应；case1 为持有外债；case2 为不持有外债。

8.5.3　风险溢价冲击下，不同政策的比较

上面分别对保房价和稳汇率两种情形进行了分析，那么对于同样的冲击（风险溢价上升），不同情形下谁的损失更大，谁的产出下降更多？

结合上面的脉冲分析，为了更直观地看出不同情形下对风险溢价负面冲击传导的影响，本部分将固定汇率下有无土地财政的两种情形与浮动汇率制度下有无金融加速器的两种情形共四种情形进行对比分析。

图 8 - 6 给出了上述四种情形下，主要的宏观经济变量对风险溢价负向冲击的脉冲反应图。其中，固定汇率的情形分为存在土地财政（图 8 - 6 中 case1）与不存在土地财政（图 8 - 6 中 case2），浮动汇率的情形分为存在外债（图 8 - 6 中 case3）与不存在外债（图 8 - 6 中 case4）。首先，可以发现房价在固定汇率下（稳汇率）的降幅远大于在浮动汇率下（保房价）的降

幅，在浮动汇率下，房价基本不变。这也正好说明，稳汇率意味着牺牲房价的稳定，而保房价则需要让汇率浮动。其次，固定汇率的情形下，总投资和GDP的降幅明显地大于在浮动汇率制度下对应的情形。进一步地，在固定汇率下，土地财政的存在显著地放大了世界加息对国内总投资和GDP的负面影响。固定汇率下，不存在土地财政时，总投资和GDP分别下降近20%和4%，而在土地财政存在时，总投资和GDP的降幅分别接近30%和6%，土地财政的放大作用达到将近50%。因此，土地财政的放大作用十分明显。然而，在让汇率自由浮动而稳房价的情况下，虽然外债的存在也放大了风险溢价负向冲击的影响，但是相比于土地财政的放大作用，其放大效果是有限的。综上所述，保房价优于稳汇率，并且在稳汇率的情况下土地财政显著地放大了世界加息冲击对国内经济的影响，从而增加了稳汇率的成本。

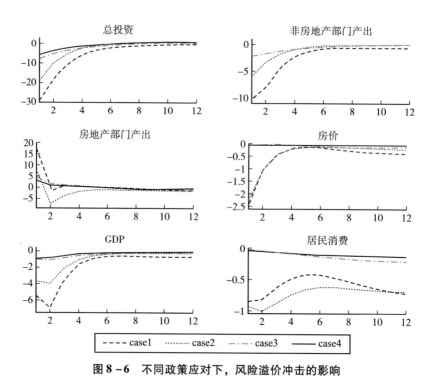

图 8 - 6　不同政策应对下，风险溢价冲击的影响

注：case1 为汇率固定，存在土地财政，存在金融加速器效应；case2 为汇率固定，不存在土地财政，存在金融加速器效应；case3 为汇率自由浮动，持有外债，存在金融加速器效应；case4 为汇率自由浮动，不持有外债，存在金融加速器效应。

8.5.4 出口下降冲击的影响

以上部分对风险溢价上升冲击的情形进行了分析，而事实上外部冲击中还包括外需下降所带来的冲击，也就是出口下降的冲击。本部分将讨论在面临出口下降的冲击时，稳汇率与保房价的政策选择。

图 8-7 展示了出口下降冲击对国内主要宏观经济变量的影响，其中case1 与 case2 分别对应土地财政存在与不存在的情形。以土地财政存在时的脉冲图为例进行分析（图 8-7 中 case2），出口下降直接导致非房地产部门产出下降，进而导致总投资和 GDP 下降。GDP 下降意味着居民收入和企业产出的减少，居民会减少对住房的需求，而企业会减少对土地要素的需求，这两者均会降低地价。而地价的下降又将导致基建支出的下降，这又进一步地导致总投资和 GDP 的减少。因此，与不存在土地财政的情形（图 8-7 中 case1）相比，总投资和 GDP 受到出口下降冲击的负面影响更大一些，但是土地财政所引起的差距并不像在风险溢价上升冲击下那样大。

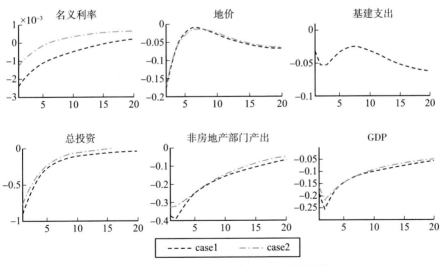

图 8-7 维持汇率不变，出口下降冲击的影响

注：case1 为存在土地财政；case2 为不存在土地财政。

　　类似地，接下来分析浮动汇率下，金融加速器与外债的存在所起的作用如何。图8-8表示在浮动利率下，主要宏观经济变量对出口下降冲击的反应。其中，case1、case2及case3分别对应持有外债、不持有外债以及持有外债但无金融加速器的情形。以金融加速器和外债同时存在的情形（图8-8中case1）为例来分析出口下降冲击在浮动汇率下的传导路径。出口下降时，导致GDP的下降，泰勒规则下央行采取降息的政策来刺激经济，因而国内名义利率下降。此时本币将贬值，即直接标价法的名义汇率上升。同时，出口下降直接导致非房地产部门的产出减少，最终使得GDP下降。接下来，分析外债的作用，对比case1与case2可知，名义汇率的贬值在存在外债时将进一步造成企业的净值下降与杠杆率上升，这使得企业外部融资的溢价比不存在外债时（图8-8中case2）的情况上升得更多。因此，在存在外债时，GDP减少得更多。但是，在存在外债的情况下，若关闭了金融加速器的机制（图8-8中case3），则企业的净值和产出下降的幅度将变小，最终使得GDP的减少也得到改善，这表明金融加速器的存在起到了放大作用。

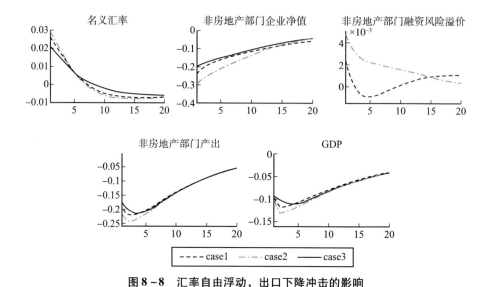

图8-8　汇率自由浮动，出口下降冲击的影响

注：case1为持有外债；case2为不持有外债；case3为不存在金融加速器效应，持有外债。

上述部分分析了在不同的汇率制度下土地财政、外债以及金融加速器的作用。那么，在出口下降的冲击下，稳汇率与保房价的政策效果哪个更好？为了更加直观地回答这一问题，本部分将这几种情况放在一张图中进行对比。图 8-9 给出了出口下降冲击下，不同汇率制度的选择对出口下降所带来负面影响的改变。首先对比在固定汇率下土地财政存在（图 8-9 中case1）与不存在（图 8-9 中 case2）时脉冲结果的差异，然后将这两者与浮动汇率下持有外债的情形（图 8-9 中 case3）对比。类似地，稳房价（即汇率自由浮动）相比固定汇率的两种情形，总投资和 GDP 的降幅小得多，这表明稳房价依旧优于保汇率。然而，在固定汇率下，存在土地财政时总投资和 GDP 的下降幅度比不存在土地财政时的情况要大，但相比于风险溢价冲击下的情形，这种差距在减小。

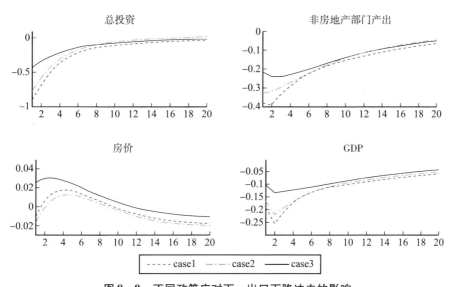

图 8-9　不同政策应对下，出口下降冲击的影响

注：case1 为固定汇率，存在土地财政；case2 为固定汇率，不存在土地财政；case3 为汇率自由浮动，持有外债。

8.6　本章小结

在国际金融市场动荡国内金融风险显现的背景下，中国面临短期资本外流的压力。在此情形下，政策当局应该提高利率采取紧缩性的货币政策，稳定汇率来遏制资本的外流，还是应该让汇率贬值，维持当前的货币政策，减少利率变动对房价的影响，即保房价。对此，本章在小国开放经济的 DSGE 模型中对这两种情形进行了对比，研究发现风险溢价的上升会导致资本外流，如果选择稳汇率，那么货币政策应该提高利率。提高利率存在两方面的作用，一方面降低对住房的需求，另一方面将减少对生产部门的投资。由于房地产部门和非房地产部门的生产都需要土地，两个部门需求和产出下降，将使得土地需求和土地价格下降。在土地出让收入进入地方政府预算约束的背景下，土地价格的下降降低了地方政府的收入，并使得其对基础设施建设的支出下降，并进而导致 GDP 的下降。而如果政策当局选择保房价，也就是让汇率贬值以应对外部冲击，降低利率的变动对房价的影响。此时汇率贬值能够促进出口，但在企业存在外币债务的情形下，汇率贬值会导致债务水平上升，进而导致企业净值下降。企业外币债务的比重越高，汇率贬值导致的企业净值下降越多。企业净值下降，会通过金融加速器效应，使得企业的外部融资风险溢价上升，对投资和产出带来负面影响。将这两种情形下的投资和产出变动进行直接比较，由于土地财政行为的存在，房价与地价直接联系，稳定汇率而加息导致的负面效果被土地财政行为进一步放大，而对于保房价导致的汇率贬值，由于我国企业外债水平较低，这种负面影响相对较小，两者相比保房价相对优于稳汇率。

但需要注意的是，之所以保房价优于稳汇率，不是认为当前的高房价存在合理性，而是因为高房价通过地方土地财政行为与经济波动和 GDP 波动高度绑定，这使得相比于贬值，加息采用紧缩性的货币政策所造成的负面影响更大。而当前高的房价，实际上存在很大的风险（王弟海等，2015；徐奇渊，2018）。如果要降低房价，同时要降低避免房价大幅下跌给经济造成的破坏性影响或系统性金融风险。本章基于研究结果提出以下建议：

首先，在外部冲击下，无论是保房价还是稳汇率，都会对经济产生负面影响。相比于人民币国际化和资本账户开放，削弱和规避外部冲击对经济的负面影响已成为当务之急。对此，中国央行应该加快构建宏观审慎监管体系，逐渐用一些价格型工具（例如托宾税等）来替代数量型工具，必要时可以采用资本管制隔绝美联储加息等外部冲击的负面影响。

其次，要在实现控房价的同时将对经济增长的负面影响降到最小，政府应斩断房价影响地价进而影响地方政府收支的这一传导链。对此，政府应逐步调整土地收入结构，增加财产税、土地增值税的税收强度，实现土地财政从"土地出让收入为主"到"以税收收入为主"的转型，来降低地方政府对土地买卖收入的依赖，弱化房价周期对地方政府行为的影响。

第 9 章

总结与展望

9.1 主要结论

本书主要在动态随机一般均衡的框架下对相关政策进行分析。主要分为两部分：一部分重点考虑将企业的异质性和企业进入选择引入 DSGE 模型，分析中国的现实经济问题，对房价、出口和财政乘数等重要热点问题进行了深入分析；另一部分关注考虑金融摩擦后出口退税政策和汇率政策对宏观经济的影响，本书的主要结论如下。

第 3 章通过建立一个考虑企业内生化金融的包含资本密集型和劳动密集型两个行业的 DSGE 模型，分析了技术进步和进入门槛变化带来的经济波动如何在不同行业间进行传导。研究发现，不同冲击对企业数目和单个企业产出的影响大小，与不同要素在企业进入成本的复合比例相关。具体而言，资本密集型行业技术进步，在带来资本密集型行业产出增加的同时，改变了两部门商品的相对价格和两部门的进入成本，使得劳动密集型行业产出下降，但是资本密集型行业和劳动密集型行业企业数目同时都增加；资本密集型行业进入门槛下降，使得大量企业进入资本密集型行业，资本密集型行业企业数目和产出都增加，同时通过要素价格上升，使得劳动密集型部门企业数目和产出下降。

第 4 章在一个包含内生化企业进入行为、出口选择和企业异质性的小国开放经济的 DSGE 模型中，研究发现行业进入壁垒和出口成本的下降都会带来更多潜在企业进入，但是两种政策对于出口企业平均生产率的影响截然不同，而且对于生产率分布集中度不同的行业，这两种政策的效果也不同，各有优劣。具体而言，行业进入壁垒的下降直接带来了企业数目的增加，加剧了企业之间的竞争，提高了出口企业的平均生产效率，增加了消费和总产出，并且进入壁垒下降对于生产效率分布更分散的行业福利改善更大；而出口成本的下降同样也带来了企业数目和出口企业数目的增加，提高了消费和总产出水平，不同的是降低了出口企业的平均生产效率，出口壁垒下降对于生产效率分布更集中的行业福利改善更大。此外，将进入壁垒下降和出口壁垒下降标准化进行比较后发现进入壁垒下降在福利改善方面要优于出口壁垒下降，这一现象在行业生产率分布分散时更加明显。

第 5 章在一个包含房地产部门和非房地产部门的两个部门 DSGE 模型中展开研究，发现外部冲击导致的房价波动通过改变企业进入成本，对企业的进入决策产生影响，进而改变商品的多样性和总产出，对社会福利造成影响。具体而言，在考虑内生化企业进入选择行为后，房地产和非房地产部门技术进步、政府管制放松和土地供给总量增加都会改善社会福利。但是在考虑房价对进入成本的影响后，发现房地产技术进步冲击和土地供给总量增加冲击带来房价下降，通过房价影响厂商进入行为的渠道会放大冲击对社会福利改善幅度。非房地产技术进步冲击和政府管制放松政策冲击带来房价上升，房价影响厂商进入行为的渠道则会减少冲击对社会福利的改善幅度。不同冲击对社会福利的影响大小与房价对企业进入成本的传递程度和房地产部门占经济中的比重直接相关，特别是当房价对企业进入成本的传递程度较大时，非房地产部门的技术进步冲击不但没有带来非房地产部门企业数目的增加，反而是加剧了非房地产部门的垄断程度，降低了社会福利。

第 6 章具体考察了财政政策效果，在内生化企业进入选择且包含各种税收和政府支出的 DSGE 模型中，分析政府支出增加、削减消费税率、企业红利税率、资本所得税率和劳动收入税率共五种财政刺激政策的传导路径与财政乘数，此外，还以政府支出增加刺激政策为例考虑了五种不同财政融资规则的传导路径和财政乘数，并通过贝叶斯估计方法估计了中国的复合财政融资规则，并将其与模型中最优的财政融资规则进行对比分析。研究发现降低劳动收入税率和企业红利税率的财政刺激政策效果最为显著，在政府支出增加刺激下，消费税规则相对优于其他财政融资规则，其中劳动收入税规则和企业红利税规则的扭曲性最大。对中国的财政融资规则提出降低企业红利税和劳动收入税对产出和债务反应弹性的政策建议。

第7章在一般均衡的框架下考虑金融摩擦分析了出口退税政策的福利效应，并将其与政府购买、资本所得税、消费税等各种财政政策进行比较。研究发现，出口退税的政策效果与金融市场不完备直接相关。当金融市场完备时，出口退税对出口、产出及其他经济变量和社会福利的影响很小；当金融市场不完备存在摩擦时，出口退税增加使得企业净值上升，企业净值的增加通过金融加速器效应降低了企业的融资成本，带来了产出、消费的上升和社会福利的改进。金融市场越不完备，与其他财政政策相比，出口退税带来的福利改进越大。

第8章研究中国在面临短期资本外流的压力下，稳汇率与保房价的政策比较。通过建立了小国开放经济模型，在一般均衡的框架中对这两个政策进行了比较分析。研究表明，稳汇率即提高利率采取紧缩性的货币政策遏制资本的外流，会直接导致投资下降。在土地出让收入进入地方政府预算约束的背景下，利率上升导致的房价和地价下降，会降低地方政府的收入，使其对基础设施建设的支出下降，进而导致 GDP 的下降。保房价即维持当前的货币政策以汇率贬值来应对外部冲击，虽然能够促进出口，但在企业存在外币债务的情形下，汇率贬值会使得债务水平上升和企业净值下降，并通过金融加速器效应，对投资和产出带来负面影响。将这两种情形下直接比较，由于稳汇率的负面效果被地方政府的土地财政行为进一步放大，且我国企业外债水平相对较低，保房价相对优于稳汇率。

9.2　本书不足

本书将国际贸易、产业组织的进入退出机制引入一个宏观的 DSGE 模型，对一些中国现实问题展开研究。相比于宏观经济周期理论，国际贸易理论和产业组织理论在模型建模和一些技术处理上存在自己的特点，这要求建模过程中进行一定取舍。同时，由于本书主要从内生化企业进入选择这一新视角出发进行分析，对很多问题进行了简化处理，这也客观导致研究存在着诸多不足之处和需要改进的方面。

第一，在分析房价波动对社会福利的影响时，本书主要是从房价变动影响非房地产部门进入门槛的角度进行研究。将房价外生直接纳入到进入成本中，分析房价波动对于企业进入门槛的传导作用，这种简化处理能够更加方便对模型传导机制的理解。但将房地产部门和非房地产部门之间通过投入产出或者抵押效应（Iacoviello，2005）相联系，内生化房价波动对两个部门的影响，将是一个很有意义的工作。

第二，本书主要是集中于对理论机制的分析，对于具体的理论机制的实证研究，本书并没有涉及。理论模型主要是对现实问题的抽象处理以便于发现核心机制，这一方面要求对现实中呈现的数据现象要有一定的认识，另一方面好的理论模型还需要经受现实数据的检验。所以与模型相关的实证研究也极其重要，但是受制于数据可得性和研究能力的局限，本书对理论模型的实证检验相对比较薄弱，这也是未来需要加强的地方。

第三，在分析进入壁垒和出口壁垒变化对生产率和经济波动的影响时，本书假定了整个生产企业的生产率分布不发生改变，所以只能对出口企业生产率变动进行分析。而实际上经济中产业政策的变化对于整个生产率分布也会产生影响，将企业生产率分布内生化将是一个非常有意义的改进。

第四，通常财政政策是和货币政策协调一起发挥作用，但本书关于内生化企业进入的模型都是在价格完全弹性的框架下进行分析的，没有考虑货币政策的影响，这对于估计财政规则会产生一定影响。未来可以引入价格粘性，考察货币政策的影响。

第五，本书第 7 章和第 8 章研究了金融摩擦存在下出口退税政策和汇率政策的影响，但是这两个模型使用的仍然是代表性企业，没有很好地将企业内生化选择和金融市场不完备紧密结合起来。不同企业的生产效率资产规模不同，面临的借贷利差各不相同，这些必然也会影响企业进入选择，将金融摩擦和内生化企业进入选择两者结合起来研究具有非常重要的意义。

9.3　未来的研究

本书很大的一部分内容是考虑将内生化企业进入选择渠道引入到一个随

机一般均衡的框架下分析经济波动行业间传导、行业进入壁垒和出口壁垒下降政策改革、财政政策改革等热点问题。这些研究都是在一个价格完全弹性的框架下进行分析，没有考虑货币政策。实际上，企业数目的变化会影响价格加成，进而影响价格水平，这对于货币政策的效果和作用路径必然产生一定的影响。未来研究可以从以下几个方面展开。

第一，尝试将价格粘性和工资粘性引入模型，考虑企业异质性和内生化企业进入选择渠道对货币政策的影响。现有的引入价格粘性的方式主要是卡尔沃（Calvo，1983）和罗滕伯格（Rotemberg，1982）二人提出的两种方式。由于生产中的企业数目在不停变化，进入企业和退出企业特质不同，卡尔沃（1983）方式引入价格粘性可能会在计算价格指数时会有一定困难，现有的研究都是通过罗滕伯格（1982）方式引入价格粘性。未来可尝试将卡尔沃（1983）方式引入价格粘性，这对于理解价格动态会更有帮助。

第二，本书的研究关注点主要在宏观的消费、产出等的变化，对于就业的变化分析非常少。而企业的进入和退出一个直接的影响是带来劳动力就业的变动。将来可尝试在一个两部门或者多部门的模型中分析产业政策、财政政策和货币政策通过引导资源在部门间再分配，进而影响不同产业企业进入和退出行为，从而可以对劳动力就业变化给出一个合理的解释。

第三，本书虽然考虑了企业异质性，但仅仅是从企业的生产效率不同这一角度进行刻画。实际上，企业的异质性体现在很多方面，例如企业规模、地理位置等，这些方面的异质性可能导致不同企业对于政策的反应各不相同。未来研究可引入企业规模异质性这一特征。如果一个行业存在规模异常大的企业，会使得潜在企业进入市场时遇到更大的障碍，这时内部的降低进入门槛和外部增加市场两种政策对不同行业造成的结果可能会完全不同。

第四，本书研究看到行业的生产率分布对于政策的效果有很重要的影响。未来研究可尝试从微观企业数据进行更深入的挖掘，对于企业生产率分布、企业规模等特征进行更全面的展示，从数据所反映的企业特征出发进行建模分析。此外，未来研究应利用实证数据分析对理论模型中的传导机制进行更细致的检验。

附　　录

1. 非房地产厂商价格加成

垄断厂商根据利润最大化问题如下：

$$\max_{q} p(q) \cdot q - C(q)$$

$$F.\,O.\,C \quad p'(q) \cdot q + p(q) = MC$$

$$\Rightarrow p\left[1 + \frac{p'(q) \cdot q}{p(q)}\right] = MC$$

$$\Rightarrow p = \frac{1}{1 + \dfrac{p'(q) \cdot q}{p(q)}} MC = \mu \cdot MC$$

其中，$C(q)$ 代表生产 q 单位商品所所要投入的成本，MC 代表边际成本。所以，价格加成 μ 为 $\mu = \dfrac{1}{1 + \dfrac{p'(q) \cdot q}{p(q)}}$。

又因为均衡时，垄断厂商的产量等于需求，即 $q = c(\omega)$，所以

$$\mu = \frac{1}{1 + \dfrac{p'(q) \cdot q}{p(q)}} = \frac{1}{1 + \dfrac{\partial p}{\partial q}\dfrac{q}{p}} = \frac{1}{1 + \dfrac{\partial p}{\partial c}\dfrac{c}{p}}$$

2. 非房地产厂商利润

均衡时商品 ω 产量 $y_t(\omega)$ 和实际消费量 $c_t(\omega)$ 相等。此外，由于每种商品在非房地产部门最终商品的比重相等，最终商品价格对每种商品的价格弹性也相同，为 $\dfrac{\partial P_{N,t}}{\partial p_t(\omega)}\dfrac{p_t(\omega)}{P_{N,t}} = \dfrac{1}{N_t}$。所以，

$$D_t(\omega) = (p_t(\omega) - W_t/Z_t) y_t(\omega) = \left(1 - \frac{1}{\mu_t}\right) p_t(\omega) y_t(\omega)$$

$$= \left(1 - \frac{1}{\mu_t}\right) p_t(\omega) c_t(\omega) = \left(1 - \frac{1}{\mu_t}\right) p_t(\omega) \frac{\partial P_{N,t}}{\partial p_t(\omega)} C_{N,t}$$

$$= \left(1 - \frac{1}{\mu_t}\right) C_{N,t} P_{N,t} \frac{p_t(\omega)}{P_{N,t}} \frac{\partial P_{N,t}}{\partial p_t(\omega)}$$

$$= \left(1 - \frac{1}{\mu_t}\right) \frac{C_{N,t}}{N_t} P_{N,t}$$

3. 生产非出口的消费品所需的劳动力 $L_{H,t}$

企业生产非出口的商品的平均利润 $\tilde{d}_{H,t}$，根据定义可以得到

$$\tilde{d}_{H,t} = \frac{P(\tilde{z})}{P_t} y_t(\tilde{z}) - w_t l_t(\tilde{z})$$

$$= \frac{\theta}{\theta-1} \frac{w_t}{Z_t \tilde{z}} Z_t \tilde{z} l_t(\tilde{z}) - w_t l_t(\tilde{z})$$

$$= \left(\frac{\theta}{\theta-1} - 1\right) w_t l_t(\tilde{z})$$

$$= \frac{1}{\theta-1} w_t l_t(\tilde{z})$$

从而得到平均单个企业生产非出口消费品所需的劳动力为

$$l_t(\tilde{z}) = (\theta-1) \frac{\tilde{d}_{H,t}}{w_t}$$

进而生产所有非出口消费品所需的劳动力 $L_{H,t}$ 为

$$L_{H,t} = N_t l_t(\tilde{z}) = (\theta-1) \frac{\tilde{d}_{H,t}}{w_t} N_t$$

4. 生产出口的消费品所需的劳动力 $L_{X,t}$

同样根据出口企业的平均利 $\tilde{d}_{X,t}$ 定义，可以得到

$$\tilde{d}_{X,t} = \frac{P(\tilde{z}_{X,t})}{P_t} y_t(\tilde{z}_{X,t}) - w_t l_t(\tilde{z}_{X,t}) - \frac{P_{FE,t}}{P_t} f_{X,t}$$

$$= \frac{\theta}{\theta-1} \frac{w_t}{Z_t \tilde{z}_{X,t}} Z_t \tilde{z}_{X,t} l_t(\tilde{z}_{X,t}) - w_t l_t(\tilde{z}_{X,t}) - \frac{P_{FE,t}}{P_t} f_{X,t}$$

$$= \left(\frac{\theta}{\theta-1} - 1\right) w_t l_t(\tilde{z}_{X,t}) - \frac{P_{FE,t}}{P_t} f_{X,t}$$

$$= \frac{1}{\theta-1} w_t l_t(\tilde{z}_{X,t}) - \frac{P_{FE,t}}{P_t} f_{X,t}$$

从而得到平均单个企业生产出口消费品所需的劳动力为

$$l_t(\tilde{z}_{X,t}) = (\theta - 1)\left[\frac{\tilde{d}_{X,t}}{w_t} + \frac{P_{FE,t}}{P_t}\frac{f_{X,t}}{w_t}\right]$$

进而生产所有出口消费品所需的劳动力 $L_{X,t}$ 为

$$L_{X,t} = N_{X,t}l_t(\tilde{z}_{X,t}) = (\theta - 1)\left[\frac{\tilde{d}_{X,t}}{w_t} + \frac{f_{X,t}}{Z_t}\right]N_{X,t}$$

5. 出口企业的平均利润 $\tilde{d}_{X,t}$

$$\tilde{d}_{X,t} = d_{X,t}(\tilde{z}_{X,t}) = \frac{1}{\theta}\left[\frac{P_{X,t}(\tilde{z}_{X,t})}{P_{X,t}(z_{X,t})}\frac{P_{X,t}(z_{X,t})}{P_{X,t}}\right]^{1-\theta}Y_{X,t}\frac{P_{X,t}}{P_t} - \frac{P_{FE,t}}{P_t}f_{X,t}$$

$$= \frac{1}{\theta}\left[\frac{1}{\nu}\frac{P_{X,t}(z_{X,t})}{P_{X,t}}\right]^{1-\theta}Y_{X,t}\frac{P_{X,t}}{P_t} - \frac{P_{FE,t}}{P_t}f_{X,t}$$

$$= \nu^{\theta-1}\frac{1}{\theta}\left[\frac{P_{X,t}(z_{X,t})}{P_{X,t}}\right]^{1-\theta}Y_{X,t}\frac{P_{X,t}}{P_t} - \frac{P_{FE,t}}{P_t}f_{X,t}$$

$$= (\nu^{\theta-1} - 1)\frac{P_{FE,t}}{P_t}f_{X,t}$$

最后一步利用了出口零利润条件：

$$d_{X,t}(z_{X,t}) = \frac{1}{\theta}\left[\frac{P_{X,t}(z_{X,t})}{P_{X,t}}\right]^{1-\theta}Y_{X,t}\frac{P_{X,t}}{P_t} - \frac{P_{FE,t}}{P_t}f_{X,t} = 0$$

6. 总产出 Y_t

$$Y_t = \frac{P_{H,t}}{P_t}Y_{H,t} + \frac{P_{X,t}}{P_t}Y_{X,t}$$

$$= \frac{P_{H,t}}{P_t}\left[\left(\frac{P_{H,t}}{P_{FE,t}}\right)^{-\gamma}a_1 N_{E,t}f_{E,t} + \left(\frac{P_{H,t}}{P_{FX,t}}\right)^{-\gamma}b_1 N_{X,t}f_{X,t} + \left(\frac{P_{H,t}}{P_t}\right)^{-\gamma}\alpha_1 C_t\right]$$

$$+ \frac{P_{X,t}}{P_t}\left[EX_t + \left(\frac{P_{X,t}}{P_{FE,t}}\right)^{-\gamma}a_2 N_{E,t}f_{E,t} + \left(\frac{P_{X,t}}{P_{FX,t}}\right)^{-\gamma}b_2 N_{X,t}f_{X,t} + \left(\frac{P_{X,t}}{P_t}\right)^{-\gamma}\alpha_2 C_t\right]$$

$$= (\rho_{H,t}^{1-\gamma}\alpha_1 C_t + \rho_{X,t}^{1-\gamma}\alpha_1 C_t) + \rho_{X,t}EX_t$$

$$+ \left[\left(\frac{\rho_{H,t}}{\rho_{FE,t}}\right)^{1-\gamma}a_1 + \left(\frac{\rho_{X,t}}{\rho_{FE,t}}\right)^{1-\gamma}a_2\right]\rho_{FE,t}N_{E,t}f_{E,t}$$

$$+ \left[\left(\frac{\rho_{H,t}}{\rho_{FX,t}}\right)^{1-\gamma}b_1 + \left(\frac{\rho_{X,t}}{\rho_{FX,t}}\right)^{1-\gamma}b_2\right]\rho_{FX,t}N_{X,t}f_{X,t}$$

参 考 文 献

[1] 毕青苗，陈希路，徐现祥，等. 行政审批改革与企业进入 [J]. 经济研究，2018，53（2）：140 - 155.

[2] 陈林，朱卫平. 创新，市场结构与行政进入壁垒 [J]. 经济学（季刊），2011（1）：653 - 674.

[3] 陈平，黄健梅. 我国出口退税效应分析：理论与实证 [J]. 管理世界，2003（12）：7.

[4] 陈彦斌，邱哲圣. 高房价如何影响居民储蓄率和财产不平等 [J]. 经济研究，2011（10）：25 - 38.

[5] 陈义国，马志勇. 基于产品质量策略性行为的进入壁垒研究 [J]. 经济评论，2010（3）：13 - 18.

[6] 陈勇兵，陈宇媚，周世民. 贸易成本，企业出口动态与出口增长的二元边际——基于中国出口企业微观数据：2000—2005 [J]. 经济学（季刊），2012，11（4）：1477 - 1502.

[7] 陈勇兵，蒋灵多. 外资参与、融资约束与企业生存——来自中国微观企业的证据 [J]. 投资研究，2012，31（6）：65 - 78.

[8] 陈钊，陆铭，佐藤宏. 谁进入了高收入行业？[J]. 经济研究，2009（10）：121 - 132.

[9] 邓红亮，陈乐一. 劳动生产率冲击、工资粘性与中国实际经济周期 [J]. 中国工业经济，2019（1）：23 - 42.

[10] 范剑勇，赵沫，冯猛. 进入退出与制造业企业生产率变迁 [J]. 浙江社会科学，2013（4）：27 - 45.

[11] 方意. 货币政策与房地产价格冲击下的银行风险承担分析 [J].

世界经济, 2015 (7): 26.

[12] 干春晖, 郑若谷, 余典范. 中国产业结构变迁对经济增长和波动的影响 [J]. 经济研究, 2011 (5): 4–16.

[13] 高凌云, 屈小博, 贾鹏. 中国工业企业规模与生产率的异质性 [J]. 世界经济, 2014 (6): 113–137.

[14] 高然, 龚六堂. 土地财政, 房地产需求冲击与经济波动 [J]. 金融研究, 2017 (4): 14.

[15] 葛璐澜, 李志远, 柳永明, 等. 地产调控政策、投资与中国经济波动 [J]. 南开经济研究, 2023 (2): 3–23.

[16] 耿弘. 进入壁垒与中国企业竞争战略选择 [J]. 产业经济研究, 2004 (1): 10–16.

[17] 宫汝凯. 分税制改革、土地财政和房价水平 [J]. 世界经济文汇, 2012 (4): 15.

[18] 贵斌威, 徐光东, 陈宇峰. 融资依赖、金融发展与经济增长: 基于中国行业数据的考察 [J]. 浙江社会科学, 2013 (2): 15.

[19] 郭长林, 胡永刚, 李艳鹤. 财政政策扩张, 偿债方式与居民消费 [J]. 管理世界, 2013 (2): 64–77.

[20] 何青, 钱宗鑫, 郭俊杰. 房地产驱动了中国经济周期吗? [J]. 经济研究, 2015, 50 (12): 13.

[21] 侯成琪, 龚六堂. 货币政策应该对住房价格波动作出反应吗——基于两部门动态随机一般均衡模型的分析 [J]. 金融研究, 2014 (10): 15–33.

[22] 胡草, 范红忠. 高房价抑制新企业进入了吗? ——来自于中国工业企业的经验证据 [J]. 华东师范大学学报 (哲学社会科学版), 2017, 49 (1): 146–153, 177.

[23] 胡永刚, 郭长林. 财政政策规则, 预期与居民消费——基于经济波动的视角 [J]. 经济研究, 2013 (3): 96–107.

[24] 滑静, 肖庆宪. 对相关行业间风险传递的分析 [J]. 统计与决策, 2007 (14): 74–76.

［25］黄赜琳. 中国经济周期特征与财政政策效应——一个基于三部门 RBC 模型的实证分析［J］. 经济研究，2005（6）：27 – 39.

［26］贾俊雪，郭庆旺. 财政规则、经济增长与政府债务规模［J］. 世界经济，2011（1）：73 – 92.

［27］蒋瑛，刘琳，刘寒绮. 产业结构视角下政策不确定性对经济波动的影响——基于门限效应的实证分析［J］. 商业研究，2022（2）：12 – 20.

［28］金海燕，王亦君. 基于 DSGE 模型的我国房价变动对人才流动的影响——兼论房产税冲击下房价和人才流动的响应［J］. 人口与经济，2022（4）：93 – 105.

［29］康立，龚六堂，陈永伟. 金融摩擦、银行净资产与经济波动的行业间传导［J］. 金融研究，2013（5）：32 – 46.

［30］李成，王柄权. 金融结构、产业结构与经济波动的内在关联性研究——基于省际面板数据的实证检验［J］. 北京工业大学学报（社会科学版），2020，20（6）：66 – 79.

［31］李钢，何然. 国有经济的行业分布与控制力提升：由工业数据测度［J］. 改革，2014（1）：126 – 139.

［32］李平，于雷. 我国制造业产业进入壁垒分析［J］. 经济与管理研究，2007（11）：43 – 48.

［33］李太勇. 进入壁垒理论评述［J］. 经济学动态，1998（12）：62 – 66.

［34］李小卷. 我国产业结构变动对经济波动的影响——基于空间计量模型的研究［J］. 技术经济与管理研究，2017（3）：105 – 109.

［35］梁若冰. 财政分权下的晋升激励、部门利益与土地违法［J］. 经济学（季刊），2009（4）：24.

［36］梁云芳，高铁梅，贺书平. 房地产市场与国民经济协调发展的实证分析［J］. 中国社会科学，2006（3）：74 – 84.

［37］林龙辉，向洪金，冯宗宪. 我国出口退税政策的贸易与经济效应研究——基于局部均衡模型的分析［J］. 财贸研究，2010，21（1）：9.

［38］林仁文，杨熠. 中国市场化改革与货币政策有效性演变——基于

DSGE 的模型分析 [J]. 管理世界，2014 (6)：39－52.

[39] 刘穷志. 出口退税与中国的出口激励政策 [J]. 世界经济，2005，28 (6)：7.

[40] 刘越飞，刘斌. 国外财政规则研究新进展及对我国的启示 [J]. 金融理论与实践，2012 (8)：103－106.

[41] 刘芸，许志伟，王鹏飞. 人民币贬值和汇率稳定政策的理论探讨——基于动态汇率模型的分析 [J]. 中国经济问题，2022 (2)：43－54.

[42] 刘祖基，刘希鹏，王立元. 政策协调、产业结构升级及宏观经济效应分析 [J]. 商业研究，2020 (4)：56－67.

[43] 卢冰，马弘. 出口退税效率与企业出口绩效 [J]. 经济学（季刊），2024，24 (1)：67－83.

[44] 陆铭，陈钊. 分割市场的经济增长——为什么经济开放可能加剧地方保护？[J]. 经济研究，2009 (3)：42－52.

[45] 陆瑶，武家和. 资本市场对企业进入与退出的溢出性影响 [J/OL]. 世界经济，2024 (5)：1－27.

[46] 吕一清，邓翔. 产业结构升级如何"熨平"了中国宏观经济波动——基于产业结构内生化的 DSGE 模型的分析 [J]. 财贸研究，2018，29 (2)：1－10.

[47] 罗德明，李晔，史晋川. 要素市场扭曲、资源错置与生产率 [J]. 经济研究，2012 (3)：4－14.

[48] 罗娜，程方楠. 房价调控的长效机制：房地产税政策、宏观审慎政策还是货币政策？——基于贝叶斯估计的 DSGE 模型 [J]. 当代经济研究，2022 (3)：111－124.

[49] 毛其淋，盛斌. 贸易自由化、企业异质性与出口动态——来自中国微观企业数据的证据 [J]. 管理世界，2013 (3)：48－68.

[50] 毛其淋，盛斌. 中国制造业企业的进入退出与生产率动态演化 [J]. 经济研究，2013 (4)：16－29.

[51] 梅冬州，崔小勇，吴娱. 房价变动、土地财政与中国经济波动 [J]. 经济研究，2018，53 (1)：15.

［52］梅冬州，龚六堂．新兴市场经济国家的汇率制度选择［J］．经济研究，2011（11）：16.

［53］梅冬州，宋佳馨，谭小芬．跨境资本流动、金融摩擦与准备金政策分化［J］．经济研究，2023，58（6）：49 - 66.

［54］聂辉华，贾瑞雪．中国制造业企业生产率与资源误置［J］．世界经济，2011（7）：27 - 42.

［55］秦学志，张康，孙晓琳．产业关联视角下的政府投资拉动效应研究［J］．数量经济技术经济研究，2010（9）：3 - 17.

［56］饶晓辉，刘方．政府生产性支出与中国的实际经济波动［J］．经济研究，2014，49（11）：14.

［57］荣昭，王文春．房价上涨和企业进入房地产——基于我国非房地产上市公司数据的研究［J］．金融研究，2014（4）：158 - 173.

［58］师俊国．产业结构对经济周期的门限效应检验［J］．统计与决策，2021，37（21）：113 - 118.

［59］宋凌峰，叶永刚．中国区域金融风险部门间传递研究［J］．管理世界，2011（9）：172 - 173.

［60］苏东海．出口退税政策调整对我国经济影响的实证研究［J］．金融研究，2009（6）：11.

［61］孙广生．经济波动与产业波动（1986—2003）——相关性，特征及推动因素的初步研究［J］．中国社会科学，2006（3）：62 - 73.

［62］孙早，王文．产业所有制结构变化对产业绩效的影响——来自中国工业的经验证据［J］．管理世界，2011（8）：66 - 78.

［63］唐志军，徐会军，巴曙松．中国房地产市场波动对宏观经济波动的影响研究［J］．统计研究，2010（2）：15 - 22.

［64］田洪川，石美遐．制造业产业升级对中国就业数量的影响研究［J］．经济评论，2013（5）：68 - 78.

［65］王弟海，管文杰，赵占波．土地和住房供给对房价变动和经济增长的影响——兼论我国房价居高不下持续上涨的原因［J］．金融研究，2015（1）：50 - 67.

[66] 王国军，刘水杏．房地产业对相关产业的带动效应研究［J］．经济研究，2004（8）：38 - 47．

[67] 王海军．新新贸易理论综述、发展与启示［J］．经济问题探索，2009（12）：50 - 54．

[68] 王佳，张金水．外生冲击沿部门传导的作用机制和影响研究——基于中国七部门 DSGE 模型的数值模拟［J］．数量经济技术经济研究，2011（3）：127 - 139．

[69] 王举，吕春梅，戴双兴．土地财政与房地产业发展［J］．地方财政研究，2008（10）：4．

[70] 王君斌，郭新强，蔡建波．扩张性货币政策下的产出超调，消费抑制和通货膨胀惯性［J］．管理世界，2011（3）：7 - 21．

[71] 王磊，张肇中．国内市场分割与生产率损失：基于企业进入退出视角的理论与实证研究［J］．经济社会体制比较，2019（4）：30 - 42．

[72] 王磊，朱帆．要素市场扭曲、生产率与企业进入退出［J］．浙江社会科学，2018（10）：55 - 64，156 - 157．

[73] 王璐，吴群锋，罗頔．市场壁垒、行政审批与企业价格加成［J］．中国工业经济，2020（6）：100 - 117．

[74] 王孝松，李坤望，包群，等．出口退税的政策效果评估：来自中国纺织品对美出口的经验证据［J］．世界经济，2010（4）：21．

[75] 王燕武，郑建清．我国不同部门间的工资传递效应——基于省际面板 VAR 模型的研究［C］//第十一届中国制度经济学年会，2011．

[76] 王永华，雷宇，王森．中国的土地财政与宏观经济波动研究——基于贝叶斯估计的 DSGE 模型分析［J］．财经理论与实践，2020，41（5）：83 - 89．

[77] 王永进，冯笑．行政审批制度改革与企业创新［J］．中国工业经济，2018（2）：24 - 42．

[78] 王云清，朱启贵，谈正达．中国房地产市场波动研究——基于贝叶斯估计的两部门 DSGE 模型［J］．金融研究，2013（3）：101 - 113．

[79] 文凤华，张阿兰，戴志锋，等．房地产价格波动与金融脆弱性——

基于中国的实证研究 [J]. 中国管理科学, 2012, 20 (2): 1 - 10.

[80] 夏纪军, 王磊. 中国制造业进入壁垒、市场结构与生产率 [J]. 世界经济文汇, 2015 (1): 50 - 64.

[81] 夏杰长, 刘诚. 行政审批改革、交易费用与中国经济增长 [J]. 管理世界, 2017 (4): 47 - 59.

[82] 向洪金, 赖明勇. 全球化背景下我国出口退税政策的经济效应 [J]. 数量经济技术经济研究, 2010 (10): 13.

[83] 项松林. 结构转型与全球贸易增长的二元边际 [J]. 世界经济, 2020, 43 (9): 97 - 121.

[84] 谢洁玉, 吴斌珍, 李宏彬, 郑思齐. 中国城市房价与居民消费 [J]. 金融研究, 2012 (6): 13 - 27.

[85] 谢科进, 尹冰. 我国出口退税率下调政策的局部与一般均衡分析 [J]. 管理世界, 2008 (9): 2.

[86] 徐奇渊. 打好防范化解重大风险攻坚战——基于双支柱宏观调控框架和供给侧结构性改革的视角 [J]. 行政与法, 2018 (1): 9.

[87] 徐邵军, 孙巍. 异质性劳动力流动、房价变动与要素价格扭曲 [J]. 财经研究, 2022, 48 (6): 79 - 93.

[88] 许宪春, 贾海, 李皎, 等. 房地产经济对中国国民经济增长的作用研究 [J]. 中国社会科学, 2015 (1): 18.

[89] 许雪晨, 田侃. 部门扭曲与宏观经济波动: 以金融危机为例 [J]. 世界经济, 2023, 46 (5): 58 - 89.

[90] 杨汝岱. 中国制造业企业全要素生产率研究 [J]. 经济研究, 2015 (2): 61 - 74.

[91] 杨天宇, 张蕾. 中国制造业企业进入和退出行为的影响因素分析 [J]. 管理世界, 2009 (6): 82 - 90.

[92] 姚博, 刘婕, 魏玮, 等. 营商环境、进入壁垒与企业定价能力 [J]. 经济学动态, 2024 (4): 92 - 111.

[93] 姚枝仲, 田丰, 苏庆义. 中国出口的收入和价格弹性 [J]. 世界经济, 2010.

[94] 尹恒，朱虹．县级财政生产性支出偏向研究 [J]．中国社会科学，2012（1）：88 – 101.

[95] 原鹏飞，冯蕾．经济增长，收入分配与贫富分化——基于 DCGE 模型的房地产价格上涨效应研究 [J]．经济研究，2014（9）：77 – 90.

[96] 翟乃森，钟春平．中国房地产市场波动与宏观溢出效应研究——基于动态随机一般均衡框架 [J]．上海经济研究，2018（10）：82 – 93.

[97] 张定安，彭云，武俊伟．深化行政审批制度改革　推进政府治理现代化 [J]．中国行政管理，2022（7）：6 – 13.

[98] 张静，胡倩，谭桑，王晓伟．进入、退出与企业生存——来自中国制造业企业的证据 [J]．宏观经济研究，2013（11）：103 – 110.

[99] 张居营，周可．产业结构升级对中国经济波动的"稳定器"效应——基于部门价格粘性异质性视角的动态分析 [J]．经济问题探索，2019（12）：172 – 180.

[100] 张军．中国的基础设施投资——现状与评价 [C]．2012 年夏季 CMRC 中国经济观察（总第 30 期），2012.

[101] 张玲，秦雪征，温舒，等．社保费负担、创新挤出与企业生产率——基于社保费征管体制改革的研究 [J]．经济科学，2024（1）：146 – 167.

[102] 张明，任烜秀．经济波动与产业结构合理化的相互作用关系研究 [J]．经济问题，2019（6）：55 – 64.

[103] 张双长，李稻葵．"二次房改"的财政基础分析——基于土地财政与房地产价格关系的视角 [J]．财政研究，2010（7）：7.

[104] 张四灿，张云．稳健货币政策、产业升级与中国经济波动 [J]．郑州大学学报（哲学社会科学版），2020，53（4）：52 – 56.

[105] 张菀洺，杨广钊．营商环境对民营企业竞争力的影响 [J]．财贸经济，2022，43（10）：119 – 133.

[106] 张佐敏．财政规则与政策效果——基于 DSGE 分析 [J]．经济研究，2013（1）：41 – 53.

[107] 张佐敏．中国存在财政规则吗？ [J]．管理世界，2014（5）：23 – 35.

[108] 赵扶扬, 梅冬州. "稳房价" 与 "调结构" 双重目标下的房价调控政策研究 [J]. 经济学 (季刊), 2023, 23 (3): 1226 – 1244.

[109] 赵书博. 出口退税福利效应研究 [J]. 管理世界, 2008 (5): 2.

[110] 赵旭杰, 郭庆旺. 产业结构变动与经济周期波动——基于劳动力市场视角的分析与检验 [J]. 管理世界, 2018, 34 (3): 51 – 67.

[111] 赵永亮, 朱英杰. 我国贸易多样性的影响因素和生产率增长——基于内延边际与外延边际的考察 [J]. 世界经济研究, 2011 (2): 32 – 39, 88.

[112] 周闯, 潘敏. 房产税改革、经济增长与金融稳定 [J]. 财贸经济, 2021, 42 (11): 20 – 35.

[113] 周飞舟. 分税制十年: 制度及其影响 [J]. 中国社会科学, 2006 (5): 166 – 167.

[114] 周怀康, 张莉, 刘善仕. 城市房价与企业间高技能人才流动——基于在线简历大数据的实证研究 [J]. 金融研究, 2023 (5): 115 – 133.

[115] 周慧珺, 傅春杨, 王忏. 地方政府竞争行为、土地财政与经济波动 [J]. 经济研究, 2024, 59 (1): 93 – 110.

[116] 周慧珺, 赵扶扬, 傅春杨. 劳动力市场摩擦、企业进入退出与经济波动 [J]. 经济理论与经济管理, 2024, 44 (2): 81 – 96.

[117] Agenor P. and Devrim Yilmaz. 2006. "The Tyranny of Rules: Fiscal Discipline, Productive Spending and Growth", *World Bank PREM Conference* (*April* 25 – 27, 2006). Citeseer.

[118] Alessandria, George and Horag Choi. 2007. "Do Sunk Costs of Exporting Matter for Net Export Dynamics?", *Quarterly Journal of Economics*: 289 – 336.

[119] Annicchiarico, Barbara and Nicola Giammarioli. 2004. "Fiscal Rules and Sustainability of Public Finances in an Endogenous Growth Model".

[120] Attanasio, Orazio P., Laura Blow, Robert Hamilton and Andrew Leicester. 2009. "Booms and Busts: Consumption, House Prices and Expectations", *Economica*, 76 (301): 20 – 50.

[121] Auray, Stéphane and Aurélien Eyquem. 2011. "Do Changes in Product Variety Matter for Business Cycles and Monetary Policy in Open Economies?", *International Finance*, 14 (3): 507 – 539.

[122] Aw, Bee Yan, Chung, Sukkyun and Roberts, Mark. 2000. "Productivity and Turnover in the Export Market: Micro-level Evidence from the Republic of Korea and Taiwan (China)", *The World Bank Economic Review*, 14 (1): 65 – 90.

[123] Backus, David K. and Gregor W. Smith. 1993. "Consumption and Real Exchange Rates in Dynamic Economies with Non – Traded Goods", *Journal of International Economics*, 35 (3): 297 – 316.

[124] Backus, David K., Patrick J. Kehoe and Finn E. Kydland. 1992. "International Real Business Cycles", *Journal of Political Economy*: 745 – 775.

[125] Bain, Joe S. 1956. "Barriers to New Competition: Their Character and Consequences in Manufacturing Industries", *Cambridge (Mass.)*.

[126] Benito, Andrew and Haroon Mumtaz. 2009. "Excess Sensitivity, Liquidity Constraints, and the Collateral Role of Housing", *Macroeconomic Dynamics*, 13 (3): 305 – 326.

[127] Berentsen, Aleksander and Christopher J. Waller. 2009. "Optimal Stabilization Policy with Endogenous Firm Entry", *FRB of St. Louis Working Paper*.

[128] Bergin, Paul R. and Giancarlo Corsetti. 2008. "The Extensive Margin and Monetary Policy", *Journal of Monetary Economics*, 55 (7): 1222 – 1237.

[129] Bernanke, Ben S., Mark Gertler and Simon Gilchrist., 1999. "The Financial Accelerator in a Quantitative Business Cycle Framework." *Handbook of Macroeconomics*, (1): 1341 – 1393.

[130] Bernard Andrew B., J. Bradford Jensen and Robert Z. Lawrence. 1995. "Exporters, Jobs, and Wages in U. S. Manufacturing: 1976 – 1987", *Brookings Papers on Economic Activity, Microeconomics*, 67 – 119.

[131] Bernard, Andrew B, J. Bradford Jensen, Stephen J. Redding and Peter K. Schott. 2010. "Intra – Firm Trade and Product Contractibility (Long Ver-

sion)", National Bureau of Economic Research.

〔132〕 Bernard, Andrew B. , Jonathan Eaton, J. Bradford Jensen, and Samuel Kortum. 2003. "Plants and Productivity in International Trade. " *American Economic Review*, 93 (4): 1268 – 1290.

〔133〕 Besley, Timothy. 1989. "Commodity Taxation and Imperfect Competition: A Note on the Effects of Entry", *Journal of Public Economics*, 40 (3): 359 – 367.

〔134〕 Bilbiie, Florin; Fabio Ghironi and Marc Melitz. 2007. " Monetary Policy and Business Cycles with Endogenous Entry and Product Variety", National Bureau of Economic Research.

〔135〕 Bilbiie, Florin O. , Fabio Ghironi and Marc J. Melitz. 2012. "Endogenous Entry, Product Variety, and Business Cycles", *Journal of Political Economy*, 120 (2).

〔136〕 Bilbiie, Florin O. , Ippei Fujiwara and Fabio Ghironi. 2014. "Optimal Monetary Policy with Endogenous Entry and Product Variety", *Journal of Monetary Economics*, 64: 1 – 20.

〔137〕 Blanchard, Olivier J. and Francesco Giavazzi. 2004. "Improving the Sgp through a Proper Accounting of Public Investment" .

〔138〕 Bloch, Laurence. 2013. "Entry of Firms and Cost of Disinflation in New Keynesian Models", *Economics Letters*, 119 (3): 268 – 271.

〔139〕 Bloch, Laurence. 2012. "Product Market Regulation, Trend Inflation and Inflation Dynamics in the New Keynesian Phillips Curve", *Economic Modelling*, 29 (5): 2058 – 2070.

〔140〕 Brander, James and Paul Krugman. 1983. "A 'Reciprocal Dumping' Model of International Trade", *Journal of International Economics*, 15 (3): 313 – 321.

〔141〕 Brito, Paulo and Huw Dixon. 2013. "Fiscal Policy, Entry and Capital Accumulation: Hump – Shaped Responses", *Journal of Economic Dynamics and Control*, 37 (10): 2123 – 2155.

[142] Broda, Christian and David E. Weinstein. 2004. "Variety Growth and World Welfare", *American Economic Review*, 94 (2): 139 – 144.

[143] Broda, Christian, Greenfield, Joshua and Weinstein, David E. 2017. "From groundnuts to globalization: A structural estimate of trade and growth," *Research in Economics*, 71 (4): 759 – 783.

[144] Broda, Christian, Joshua Greenfield and David Weinstein. 2006. "From Groundnuts to Globalization: A Structural Estimate of Trade and Growth", National Bureau of Economic Research.

[145] Brunnermeier M. K., Eisenbach T. M., and Sannikov Y., 2012, "Macroeconomics with financial frictions: A survey", *National Bureau of Economic Research*, No. w18102.

[146] Cacciatore, Matteo and Fabio Ghironi. 2013. "Trade, Unemployment, and Monetary Policy".

[147] Cacciatore, Matteo, Giuseppe Fiori and Fabio Ghironi. 2015. "Market Deregulation and Optimal Monetary Policy in a Monetary Union", *Journal of International Economics*.

[148] Calvo G. A., 1983, "Staggered Prices in a Utility – Maximizing Framework", *Journal of Monetary Economics*, 12 (3): 383 – 398.

[149] Campbell John Y. and Joao F. Cocco. 2007. "How Do House Prices Affect Consumption? Evidence from Micro Data", *Journal of Monetary Economics*, 54 (3): 591 – 621.

[150] Cardi, Olivier and Romain Restout. 2015. "Fiscal Shocks in a Two – Sector Open Economy with Endogenous Markups", *Macroeconomic Dynamics*, 19 (8): 1839 – 1865.

[151] Cavallari, Lilia. 2013. "Firms' Entry, Monetary Policy and the International Business Cycle", *Journal of International Economics*, 91 (2): 263 – 274.

[152] Cespedes L., R. Chang. and A. Velasco, 2004, "Balance Sheets and Exchange Rate Policy", *American Economic Review*, 94: 1183 – 1193.

[153] Cetorelli, Nicola and Philip E. Strahan. 2006. "Finance as a Barrier to Entry: Bank Competition and Industry Structure in Local Us Markets", *Journal of Finance*, 61 (1): 437 – 461.

[154] Chaney, Thomas. 2008. "Distorted Gravity: The Intensive and Extensive Margins of International Trade", *American Economic Review*, 98 (4): 1707 – 1721.

[155] Chaney, Thomas. 2005. "Liquidity Constrained Exporters", *University of Chicago mimeo.*

[156] Chao C. C., Yu E. S., Yu W. 2006. "China's import duty drawback and VAT rebate policies: A general equilibrium analysis", *China Economic Review*, 17 (4): 432 – 448.

[157] Chatterjee, Satyajit and Russell Cooper. 1993. "Entry and Exit, Product Variety and the Business Cycle", National Bureau of Economic Research.

[158] Chen C. H., Mai C. C., Yu H. C. 2006. "The effect of export tax rebates on export performance: Theory and evidence from China", *China Economic Review*, 17 (2): 226 – 235.

[159] Christensen I., Dib A. 2008. "The Financial Accelerator in an Estimated New Keynesian Model", *Review of Economic Dynamics*, 11 (1): 155 – 178.

[160] Christiano, Lawrence J., Martin Eichenbaum, Charles L. Evans. 2005. "Nominal Rigidities and the Dynamic Effects of a Shock to Monetary Policy", *Journal of Political Economy*, 113 (1): 1 – 45.

[161] Christiano L., Motto R., Rostagno M. 2007. "Financial Factors in Business Cycles", *Massimo.*

[162] Chugh, Sanjay K., Fabio Pietro Ghironi. 2015. "Optimal Fiscal Policy with Endogenous Product Variety".

[163] Clementi, Gian Luca, Berardino Palazzo. 2013. "Entry, Exit, Firm Dynamics, and Aggregate Fluctuations", National Bureau of Economic Research.

[164] Contreras, Juan, Joseph Nichols. 2009. "Consumption Responses to

Permanent and Transitory Shocks to House Appreciation", DTIC Document.

［165］ Coto – Martínez, Javier, Huw Dixon. 2003. "Profits, Markups and Entry: Fiscal Policy in an Open Economy", *Journal of Economic Dynamics and Control*, 27 (4): 573 –597.

［166］ Céspedes L. F. , Chang R. , Velasco A. 2004. "Balance Sheets and Exchange Rate Policy", *American Economic Review*, 94 (4): 1183 –1193.

［167］ Céspedes L. F. , Chang R. , Velasco A. 2017. "Financial Intermediation, Real Exchange Rates, and Unconventional Policies in an Open Economy", *Journal of International Economics*, 108: 76 –86.

［168］ Davies, Ronald B. and Carsten Eckel. 2010. "Tax Competition for Heterogeneous Firms with Endogenous Entry", *American Economic Journal: Economic Policy*, 2 (1): 77 –102.

［169］ Davis, Morris A. and Jonathan Heathcote. 2005. "Housing and the Business Cycle * ", *International Economic Review*, 46 (3): 751 –784.

［170］ De Veirman, Emmanuel and Ashley Dunstan. 2010. "Debt Dynamics and Excess Sensitivity of Consumption to Transitory Wealth Changes", Reserve Bank of New Zealand.

［171］ Devereux M. B. , Lane P. R. , Xu J. 2006. "Exchange Rates and Monetary Policy in Emerging Market Economies", *The Economic Journal*, 116 (511): 478 –506.

［172］ Dixit, Avinash K. and Joseph E. Stiglitz. 1977. "Monopolistic Competition and Optimum Product Diversity", *American Economic Review*, 67 (3): 297 –308.

［173］ Eaton, J. , S. Kortum, and F. Kramarz. 2011. "An Anatomy of International Trade: Evidence from FrenchFirms", *Econometrica*, 79 (5): 1453 – 1498.

［174］ Elekdağ S. , Tchakarov I. 2007. "Balance Sheets, Exchange Rate Policy, and Welfare", *Journal of Economic Dynamics and Control*, 31 (12): 3986 –4015.

［175］ Elkhoury, Marwan, Tommaso Mancini Griffoli. 2007. "Monetary Policy with Endogenous Firm Entry", Citeseer.

［176］ Feenstra, Robert C. 2003. "A Homothetic Utility Function for Monopolistic Competition Models, without Constant Price Elasticity", *Economics Letters*, 78 (1): 79 – 86.

［177］ Feenstra, Robert C. 2014. "Restoring the Product Variety and Pro – Competitive Gains from Trade with Heterogeneous Firms and Bounded Productivity", National Bureau of Economic Research.

［178］ Fernandez – Huertas Moraga, Jesus and Jean – Pierre Vidal. 2004. "Fiscal Sustainability and Public Debt in an Endogenous Growth Model".

［179］ Fernández – Villaverde, Jesús. 2010. "Fiscal Policy in a Model with Financial Frictions", *American Economic Review*, 100 (2): 35 – 40.

［180］ Fornaro L. 2015. "Financial Crises and Exchange Rate Policy", *Journal of International Economics*, 95 (2): 202 – 215.

［181］ Fujiwara, Ippei. 2007. "Re – Thinking Price Stability in an Economy with Endogenous Firm Entry: Real Imperfections under Product Variety", *Bank of Japan*.

［182］ Gertler M., Gilchrist S., Natalucci F. M. 2007. "External Constraints on Monetary Policy and the Financial Accelerator", *Journal of Money, Credit and Banking*, 39 (2): 295 – 330.

［183］ Ghironi Fabio and Marc J. Melitz. 2005. "International Trade and Macroeconomic Dynamics with Heterogeneous Firms", Quarterly, *Journal of Economics*, 120 (3): 865 – 915.

［184］ Ghironi, Fabio and Marc J. Melitz. 2007. "Trade Flow Dynamics with Heterogeneous Firms", *American Economic Review*, 97 (2): 356 – 361.

［185］ Ghironi Fabio and Viktors Stebunovs. 2007. "The Domestic and International Effects of Financial Integration", Boston College Working Paper.

［186］ Greenwood, Jeremy, Zvi Hercowitz and Gregory W Huffman. 1988. "Investment, Capacity Utilization, and the Real Business Cycle", *American*

Economic Review, 402 – 417.

［187］ Hamano Masashige and Pierre M. Picard. 2013. "Extensive and Intensive Margins and the Choice of Exchange Rate Regimes", Center for Research in Economic Analysis, University of Luxembourg.

［188］ Hamano, Masashige. 2013. "The Consumption – Real Exchange Rate Anomaly with Extensive Margins", *Journal of International Money and Finance*, 36: 26 – 46.

［189］ Heijdra Ben J. and Jenny E. Ligthart. 2006. "The Transitional Dynamics of Fiscal Policy in Small Open Economies".

［190］ Helpman, Elhanan, Marc Melitz and Yona Rubinstein. 2007. "Estimating Trade Flows: Trading Partners and Trading Volumes", National Bureau of Economic Research.

［191］ Helpman, Elhanan; Marc Melitz and Yona Rubinstein. 2007, 2008. "Estimating Trade Flows: Trading Partners and Trading Volumes", *Quarterly Journal of Economics*, 123 (2): 441 – 487.

［192］ Helpman E. , M, J. Melitz, and S. R. Yeaple. 2004. "Export Versus FDI with Heterogeneous Firms", *American Economic Review*, 94 (1): 300 – 316.

［193］ Holz C. A. 2002. "Long live China's State-owned Enterprises: Deflating the Myth of Poor Financial Performance", *Journal of Asian Economics*, 13 (4): 493 – 529.

［194］ Hopenhayn, Hugo A. 1992. "Entry, Exit, and Firm Dynamics in Long Run Equilibrium", *Econometrica: Journal of the Econometric Society*, 1127 – 1150.

［195］ Hsieh, Chang – Tai and Ralph Ossa. 2011. "A Global View of Productivity Growth in China", National Bureau of Economic Research.

［196］ Iacoviello M. and S. Neri. 2010. "Housing Market Spillovers: Evidence from an Estimated DSGE Model", *American Economic Journal Macro*, (4), 1, 44.

［197］ Iacoviello Matteo. 2004. "Consumption, House Prices, and Collateral

Constraints: A Structural Econometric Analysis", *Journal of Housing Economics*, 13 (4): 304 – 320.

[198] Iacoviello M. 2005. "House Prices, Borrowing Constraints, and Monetary Policy in the Business Cycle", *American Economic Review*, 95 (3): 739 – 764.

[199] Iacoviello M. 2010. "Housing in DSGE Models: Findings and New Directions", *Housing Markets in Europe*, 3 – 16.

[200] Iacoviello M., Neri S. 2010. "Housing Market Spillovers: Evidence from an Estimated DSGE Model", *American Economic Journal: Macroeconomics*, 2 (2): 125 – 164.

[201] Jaef Roberto N. Fattal and Jose Ignacio Lopez. 2014. "Entry, Trade Costs, and International Business Cycles", *Journal of International Economics*, 94 (2): 224 – 238.

[202] Jaimovich Nir and Max Floetotto. 2008. "Firm Dynamics, Markup Variations, and the Business Cycle", *Journal of Monetary Economics*, 55 (7): 1238 – 1352.

[203] Kancs, d'Artis and Persyn, Damiaan, 2019. "Welfare Gains from the Variety Growth," Working Papers 2019 – 01, Joint Research Centre, European Commission.

[204] Kehoe Timothy J. and Kim J. Ruhl. 2013. "How Important Is the New Goods Margin in International Trade?", *Journal of Political Economy*, 121 (2): 358 – 392.

[205] Khandelwal Amit K., Peter K. Schott, Shang – Jin Wei. 2011. "Trade Liberalization and Embedded Institutional Reform: Evidence from Chinese Exporters", National Bureau of Economic Research.

[206] Kobayashi, Teruyoshi. 2011. "Firm Entry, Credit Availability and Monetary Policy", *Journal of Economic Dynamics and Control*, 35 (8): 1245 – 1272.

[207] Kollmann, Robert. 1995. "Consumption, Real Exchange Rates and

the Structure of International Asset Markets", *Journal of International Money and Finance*, 14 (2): 191 –211.

[208] Korinek A. 2018. "Regulating Capital Flows to Emerging Markets: An Externality View", *Journal of International Economics*, 111: 61 –80.

[209] Krugman Paul R. 1979. "Increasing Returns, Monopolistic Competition, and International Trade", *Journal of International Economics*, 9 (4): 469 –479.

[210] Krugman Paul. 1980. "Scale Economies, Product Differentiation, and the Pattern of Trade", *American Economic Review*, 70 (5): 950 –959.

[211] Lambertini L. , Mendicino C. , Punzi M. T. 2013. "Leaning Against Boom – Bust Cycles in Credit and Housing Prices", *Journal of Economic Dynamics and Control*, 37 (8): 1500 –1522.

[212] Lee Marlena I. 2007. "House Prices, Consumption, and Their Common Causes", *Consumption, and Their Common Causes* (*October* 2007).

[213] Leeper Eric M. and Shu – Chun Susan Yang. 2008. "Dynamic Scoring: Alternative Financing Schemes", *Journal of Public Economics*, 92 (1): 159 –182.

[214] Leeper Eric M. 1991. "Equilibria under 'Active' and 'Passive' Monetary and Fiscal Policies", *Journal of Monetary Economics*, 27 (1): 129 –147.

[215] Leeper Eric M. , Michael Plante and Nora Traum. 2010. "Dynamics of Fiscal Financing in the United States", *Journal of Econometrics*, 156 (2): 304 –321.

[216] Levinsohn James and Amil Petrin. 2003. "Estimating Production Functions Using Inputs to Control for Unobservables", *The Review of Economic Studies*, 70 (2): 317 –341.

[217] Lewis Vivien and Céline Poilly. 2012. "Firm Entry, Markups and the Monetary Transmission Mechanism", *Journal of Monetary Economics*, 59 (7): 670 –685.

[218] Lewis Vivien and Deutsche Bundesbank. 2008. "Optimal Fiscal and

Monetary Policy Responses to Firm Entry".

［219］ Lewis Vivien and Roland Winkler. 2015a. "Fiscal Policy and Business Formation in Open Economies", *Research in Economics*, 69 (4): 603 – 620.

［220］ Lewis Vivien and Roland Winkler. 2015b. "Government Spending, Entry and the Consumption Crowding-in Puzzle".

［221］ Lewis Vivien and Roland Winkler. 2015c. "Product Diversity, Demand Structures, and Optimal Taxation", *Economic Inquiry*, 53 (2): 979 – 1003.

［222］ Lewis Vivien. 2009. "Business Cycle Evidence on Firm Entry", *Macroeconomic Dynamics*, 13 (5): 605 – 624.

［223］ Lewis Vivien. 2013. "Optimal Monetary Policy and Firm Entry", *Macroeconomic Dynamics*, 17 (8): 1687 – 1710.

［224］ Liu Zheng, Pengfei Wang, and Tao Zha. 2013. "Land-price dynamics and macroeconomic fluctuations", *Econometrica*, 81 (3): 1147 – 1184.

［225］ Lu Dan. 2010. "Exceptional Exporter Performance? Evidence from Chinese Manufacturing Firms", *Manuscript, University of Chicago.*

［226］ Manova Kalina. , 2008, "Credit Constraints, Equity Market Liberalizations and International Trade", *Journal of International Economics*, 76 (1): 33 – 47.

［227］ Manova K. 2013, "Credit Constraints, Heterogeneous Firms, and International Trade", *The Review of Economic Studies*, 80 (2): 711 – 744.

［228］ Martínez – Zarzoso l. , Voicu A. M. , Vidovic M. 2015. "Central East European Countries' Accession into the European Union: Role of Extensive Margin for Trade in Intermediate and Final Goods. " *Empirica*, 42 (4): 825 – 844.

［229］ Melitz Marc J. 2003. "The Impact of Trade on Intra-Industry Reallocations and Aggregate Industry Productivity", *Econometrica*, 71 (6): 1695 – 1725.

［230］ Melitz, M. J. , S. Polanec. 2012. "Dynamic Olley – Pakes Productivity Decomposition with Entry and Exit". *Rand Journal of Economics*, 46 (2): 362 – 375.

[231] Mountford Andrew and Harald Uhlig. 2009. "What Are the Effects of Fiscal Policy Shocks?", *Journal of Applied Econometrics*, 24 (6): 960 – 992.

[232] Muûls Mirabelle. 2008. "Exporters and Credit Constraints: A Firm – Level Approach", National Bank of Belgium.

[233] Nishimura Kiyohiko G., Yasushi Ohkusa, Kenn Ariga. 1999. "Estimating the Mark-up over Marginal Cost: A Panel Analysis of Japanese Firms 1971 – 1994", *International Journal of Industrial Organization*, 17 (8): 1077 – 1111.

[234] Obstfeld M. 2015. "Trilemmas and Trade – Offs: Living with Financial Globalization", *Social Science Electronic Publishing*, 20.

[235] Offick Sven, Roland C. Winkler. 2014. "Endogenous Firm Entry in an Estimated Model of the Us Business Cycle", Economics Working Paper, Christian – Albrechts – Universität Kiel, Department of Economics.

[236] Olley G. Steven and Ariel Paices. 1996. "The Dynamics of Productivity in the Telecommunications Equipment Industry", *Econometrica*, 64 (0): 12634297.

[237] Ottaviano Gianmarco I. P. 2012. "Firm Heterogeneity, Endogenous Entry, and the Business Cycle", *NBER International Seminar on Macroeconomics*. JSTOR, 57 – 86.

[238] Piergallini Alessandro. 2005. "Equilibrium Determinacy under Monetary and Fiscal Policies in an Overlapping Generations Model", *Economic Notes*, 34 (3): 313 – 330.

[239] Rotemberg Julio J. 1982. "Sticky Prices in the United States", *Journal of Political Economy*: 1187 – 1211.

[240] Ruhl Kim. 2003. "Solving the Elasticity Puzzle in International Economics", *University of Minnesota*, *Mimeo* (*November* 2003).

[241] Schabert Andreas, Leopold Von Thadden. 2009. "Distortionary Taxa-

tion, Debt, and the Price Level", *Journal of Money, Credit and Banking*, 41 (1): 159 – 188.

[242] Schmitt – Grohé S. , M. Uribe. 2003. "Closing Small Open Economy Models", *Journal of International Economics*, 61 (1): 163 – 185.

[243] Shao Enchuan, Pedro Silos. 2008. "Firm Entry and Labor Market Dynamics", *Federal Reserve Bank of Atlanta Working Paper*, 17.

[244] Song Zheng, Kjetil Storesletten, Fabrizio Zilibotti. 2011. "Growing like china", *American Economic Review*, 101 (1): 196 – 233.

[245] Sousa Ricardo M. 2008. "Financial Wealth, Housing Wealth, and Consumption", *International Research Journal of Finance and Economics*, 19: 167 – 191.

[246] Stebunovs Viktors. 2006. "Finance as a Barrier to Entry: Us Bank Deregulation and Volatility", *Job Market Paper, Boston College*.

[247] Totzek Alexander, Roland C. Winkler. 2010. "Fiscal Stimulus in Model with Endogenous Firm Entry".

[248] Uhlig Harald. 1995. "A Toolkit for Analyzing Nonlinear Dynamic Stochastic Models Easily".

[249] Uhlig Harald. 2010. "Some Fiscal Calculus", *American Economic Review*, 100 (2): 30 – 34.

[250] Uusküla Lenno. 2008. "Limited Participation or Sticky Prices? New Evidence from Firm Entry and Failures".

[251] Vilmi Lauri. 2011. "The Effects of Endogenous Firm Exit on Business Cycle Dynamics and Optimal Fiscal Policy", *Riksbank Research Paper Series*, (81).

[252] Wagner, J. 2008. "Export Entry, Export Exit and Productivity in German Manufacturing Industries", *International Journal of the Economics of Business*, 15 (2): 169 – 180.

[253] Wagner, Joachim. 2007. "Exports and Productivity: Comparable Evidence for 14 Countries", *Working Paper Series in Economics*, 144 (2007): 1 –

82 (82).

[254] Wilson John Douglas. 1987. "Trade, Capital Mobility, and Tax Competition", *Journal of Political Economy*, 95 (4): 835 – 856.

[255] Winkler Roland and Vivien Lewis. 2013. "Fiscal Stimulus and the Extensive Margin".

后　记

本书相关研究源于博士期间跟随龚六堂教授学习 DSGE 模型，当时国内的相关 DSGE 模型主要是代表性企业，缺乏对异质性的讨论。在一次偶然与国贸领域的老师们聊天中，林发勤教授提到国外有学者有将新新贸易理论融入宏观研究。之后我研读了相关的文献确定了将企业进退出机制融入 DSGE 模型的研究方向，尝试将中国简政放权改革和梅里兹模型相结合，构建了两部门模型探讨经济波动行间传递，在一个小国开放模型中将企业异质性纳入考虑生产率分布对政策的影响，同时还在模型中分析企业自由进入和偿债方式对财政乘数的影响。在研究的过程中发现中国经济特征对研究结果有重要影响，开始关注中国房地产、土地财政、金融摩擦等问题，探讨房价对企业进入决策的影响、出口退税、汇率政策等对经济波动的影响，逐步形成了宏观经济和国际经济交叉的研究方向。本书主要是运用 DSGE 模型的标准方法，纳入企业进入退出、金融摩擦以及土地财政等机制，探讨宏观经济政策的影响。由于本人研究能力有限对于相关研究还不够深入，书中还有很多不足和疏漏，还请大家多多批评指正。

最后，要感谢国家自然科学基金青年项目（71803008）的资助使得本书可以顺利出版，特别感谢我的导师龚六堂教授对我的悉心指导与鼓励，感谢北京大学崔小勇老师和赵晓军老师、中央财经大学梅冬州老师、对外经贸大学温兴春老师等老师们的合作支持，感谢曾经在北大光华一起并肩作战的师兄师姐师弟师妹们的帮助，感谢我的学生宋清等对本书的校对工作。还要感谢经济科学出版社编辑的帮助，本书才得以如期出版。